爱在兰大

Love in
Lanzhou
University

兰州大学校友总会办公室
兰州大学教育发展基金会办公室　编

兰州大学出版社
LANZHOU UNIVERSITY PRESS

图书在版编目（ＣＩＰ）数据

爱在兰大 / 兰州大学校友总会办公室，兰州大学教
育发展基金会办公室编. -- 兰州 ： 兰州大学出版社，
2019.1
ISBN 978-7-311-05525-7

Ⅰ．①爱… Ⅱ．①兰… ②兰… Ⅲ．①兰州大学—校
史 Ⅳ．①G649.284.21

中国版本图书馆CIP数据核字(2019)第001216号

责任编辑　张国梁　钟　静　刘爱华
装帧设计　马吉庆　肖　朵

书　　名　爱在兰大
作　　者　兰 州 大 学 校 友 总 会 办 公 室　编
　　　　　兰州大学教育发展基金会办公室
出版发行　兰州大学出版社　（地址：兰州市天水南路222号　730000）
电　　话　0931-8912613(总编办公室)　0931-8617156(营销中心)
　　　　　0931-8914298(读者服务部)
网　　址　hhttp://press.lzu.edu.cn
电子信箱　press@lzu.edu.cn
印　　刷　甘肃澳翔印业有限公司
开　　本　787 mm×1092 mm　1/16
印　　张　25
字　　数　454千
版　　次　2019年1月第1版
印　　次　2019年1月第1次印刷
书　　号　ISBN 978-7-311-05525-7
定　　价　108.00元

（图书若有破损、缺页、掉页可随时与本社联系）

序 言

相爱在兰大

时光如梭，岁月如歌。没成想，我从兰州大学毕业已经三十年了。

三十年中，十年在政府机关当公务员，二十年在商海中拼搏，创办企业，以工资养活着百八十人吃饭，以税收向社会作出了一点贡献，也算小有成绩。随着年龄的增长，阅历增多，时常想起在兰大读书的美好时光。老师像关爱自己的孩子一样关爱学生，在教授知识的同时，教会我们做人。同学们简单地在一起生活学习，四年中有欢乐也偶有泪水，有争吵也有矛盾，同学的经历萌发了友情、亲情、爱情，所有的校园生活都成了这些年来最好的回忆。

兰州大学使我完成了从农村向城市的转型，奠定了事业成功的基础，感恩母校是我心中所愿。设立奖助学金帮助青年才俊完成学业，积极参与学校的多种活动，竭尽所能为兰大的发展贡献一份力量。

2017年是兰大建校108周年，曹红副校长带领校团委、学生处、校友办等老师到我公司六一商城婚纱广场参观，看到有上万套婚纱礼服在出租销售，提议以"爱"为主题举办一场108对校友集体婚礼，她的想法和我不谋而合，我立即投入策划筹备。这个活动瞬间点燃了兰大师生的友情、亲情和爱情，唤起了校友对母校的怀念与感恩。网上报名时，仅两个小时就已报满108对，完全超出了预期，我的同班同学没有报上名还在埋怨我。

当108对身着婚纱礼服的校友眷侣相携走过中山桥，巡游母亲河，在积石堂前再次盟誓时，不仅在兰大校园、整个校友圈，乃至全社会，都引起了轰动。围观群众抢发朋友圈，各大媒体争相报道，新浪、搜狐等网络频繁转发，新闻点击率累计突破5000万。现场群情激动，各种赞叹之声不绝于耳，一个女孩子看到白发苍苍的老夫妇携手同行时，兴奋地尖叫："看他们！太幸福了！我也想要这样的爱情！"所有人都在谈论，在感慨，在反思；甚至是我，也重新审视了自己的初心，刷新了之前的观念。考虑这种庆祝形式，我的初衷是简单的，并没想到其后的社会意义。直到在现场目睹其热烈与感动，才发觉这场集体婚礼，它不仅是一个策划创意，一次校庆活动，它还是一堂"爱的教育"大课，是最直观的"言传身教"。社会迫切需要"爱的课堂"，需要激发被逐渐淡忘的"爱的力量"。只要有爱，心灵就不会荒芜；只要有爱，黑夜就不会漫长；只要有爱，生活就会充满阳光。正像我的一个地产项目宣传语"有爱就有家"，正像六一商城的广告词"爱开始的地方"一样，爱是人类永恒不变的追求，是教育的主题，是社会进步的根本力量。

我以为，学校就是要以德树人为先，以文化教育为主，以培养能力为目标。兰州大学从1909年创建起，百余年来便一直秉持着授业、育人的宗旨，为中华培养了无数英才，学子遍布世界，在各个领域都做出了杰出贡献。"自强不息，独树一帜"的校训更是鞭策着一代又一代兰大学子奋进向上，将兰大精神与优良传统继承发扬光大。

虽然我们的身份已从兰大学子变成了兰大校友，但依然视自己为兰大的一分子，与母校共同进退，共享荣光。

相爱在兰大，兰大更辉煌。

尚峰

二〇一八年二月十六日

目录
CONTENTS

04　爱情的小美好

附 录 / Appendix

篇 二 爱的絮语

Love Whisper

（叶柴静 摄）

（叶柴静 摄）

9月16日你的模样

（王艺霏 摄）

（邓凯月 摄）

9月16日中山桥忆

（民城古礼　摄）

（民城古礼　摄）

（吴雅罕　摄）

（邓凯月　摄）

（林一洲　摄）　　　　　　　　　　　　　　（民城古礼　摄）

9月16日黄河示爱

（叶柴静　摄）　　　　　　　　（叶柴静　摄）

（叶柴静　摄）　　　（李会杰　摄）　　　（周依依　摄）　　　（李会杰　摄）

（民城古礼　摄）

（叶柴静 摄）

（邓凯月 摄）

（吴雅罕 摄）

（周依依 摄）

（邓凯月 摄）

（邓凯月 摄）

（周依依 摄）

（李会杰 摄）

（王艺霏 摄）

（周依依 摄）

（民城古礼 摄）

（民城古礼 摄）

（民城古礼 摄）

9月16日彩排预演

（民城古礼 摄）

（民城古礼 摄）

（民城古礼　摄）

（民城古礼　摄）

9月17日谢谢你们

（叶柴静　摄）

（叶柴静　摄）

（周依依　摄）

（王艺霏　摄）

（林一洲　摄）

（周依依　摄）

（周依依　摄）

（李会杰　摄）

（叶柴静　摄）

9 月 17 日华章将起

（魏胜利　摄）

（魏胜利　摄）

（民城古礼　摄）

（沈玲龙　摄）

（魏胜利 摄）

（魏胜利 摄）

（魏胜利 摄）

（魏胜利 摄）

（魏胜利 摄）

（魏胜利 摄）

（李会杰 摄）

（邓凯月 摄）

（魏胜利 摄）

9 月 17 日感谢师恩

（魏胜利 摄）

（魏胜利 摄）

（魏胜利 摄）

（魏胜利 摄）

（魏胜利 摄）

（魏胜利 摄）

（魏胜利 摄）

（林一洲 摄）

（林一洲 摄）

（民城古礼 摄）

（民城古礼 摄）

（民城古礼 摄）

（魏胜利 摄）

（周悦 摄）

（邓凯月 摄）

（魏胜利 摄）

9月17日钟声响起

（民城古礼 摄）

（周悦 摄）

（魏胜利 摄）　　　　　　　　　　（民城古礼 摄）

（魏胜利 摄）　　　　　　　　　　（民城古礼 摄）

（魏胜利 摄）　　　　　　　　　　（魏胜利 摄）

（吴雅罕 摄）　　　　　　　　　　（民城古礼 摄）

愛在蘭大

9月17日紫嫣花海

（民城古礼 摄）

（民城古礼 摄）

（民城古礼 摄）

（民城古礼 摄）

（民城古礼 摄）

（民城古礼 摄）

（民城古礼 摄）

（民城古礼 摄）

（民城古礼 摄）

篇 二 爱的故事 *Love Story*

01 | 父母的爱情 |

Parents' Romance

「执子之手，与子偕老。」这便是爱情的模样。

没有婚纱，却有承诺，没有婚礼，却有深情。坚定的他和优秀的她，终于将生活的轨迹相交，不再是你和我，而是——我们。

缘起兰大 携手相伴一甲子

文 | 尚亚玲

几乎每天清晨，在兰州大学校园里都能看到 83 岁的王流芳在认真地打拳、练剑，精神矍铄，一招一式有板有眼，其 80 岁的妻子何凤英就待在旁边，或跟着一起打拳，或在旁边静静地观看。

两位老人均毕业于兰州大学化学系，目前已结婚 58 周年。

相遇相恋在兰大，学生宿舍办婚礼

1955 年，21 岁的王流芳与 18 岁的何凤英双双考入兰州大学化学系。

"那时候我们互相不认识，我在甲班，他在乙班。后来大二的时候我被选成学生会的文艺部副部长，他被选成整个化学系 55 级的大班班长，我们才慢慢认识。"何凤英回忆两人的相识经历时说。

王流芳接过话茬："那时候我比较自卑，觉得自己来自农村，家境不好，相貌平平，成绩也没她好；而她，一个能歌善舞的兰州姑娘，家境不错。反正，我觉得她各方面都比我好。"

相识后的王流芳与何凤英开始互相讨论学习，一起到食堂吃饭，一起去乡下劳动。

有一次，学校组织学生赴西津社劳动，劳动结束回校后，王流芳将自己在劳动期间带去的满是泥土的被褥清洗干净，何凤英主动帮王流芳将被子缝好。

"那时候我特别开心，我觉得她还是认可我的，好像对我是有些好感的。"王流芳笑着说。

听到这里，何凤英忙说道："哎呀，不是，那个时候女同学都帮男同学缝被子的！"

"还有一次，新年的时候她送我一张贺卡，上面写着'如果你喜欢它，我就送给你吧！'我记得很清楚的，反正我觉得她那时候对我还是有好感的。"王流芳补充说。

"学校组织交谊舞会，我去参加，他那时候不会跳舞，但专门跑来看我是不是跟别人跳舞。"何凤英笑着说，"我也说不清楚怎么回事，反正我们就走到一起了，就是觉得我们很能聊得来。"

毕业后，何凤英第一次跟随王流芳去他的家乡河南洛阳。那也是王流芳大学四年第一次回家。因为家境贫困、路费不足，王流芳大学四年从未回过家乡。

"我们晚上在洛阳下火车后，没钱住旅店，就铺张床单睡到车站外面的水泥地上。第二天急忙去赶汽车，下了汽车还要再步行 40 里路才能到我的老家。"王流芳说。

1959 年 8 月 14 日，也就是毕业后两个月左右，王流芳与何凤英正式举办婚礼。王流芳的家人寄来两斤黑块糖，一床粗布棉被；何凤英的母亲为女儿做了一双新布鞋，这就是王流芳与何凤英新婚时的所有家当。

"我们当时刚毕业，还没有开始工作，也没有分配房子，就找了一间学生毕业后的空宿舍做了婚房，很简单！"何凤英说。

时任化学系主任的刘有成（后当选为中科院院士，2016 年 1 月 31 日逝世，享年 96 岁）和班里毕业尚未离校的 20 多位同学参加了婚礼，两人的任课老师周耀坤（后为化学系主任）给两人送了一个笔记本。

"我的事业里有他，他的事业里有我"

毕业后的王流芳留校任教直至退休，何凤英则先后在兰化 304 厂、中科院兰州化学物理研究所、甘肃省分析测试中心从事研究工作。夫妇二人一个教书育人，一个专注科研，互相借鉴，互相帮扶，成为化学界有名的"学术伉俪"。

婚后不到一年，两人的第一个孩子出生。当时的王流芳正在南京大学进修，何凤英便一个人照顾孩子，打理家事，兼顾工作。后来二儿子、小儿子相继出生，两人的小家变成了五口之家。王流芳每天早上五点多开始备课，何凤英便把家里仅有的两张桌子一张留给王流芳，一张留给孩子们学习，而自己在干完家务后就坐在床上看会书。

提起这些，王流芳很感慨："她在各方面都给了我很多支持，她很顾家，把家庭照顾得很好，并且常常督促我多做科研。"

除了将家里打理得井井有条外，何凤英在事业上也卓有成就，这同样离不开王流芳的全力支持。婚后的何凤英也常常因为工作需要外出，在她所有外出的时间，王流芳都一个

人在家带着 3 个孩子，做家务，上课。

"去西安学习外语也是他积极帮我联系的，去美国做访问学者他也前后给了我很大的支持和帮助。"何凤英说。

在美国德克萨斯理工大学化学系做访问学者的近两年间里，何凤英运用薄层色谱法成功分离了 20 余对对映体和非对映体化合物。这一成果得到美国学者的好评和赞赏，并发表在国际色谱学杂志上［*Journal of Chromatography 448, 354（1988）*］。回国后的何凤英，先后在 SCI（美国科学引用索引）收录刊物及国内相关学术刊物上发表论文 60 余篇，承担并完成了 2 项省自然科学基金项目，多次获各类科研奖项。

王流芳在从事化学教学的同时，积极投入科学研究，共发表论文 210 余篇，其中 SCI 收录刊物的论文 80 余篇，作为申请人完成了 3 项国家自然科学基金和 1 项国家新药研究基金，多次获省（部）级科技进步奖及优秀教学成果奖，享受国务院政府特殊津贴。1995 年退休后，王流芳继续被聘任为博士生导师，指导了四届博士；2000 年王流芳被评为全校在 SCI 刊物上发表论文数量前三名的先进个人，是当时退休人员中唯一的一位获奖者。

家庭教育方面，夫妻二人也颇有自己的坚持跟心德："我们很重视对孩子的教育，一直要求他们一定要练好本领，'打铁还需自身硬'，最重要的是要以诚待人、踏踏实实、与人为善"。他们的三个儿子都在各自的行业领域颇有成就，且都曾于兰州大学就读。其中，大儿子王志平，现任兰州大学医学院副院长，与父亲王流芳一样是博士生导师；二儿子王志宏，现任甘肃中医药大学副教授；三儿子王志会现于烟台某企业任高管。

"我们俩都为事业奋斗了一生，也都为家庭操劳了一生。我们一直在互相关心支持，我的事业里有他，他的事业里有我。对于家庭和事业，我们都尽力而为了。"何凤英说。

"风风雨雨，无怨无悔"

2003 年左右，退休后的何凤英听从医生的建议，开始积极锻炼身体，学习打太极拳。几年以后，王流芳也开始跟着何凤英一起打太极拳、练剑。做了一辈子教学科研的王流芳开始用做科研的思路和态度对待太极拳。

"他这个人做什么事都特别认真。经常晚上 10 点以后还下楼练拳。"何凤英说。

练习了几年后，王流芳开始担任兰州大学武术协会下属的其中一个太极拳分队的队长，并且在兰州大学离退休处举办的武术比赛中先后两次获奖。每次参加太极拳比赛前，王流芳总会从网上下载太极拳视频进行学习，而何凤英就陪在一旁边看视频边帮王流芳纠正动作，提建议。

　　"她这辈子就是我们家的'军师'。我们现在一起买菜，一起打拳，互相纠正动作，一起进步。"王流芳说。

　　2015年，已经年过八旬的王流芳通过考试获得了中国武术协会颁发的太极拳六段位证书。

　　执教多年的王流芳，桃李满天下，深受学生爱戴。在学校任教时，他会经常将自己的学生们请到家里吃饭，逢年过节一定要跟学生一起聚会放松，退休后也经常有学生来看望王流芳。多年来，王流芳所有跟学生的聚会，学生们都会专门请师母何凤英同行。

　　"我们俩这辈子没有说过'我爱你'，没有过什么海誓山盟，好像从内心里从来没有

追求过名声、地位、钱财，就是平平淡淡地一起过了一生。两个人互相信任，互相为对方着想，如果他有什么事，我肯定第一个冲到前面去，我觉得这就是爱。"何凤英说。

　　直到现在，如果何凤英出去办事回来得晚一点，王流芳都一定会去接。

　　"不接我不放心，有次她去原单位办事，我就在她单位楼下等了一个多小时。而如果我出去办事，她一个人在家，我绝对不会在外面吃饭。如果我在外面吃了，她一个人在家怎么办？"王流芳说。

"我们也有拌嘴的时候，但绝对隔夜就忘。家庭要和睦，爱是基础。有了爱和真诚，一切困难都可以克服。我们俩这辈子在一起，经历了很多风风雨雨，平平淡淡生活了一辈子，无怨无悔。"何凤英说。

后 记

2017年11月19日，"爱在兰大"校友集体婚礼已经过去了2个多月的时间，校友总会办公室工作人员、本文的作者再次见到二位老人，二位老先生专门手写一首诗来表达他们对这场"爱在兰大"校友集体婚礼的感受，来表达他们对母校的爱。

作为参加此次校友集体婚礼年龄最大、婚龄最长的夫妻，王流芳与何凤英备受瞩目。两位老人说："这场婚礼带给我们很多感动，圆了我们一个穿婚纱、办婚礼的梦。"

感恩母校

树高千尺，根在沃土。

我们一家 6 口兰大人，

兰州大学是我们家两代人挚爱的母校，

是我们的根，

是我们的沃土。

我们学在兰大，爱在兰大，工作在兰大。

在这里，我们不仅收获了丰富的知识，

还获得了美满的爱情、幸福的婚姻、和睦的家庭。

至今，我们已经走过了 58 个春夏秋冬，

爱从母校出发，

爱还在这里凝聚和延续，

她像纯金般真，如翡翠一样美。

在母校 108 岁华诞之际，

祝愿母校在新的征程上日新月异，

继续彰显自强不息、独树一帜的精神，

愿我们的家庭和睦永进，

愿我俩恩爱如初，

相依相伴到永远。

——王流芳 何凤英

祖孙三代六人同是"兰大人"

文 | 武永明

一家祖孙三代有 6 人是"兰大人",他们或曾在兰大工作,或在这里上学,这一切,源于 81 岁的白礼春和 77 岁的刘翠英夫妇。

串门串来一段姻缘

白礼春老人头发花白,一身运动衣,精神矍铄,健谈幽默,在家总是待不住,有空就外出散步、打球。

刘翠英一头银色卷发,盯着她的老头子时,那甜蜜的笑容瞬间,有着少女般羞涩的神采。老太太喜欢干净,整个屋子在她的打理下一尘不染。

"我是天津人,爱好体育,体育也是我的强项,拿起笔写材料也不赖,但就是数理化不行,真让我考大学,估计没啥希望。于是,1954 年 1 月支援大西北就到兰州大学来了。起初在兰州医学院办公室工作，先后在兰州医学院第一医院组织人事科、兰州大学医学院党委组织部、离退休处等部门工作，1997 年退休。"白礼春说。

刘翠英说："我 1941 年 2 月出生于绥德县的一个农民家庭，1957 年招工时招到西安建筑公司，后调到甘肃省电子管厂，此后又在北京电子管厂培训了 3 年。1961 年 11 月到兰州宁卧庄宾馆工作，1973 年调到兰州大学工作，直至退休。"

刘翠英回忆说："1959 年 9 月，我表姐在兰州医学院工作，我借宿在表姐家。表姐和白礼春在同一单位工作，有一天下午，白礼春来表姐家串门，正好我在，于是，表姐就把白礼春介绍给我。当晚，我们俩看了一场电影。第二天，我就坐火车到北京培训去了。1960 年，他坐火车回天津老家，在北京换车时特意来看了我一次，有一张我们两人的黑白合影照片就是那时候照的。其实，拍那张照片时我们还没有结婚，只是认为他这个人还不错，算是'订婚'了。"

白礼春接过话题："那时候，我在组织人事科工作，怕同事知道我谈女朋友，就没敢请假去送她，害羞啊！"

此后的三年，两人通过书信传递爱意，增进感情。除非有特别紧急的事，一般都不敢打电话，话费太贵了。

白礼春说："那时候生活很困难，她把在北京培训期间节省的粮票全都给我寄来了，一同寄来的还有挂面，只要是能吃的东西她都寄给我，那可是救命的粮！她太善良了，对我太好了！"

只有一斤水果糖的婚礼

"在北京培训期间，他也给我寄了一些钱，再加上我节省下来的，一次一点点就这么分批买来了我们两个人结婚用的上衣和裤子的料子，还有结婚用的窗帘、被里子和被面子。这一切都准备好后装进一个箱子，然后带到兰州，放在他宿舍的床底下。可谁也没想到，就在我们结婚前不久他回天津老家时，小偷把箱子偷走了。他回到兰州发现后就傻眼了，立即给我打长途电话说明情况。我听后如雷轰顶，朝他大发脾气，为这事我伤心难过了好几天，也没心思培训，想着干脆不回兰州了，就在北京待着。但表姐在电话那头好言相劝：'你还是回来吧，因为你，人家都三年了没再找女朋友，东西丢了不要紧，只要人好就行了。'"

听到这里，白礼春连忙说："我这辈子真是对不起她，人家对我这么好，可我连家都没看住。如果没有她的支持，我现在是啥样子都不知道，这辈子能找上这么好的老伴我感到很幸福。"

1961年11月，刘翠英结束培训回到兰州后，两人于同年12月12日在兰州医学院的一间会议室里举行了简单的婚礼，就买了一斤水果糖，大家喝白开水，连茶叶都没有，院领导当证婚人，和同事、亲戚坐了一会儿婚礼就结束了。

"结婚那天，她穿的还是一条穿了几年的旧裤子，只有一件新上衣是我的一个亲戚给做的。结婚后我们就住在单位分的筒子楼里。"白礼春说。

祖孙三代六人同是"兰大人"

喜欢体育也坚持锻炼的白礼春是甘肃省门球运动的发起人之一，现在是省老年体协竞赛委员会委员、省门球协会副主席、省门球裁判委员会主任、国家级门球裁判员、全国优秀体育裁判员。2017年4月以甘肃省门球领队的身份带队参加在九江举行的第三届全国老年运动会，获得优秀奖。他带领的甘肃省门球队曾获第一届全国老年运动会银奖。退休后一直兼任兰州大学老年体协副主席，2017年才从这个岗位上退下来。

白礼春说："我是兰大人，我的三个孩子考大学时，我第一主张是报考兰州大学，儿子、儿媳妇、大女儿都毕业于兰州医学院；小女儿高考那年原本一心想考兰州大学的，结果估分估低了，填报志愿时没敢报兰州大学，最后填报了西北师大，为此还大哭了一场；外孙现就读于兰州大学文学院。祖孙三代有六个人是'兰大人',这是我们与兰大的缘分。"

这次能参加"爱在兰大"集体婚礼,刘翠英非常激动。她说:"我们1961年结婚的那个婚礼非常简单,这次,我试穿校园集体婚礼的婚纱时,感动得眼泪汪汪的。没想到,我77岁的人了还能穿上婚纱举办婚礼,这太有纪念意义了。"

五十一载金婚爱情故事

文 | 王 岩 杨泽山

"愿得一人心，白首不分离。"

他，1958年参军，受过严格的军事训练，像所有战士一样，当决定参军的那一刻起，就已经把自己交给了国家。

她，一个商业部门的普通营业员，不，她并不普通，她工作能力强，后来进入五金公司成为政工组的一员；她善良，周围的邻居朋友都喜欢她；她读过很多书，古诗宋词、数学物理她都有一些了解。

河北省邯郸市，他驻军的地方，她的家乡。他们的相遇可能是偶然，但我觉得这是命中注定。

"有天我们部队首长说：'高礼，我给你说个对象啊。'"高礼老师陷入美好的回忆，微笑着对我们说道，"那时候正处于战争渐缓时期，规定军人不让找对象，后来那年国家出台了政策，允许部队军人在当地找对象了，那时候我年纪也不小了，

确实想有个家了。"就这样，没过几天部队首长就把高礼老师和高桂琴老师一起叫到了他们家。

"我见到她的第一眼就感觉她很不错，很朴实，很美丽。"高礼老师脸上带着幸福的微笑回忆着，"当时她梳着两个大长辫子，很漂亮，但是后来因为工作的原因，为了方便就把头发剪短了。"两个人聊完，这次的相亲就算是结束了。

后来，首长问："觉得怎么样，可以吗？""可以啊，挺好的。"紧接着传来了喜讯——高桂琴老师对高礼老师同样很满意。对啊，郎才女貌，有什么不满意的呢？

那之后，两人便开始了恋爱，这一爱啊，50多年的时光便过去了。最让人动容的、也是让高礼老师印象最深的一个情节，便是相识两年之后，两人认定了对方就是自己想要一起度过余生的那个人，有了结婚的打算。高老师动情地说："那天她小心翼翼地对我说：'我身体有一些毛病，可能以后会疾病缠身，会拖累你，你不后悔吗？'""那我还是个军人，不知道哪天就要奔赴战场，不知道哪天就会牺牲，你不后悔吗？""我不后悔！""我也不后悔，我愿意照顾你。"听到这里，我的眼睛湿润了，心里不由地变暖了——这就是嫁给爱情的样子吧！

回忆两人的婚礼，高桂琴老师动情地写道："借了一间小平房，屋里摆了一床军绿被，部队首长讲了几句祝福话，在食堂吃了一顿平常饭，这就是我们的婚礼。"

晃眼间，50多年的岁月如白驹过隙一般消逝，看着两位老人雪银的白发，回想起高礼老师所描绘的爱情故事，心中却感觉这还不够。虽然岁月描画了他们的皱纹，日子漂白了满头的黑发，但在两人80岁迟暮之时，颤抖中依然可以相互搀扶着，深爱着对方的心也从来没有变过。这一段感情在50年的岁月沉淀中也彻底开花结果，铺撒下了属于自己的种子。

2017年9月17号，兰大108年诞辰，"爱在兰大之108对校友集体婚礼"活动，我和杨同学有幸为高礼老师和高桂琴老师服务。我看到了高奶奶第一次穿上婚纱、第一次画上好看的新娘妆时的那种激动与开心；看到高爷爷穿好西装，手拿捧花，安静等待高奶奶时的幸福与喜悦；看到高爷爷因高奶奶撒娇"你怎么不给我照相呢，你用你的手机给我照"时脸上洋溢着幸福的笑容。我感受到了两位老人的善良与朴实，不论是兰大年轻一代还是老一辈的老师们，都对两位高老师非常照顾，特别是一位年轻的负责老师，不止一次把我们俩拉过去，万分叮嘱："你们一定要照顾好两位老人，他们真的都是特别好特别善良的人，高桂琴老师的身体不好，你们一定要时刻地问问她有没有不舒服。"

虽然我们知道照顾好两位老人是我们义不容辞的责任，但是听到这些，我们不由地对两位老人肃然起敬。两位老人能够让别人发自内心地关照，一定是平时对大家付出了更多的关怀与爱。

活动结束后，我们两个去和两位老人告别，他们起身，握着我们的手说："今天太感谢你们了，辛苦你们了！"我们挥手道别，感动久久不能散去。

51年的爱情，如同金子一样纯粹，更像金子一样坚韧，经得住岁月的磨砺，散发出璀璨而恒久的光芒。

51个冬去春来，51年的相望相守，51年的风风雨雨，一路走来的坎坷艰辛，现在看来却是他们爱情的见证，是岁月无声的相伴。一眼便是一生，他们的爱情虽没有山盟海誓般惊天动地，却也是相濡以沫，携手一生。"结发为夫妻，恩爱两不疑"正是他们的真实写照，一个眼神，一个动作，便胜过千言万语，这其中的默契与信赖可见一斑。

他们无疑是幸运的，在漫漫时光中有着彼此的陪伴。即便有着短暂的分离，也是幸福的苦涩。因为有着这样一个人为他牵肠挂肚，有着这样一个人让她时时惦念。世事多艰，却不再孤单，只因一个转身，总能看到彼此的身影，这便是最强大的精神支柱，足以支撑一切。

"死生契阔，与子成说；执子之手，与子偕老"，是古人对爱情最美好最纯真的向往，现在也是他们心底的誓言，之后的日子，想到彼此相伴，连空气都带着一丝甜味。"我心匪席，不可卷也；我心匪石，不可转也"，也不只是单纯的诗句，而是他们的诺言，是他们对人生的期待。他们相遇，相知，相守，看似平淡无奇，但他们的故事却渗透在生活的每一个角落，带着温情，令人艳羡。

时间在岁月无声中悄然逝去，而他们的故事，未完，待续……

平平淡淡 相濡以沫

文｜刘海迪 李 健

　　现在的我们常常憧憬轰轰烈烈的爱情；洁白的婚纱，热闹的婚礼，来自各位亲朋好友的殷切祝福；蜜月时，二人一起各处巡游，在各地名胜留下两双脚印。然而，许多年前，这些都是奢望，对于老一辈人来说，一场婚礼都难能可贵。乔晨生、朱超夫妇，1977年办了一场再简单不过的婚礼，没有婚宴，更没有戒指与婚纱，有的只是一张没有照片的结婚证，上面写

着两个人的名字，结婚证上还印有毛主席语录：要使我国富强起来，需要几十年艰苦奋斗的时间，其中包括执行"厉行节约，反对浪费"这样一个勤俭建国的方针。虽然乔老师和朱老师的父母都是新中国成立前参加革命的老干部，但他们都严于律己，以平常心对待儿女的婚事，因此，儿女的婚结得简简单单。然而到如今，回头望去，却充满温馨。

　　男儿壮志报国保家乡，1968 年初春，正值青春年华的乔老师离家参军，远赴新疆军区炮兵部队当兵，一当就是五年。通过严格的军事训练、战备值班、野营拉练，在天山南北风餐露宿和严寒酷暑的洗礼中，曾经的少年变得成熟，心智也更加开阔，一直觉得"自己上个大学还是很有必要的"，因此，在退役后便参加了高考。在一番准备之下，功夫不负有心人，经过两天半参加 5 门课程的考试，以优秀的成绩顺利考入兰州大学化学系物理化学专业。同年，朱老师也同样考入兰州大学化学系物理化学专业，且二人分在同一个班。在那个时候，人们的思想，即使是大学生的思想也依然很传统。听乔老师说，那时候都没有男女朋友这个说法，当时就都是很正常的同学关系，也没觉得有什么所谓的爱情，大家都是同学，一起学习、吃饭、畅谈古今中外事。毕业之后，二人又机缘巧合地一同留校任教，就这样慢慢地在一起了。1977 年二人步入婚姻殿堂，他们俩一同去街道办事处领了结婚证。

从此，同住一个屋檐下，同吃一锅饭。结婚后的第二年，好不容易在学校分到了一间 11 平方米的单间宿舍，才有了一个属于自己的小家。

　　两位老人都在兰州大学化学系从事教科研工作，且同在物理化学教研室，工作上他们俩相互扶持，生活上他们俩互相帮助。后来又一个从事党政工作，一个从事科研教学工作，直到二人退休。退休后的两位老人也不甘寂寞，都喜欢体育运动，保龄球、门球、地掷球成为主打项目。慢慢地，他们的水平越来越高，经常参加甘肃省和兰州市还有学校的各种比赛，并取得了很好的成绩。两人之间也互相竞争，共同进步，每届的教职工运动会上，都能看到他们朝气蓬勃的身影。运动使二老的身体充满活力，心里充满阳光，即使如今年近七旬，二人依旧满头黑发，身体依然轻快得很，有时候他们比我们两个年轻的志愿者都利索。运动之时，因为有彼此的相伴，在汗水与快乐的交织之中，他们的爱情越发深刻与浓厚。

一路上风风雨雨，磕磕绊绊，慢慢地，两人的脸上冒出了皱纹，岁月改变了他们的模样，然而不变的，是那对彼此炽热的心，是那深深地印在骨子里的爱情。相守走一生，白首不分离。对于他们来说，已毋须过多言说，直面清贫，乐于奉献，淡泊名利，严谨治学，一路走来都是见证。

2017年9月17号，这是二人的第一场婚礼，也是她生命中第一次穿上洁白的婚纱，就像是快要出嫁的新娘一样，朱老师的脸上充满着笑容，他们开玩笑说，感觉自己又年轻了10岁。然而，我觉得，不只是他们，在场的每一位新郎新娘，心里都充满了说不清的幸福。尤其是对于他们六对老一辈的兰大人，这更是一生中最为难得的时刻，和相守相爱的那个人，办一场真真正正的、圆圆满满的婚礼。是的，这一天两位老师的儿子、兄弟姐妹都来了，一家人一起见证了他们这一场迟来了40年的婚礼。

这一年，是二人结婚40周年。这一天，朱老师穿上了漂亮的婚纱，乔老师穿上了帅气的西服，两人手牵着手，走过红毯，走过风风雨雨的40年。当乔老师把戒指戴在朱老师右手无名指的那一刻，两位老人的脸上满是幸福的笑容，或许，不管是乔老师还是朱老师，他们一直在等的，就是这一刻—— 一个整整迟到了40年的时刻。不过，对于他们来说，40年并不是结束，而是一个新的开始。在参加兰大108周年华诞举行的集体婚礼之前，乔老师为学校举办这次活动专门作词作曲创作了《爱在兰大》这首主题歌曲。歌中唱道：爱在兰大，爱在兰大，这里是我们的港湾，这里是我们的家，心灵的火花在校园里闪烁，相遇相知，相亲相爱，结出幸福花。他们要在接下来的日子里，更加相亲相爱，继续书写属于他们的爱情交响曲。

"我们的故事并不算美丽，却如此难以忘记"。这一句歌词，正是对他们的爱情最为生动的诠释—— 平平淡淡，一生清贫，心有彼此，相濡以沫。

相与深情，是你，也是我

文 | 王艺伟　崔腾飞
杨永建　徐丽娜

缘分最是难料，当杨永建老师在兰州大学药学院研究中草药的时候，是否会想到，他从江南温柔水乡赶来，跨越 2000 多公里，在"大漠孤烟，长河落日"的西北，会遇见一位温柔洒脱的姑娘？牵起她的手，留下 34 年相携背影的芬芳。

2017 年，65 岁的杨永建老师仍站在兰州大学药学院的讲台上，透过白发与细纹，言谈中仍能看到他当年意气风发的模样。30 多年前，风华正茂的杨老师与美丽聪慧的徐丽娜老师相遇在兰大。"我们相识在兰大，"杨老师至今回忆他们的往事，都止不住地牵起嘴角，"那时候你们徐老师可是咱们系公认的系花呢，追她可费了一番功夫。""谁给你封的系花，还不是你自己封的！"

杨老师是家乡在浙江杭州的南方小伙儿，军人家庭培养了他坚韧不拔、矢志不移的品格；徐老师则是完完全全的北方姑娘，美丽大气，智慧洒脱。当时的杨永建老师在中草药教研室工作，徐丽娜老师是药物分析教研室的老师，"当时他在四楼我在三楼，不常见面，那个年代也很少说什么话。每当教研室有活动时我们主任就把他叫来参加活动，是教研室主任在其中牵了个红线。"徐丽娜老师回忆起当年，把我们也带入了那个拘谨得有些青涩的年代。

说起对杨老师的印象，"当年我对他的印象，哈哈，就是特别老，"

徐老师小小的揶揄，往事再度浮现在眼前，脑海中有关一个人的片段渐渐明朗起来，"他比我大4岁，蓝色的中山装，戴个特别大的黑框眼镜。我家的邻居还问我，你找的那个对象多大年纪呀，不像比你大4岁，看着像比你大10岁。但是我们后来，到40几岁以后，差别就小了。我年轻时候脸小，脸尖尖的瘦瘦的，看着年龄很小。"

徐老师当年是一个心气高、很要强的姑娘。她说："我当时不到16岁就参加工作了。1977年恢复高考考了一年没能考上，1978年年底电大招生，我的数理化基础较好，电大招生我很容易就考上了，后来我又上了兰大经管学院的会计专业。"回忆起当年文化战场上的峥嵘岁月，徐老师的眼睛里仍是流动着追求知识、追求更高价值的光芒。优秀的人，总是

习惯性地追求更优秀的自己。徐老师说："我当时就是一门心思想上学。"因为彼此都是优秀的人，才会走上冥冥中那条轨迹，所以才会相遇。不仅因为我是不断追求更好的我，你也是很优秀的你，而且因为你，是我喜欢的你。

杨老师和徐老师在兰大相识相知，正如杨老师对他们的婚姻所说的——缘起兰大，相识相爱。爱在兰大，相守相伴。终于，风华正茂的杨老师与聪慧动人的徐老师喜结连理。一张照片，一纸婚书，从此一家人。虽然当时物质条件并不是很好，但杨老师还是给了徐老师一个浪漫的婚礼——旅行结婚。"我们从兰州出发，到西安，到泰山，到济南，到青岛，然后坐轮船到上海，最后到我的故乡杭州。"旅途中的风雨同行，让他们更加确定彼此。"执子之手，与子偕老"。这便是爱情的模样。没有婚纱，但是有承诺，没有婚礼，但是有深情。坚定的他和优秀的她终于将生活的轨迹相交，不再是你和我，而是——我们。

"这么多年了，你们徐老师是一点都没变，我就变得多了。"杨老师边说着，边翻出

了手机中的照片，一张一张，如数家珍。时光仿佛对有爱情滋润的人格外宽容，岁月并未对他们俩痛下狠手。当年精神帅气的小伙，如今依旧风采不减，只是更多了沉稳。当年美丽动人的姑娘，如今也是风姿绰约，且还平添了不少气质。依旧是才子配佳人，依旧是令人艳羡的爱情。

既然决定了要相守一生，那少不了的便是相互扶持。

"当初我们家人想让我回家乡去，但是你们徐老师家都在这边，为了事业，为了她，我选择留在兰州。丽娜，丽娜，一听就是和苏联好的时候的名字，叫人记忆犹新。"杨老师如今仍是满眼宠溺地望着徐老师，牵着她，挽着她，爱着她。一个人不一定要与另一个人多么相似，但只要是契合的灵魂，只要是命定的缘分，就会成为生命中无法割舍的一部分。

31 岁加 34 年后，杨老师仍旧可以清楚地说出 2000 年省长基金关于甘肃中草药资源的抢救项目细则，他说，我们编纂的相关文献将甘肃的中草药资源家底搞得越来越清楚，如同陇地的《本草纲目》。如今退休的杨老师被兰州大学药学院返聘，主要进行研究生、本科生的教学和野外实习工作。他说："中草药和其他学科不一样，我们不领着教，他们仅凭书本知识是不能真正了解和掌握中草药的。"一旁聆听的徐老师虽然很少说话，却一直饱含深情地看着杨老师。"再过几年咱们就是红宝石婚，给你买个红宝石戒指吧。""好啊，我等着呢。"

由于专业的缘故，杨老师经常下乡在野外工作，进行中草药资源调查、标本采集、野外实习等，徐老师义无反顾地承担了家庭的重担，上有老，下有小，真是不容易。杨老师每每谈起就感到内疚，所以，杨老师在他们 30 年珍珠婚的时候，写给徐老师的一封情书里如此深情表达：

nn:

三十年前，我们有缘，

相识在兰医校园。

难忘那一九八三年，

我们喜结良缘。

三十年，

弹指一挥间，

风风雨雨，沟沟坎坎，

你的辛苦，你的付出，

点点滴滴，铭记心怀。

我不善表达，也不懂浪漫，

但我的爱永远不变。

三十年，

我们都已年过半百，

孩子也已长大成人。

希望你多多保重，

健康快乐每一天，

——再过三十年，

相爱到永远！

yi

2013.4.25

　　杨老师说，他们爱情保鲜的秘诀是：互谅互敬，心心相印。晨钟暮鼓，安之若素。日子平淡如流水，转眼即逝。30余年的婚姻，爱意在柴米油盐中沉淀。

　　当岁月燃烧了青春，留下了白发与深爱的灵魂。

平平淡淡才是真

文 | 于 婷 徐 姮

从前的日色变得慢

车，马，邮件都慢

一生只够爱一个人

——题记

"人生"二字，距离很短，中间却是一片开阔地。日子就在那里静静流过，平平淡淡，一天又一天……两个人在一起，不可能永远惊喜刺激，细水长流的爱情更能源远流长。

我们的爱情，启于兰大

1980 年和 1983 年，张虎元老师和王锦芳老师分别考入了兰州大学地质工程专业和化学化工专业。不同专业的他们，不仅来自同一个中学，而且居住的地方也离得很近。但是因年龄上差了两岁，在相同的小学、中学、高中，他们都擦肩而过。"她上初中时，我都快毕业了，高中也是这样，都恰巧错过了。"张虎元老师回忆说。然而，在机缘巧合之下，他们最后都考上了兰大，并在兰大相遇相识相爱了。

"听说来了个老乡，就想去见见，"张老师说，"当时她高考考得很好，便来到了兰州大学。她的成绩当年在兰州大学可以算是顶尖的那一部分。"正是这一次见面，成就了这段姻缘。

王老师的优秀并没有让张老师退却，反而让他更加坚定自己追求的决心。在他锲而不舍地追求和亲戚们的推动下，他们确定了关系，并在1987年，也就是他们大学本科刚结束的那一年，登记结婚了。今年，刚好是他们结婚30周年。

她的朴实最打动我

在被问到他最喜欢王老师的哪一点时，"朴实，"他毫不迟疑地说道，"在那个时候，还没有改革开放，经济不发达，人们都有着理想主义，找对象主要是看三观端正不端正。她的朴实打动了我。"

张老师还从手机里找到当初王老师刚到兰大时拍的照片，照片中一个扎着麻花辫，穿着朴素布衣的女生十分精神地站在兰州大学校门口，眼神明亮，朝气蓬勃。他还向我们展示了一片树叶，上面写着1983。那是一片淡黄色的树叶，一看就知道是很用心保存的，隔着屏幕都能感受到属于那个年代的干净的气息。张虎元老师说，那是当年王锦芳老师刚刚来到学校时，他将兰大的一片树叶当作书签放在了日记本里，然后就一直保存了下来，现在依旧当作书签在使用。这片树叶很是珍贵，不仅象征着他们的葱茏岁月，同时也是他们感情的见证。物是人依旧，还有什么比这更美好的呢？

家庭教育松弛有度

正聊得热切时，张老师拿出手机给我们看他手机里的一张全家福：站在前面的是他的两个孩子，女儿清秀大方，眉眼间充满着温婉与知性；儿子高大帅气，有着少年人少有的稳重淡然。"儿子在上高中，学习挺好。女儿今年26岁了，和你一样，学的是土木工程专业，正在英国读博士，即将毕业，还没结婚，她妈妈24岁就生了她，"张老师顿了顿，继续说，"其实结婚太晚了不好，我夫人当初生二胎的时候36岁，医院方面一定要上那个监护和应急措施，我说这是第二胎了，有经验，不用这么麻烦。但人家医院就说30岁以上就属于高龄产妇，有危险的！"虽然有些担心女儿结婚太晚，但张老师从未干涉过女儿的恋爱。他跟我们说，高中期间他是坚决不允许女儿谈恋爱的，毕竟要考大学。但是到了大学的时候，他就非常赞成女儿谈恋爱了。女儿的恋情他一概不管，只要闺女认准了那个男人，就可以了。

而对于儿子，张老师聊得更多的是他的童年。"喔——当年老二闹腾得特别厉害，男孩子还是比较淘气一些的。"到了第二天，我们见到了张老师的儿子，原以为会是个很活

泼的男孩子，见了面之后发现是个温文尔雅、高高瘦瘦的男生，拿着照相机很安静地在红毯边照相，有着现在少年人少有的沉稳有度，但在通过短信交谈时，又兼具少年的活泼可爱，良好的教养让人不由对这个年轻人心生好感。

有儿女如此，两位老师的家庭教育显然是成功的；有父母如此，两位儿女的家庭生活显然也是幸福的。

爱情是蛋糕，看上去诱人，吃起来甜美，但时间长了会腻歪；婚姻是面包，是和喝水一样平淡的事情，但它是一种必然，是生活的能量和动力。婚姻的最高境界，就是满足于淡然带来的幸福。如同每一对寻常夫妻，他们也要面对柴米油盐的琐碎日常，只不过，他们的合拍源于对生活的用心。重要的是，兰大成就了他们的爱情，让他们懂得彼此珍重。

携手开拓兰州大学文物保护与环境学科新领域

文 | 张明泉

　　在全校师生共庆兰州大学建校 108 周年之际，校友会以别具一格的方式安排 108 对校友在美丽的校园举行集体婚礼，作为张虎元和王锦芳夫妇邀请的嘉宾，我和校友们共同见证兰州大学的发展变化，深感这富有内涵的安排有着特殊的意义。看着那一对对神采奕奕的夫妇，携手走在红地毯上，耳听着学校领导和校友代表热情洋溢的祝词，那一阵阵欢快的掌声，那充满深情厚谊、动人心弦的言辞，将我的思绪带进那昔日在教书育人工作岗位上的点点滴滴……

兰州大学108校庆集体婚礼照（2017.9）

　　我与张虎元既是师生关系，又是同事关系，更是很好的合作伙伴。在张虎元成长过程中，我们彼此合作，共同努力，开创了兰州大学文物保护研究新领域，创建了兰州大学环境科学、环境工程两个专业。

1983 年，我接任地质系水文地质与工程地质专业 80 级的班主任，同年给该班讲授《专门水文地质学》课程，张虎元就是水工 80 级的一员，那时我们是师生关系。

1984—1987 年，张虎元师从张咸恭教授，在兰州大学工程地质学专业攻读硕士学位，毕业后留校任教，我们成为同事，在同一个教研室工作。当时，他主要从事工程地质学教学与科研，我主要从事水文地质学教学与科研。我们给同一个专业的学生上课、带实习、指导毕业论文，一起讨论教学计划和专业发展。这种紧密的同事关系一直延续到 1998 年。1998—2004 年，张虎元被公派出国，赴日本京都大学攻读土木工程博士学位，并从事博士后研究。2004 年，张虎元学成回到兰州大学，分配到新组建的土木工程与力学学院工作，我仍然在资源环境学院工作。

为同一个专业讲好不同的课程，需要各科教师的共同努力与通力合作，诚然，这是一种合作伙伴关系。而我和张虎元的合作伙伴关系，不仅体现在同一专业教学上，更多地体现在携手开拓兰州大学文物保护新领域和创建环境科学专业办学方面。

记得那是 1990 年 11 月，时任兰州大学校长的胡之德教授，通过地质系推荐我与敦煌研究院洽谈莫高窟文物保护合作项目（因为敦煌研究院需要一位既熟悉水文地质专业，又了解环境保护的技术人员，我正好符合他们的要求）。同时，敦煌研究院要求通过项目合作为他们培养文物保护技术人才。我与敦煌研究院副院长、文物保护所所长李最雄研究员

莫高窟抗震研究项目组在调研时的合影（1991）

通过洽谈，决定开展的第一个协作项目是"敦煌莫高窟崖体及附加构筑物抗震稳定性研究"。这个项目的研究目标是确定莫高窟崖体和现存洞窟能够经受多大的地震考验，主要涉及工程地质及力学方面的理论与技术。按照研究内容与技术要求，我首先找张虎元商量组建研究团队，主要由我和张虎元、曾正中、王旭东等负责水文地质工程地质勘查和岩石力学实验；姚增、周中华负责地球物理勘探，王锦芳等协助室内样品测试和资料整理，数力系韩建平、姚林泉负责力学计算，其中，张虎元是项目第二负责人，研究骨干。经过 4 年多的齐心协力攻关，项目于 1995 年完成，1997 年获国家文物局科技奖励。

武威天梯山石窟环境地质调查人员留影（1994.1）

我们与敦煌研究院合作完成的项目首次确立了莫高窟洞窟地层的标准层序，系统测定了洞窟围岩的工程地质特性，确立了洞窟文物病害与环境地质条件的关系，为后来的莫高窟保护研究奠定了良好的地质学基础。获得的大量研究成果直接应用于莫高窟保护规划和游客组织管理，得到了敦煌研究院的好评。

这个项目首次将文物保护引入水文地质工程地质的学科范围，开创了兰州大学文物保护研究的新领域。例如，从 20 世纪 90 年代开始，在与敦煌研究院联合开展莫高窟文物保护研究的同时，甘肃省文物局又连续委托我们承担了永靖炳灵寺石窟、武威天梯山石窟、靖远寺儿湾石窟、敦煌榆林窟等保护研究项目。2000 年之后，兰州大学与敦煌研究院建立了稳定的合作伙伴关系，我们将文物保护研究重点转移到土遗址保护领域，研究范围拓宽到了全国各地。仅我和张虎元承担的课题就有 50 多项，包括新疆交河故城保护，全国土遗址信息数据库建设，南京大报恩寺地宫保护关键技术研究，潮湿环境下考古现场史前土遗址保护关键技术研究，敦煌莫高窟风险监测与评估关键技术研究，潮湿环境考古现场水环境监测与控制技术研发，大地湾国家考古遗址公园建设文物影响评估，甘肃各地长城保护加固项目等。兰州大学与敦煌研究院共同主持了在葡萄牙、西班牙、印度等国举行的文物保护学术会议，把我国的文物保护事业推向国际水平。目前，兰州大学拥有土遗址及石窟

印度文物保护技术国际交流会留影（2010.10）

香港文物保护技术国际交流会与伊朗代表留影（2009.5）

寺保护规划、勘察和设计三项甲级资质，我和张虎元、谌文武成为全国重点文物工程方案审核专家。

莫高窟保护合作研究项目一开始，敦煌研究院院长段文杰、樊锦诗和副院长李最雄就多次强调，要通过项目合作为敦煌研究院培养技术人才。为此，我推荐了我最熟悉学生王旭东到敦煌研究院工作。王旭东不仅当时是我们研究团队的主要成员，现在任敦煌研究院院长、国家古代壁画与土遗址保护工程技术研究中心主任、兰州大学土木工程与力学学院兼职教授和博士生导师，成为我国文物保护领域的学术带头人。

我与张虎元在学科建设方面的通力合作表现在组建兰州大学环境科学专业上，那是在1996 年元旦刚过，学校下发了《关于调整环境学专业的通知》，据此，地质系在原水资源环境研究室的基础上成立了环境学教研室，任命我为教研室主任，张虎元为副主任。学校要求环境科学专业在当年招生。按照当时的客观实际来讲，我们办环境科学专业的条件还不成熟，既没有环境专业师资队伍，又没有专业实验室，也没有新增教学经费。当时学校办学经费比较紧张，对新上专业没有经费投入。我们靠着一股闯劲和办学的热情，白手起家，

开始了建立环境科学专业的艰难历程。

20世纪90年代我国高等教育处于低谷,大学教师的月收入只有几百元人民币,低于企业工作人员的收入,甚至不如农民的收入,当时的流行语是"造原子弹的不如卖茶鸡蛋的"。毕业生不愿意留校,部分在职教师纷纷下海做生意、办企业。新办专业,无论是师资队伍建设、教学体系建设还是实验室建设,都异常困难。

为了建立环境科学专业,我们拿出仅有的万把块科研经费,开始了环境科学专业办学的调研工作,通过咨询海内外校友,广泛收集了环境类专业教学和社会需求信息,在1996年6月5日世界环境日之际,邀请在兰州的环境保护部门的领导和专家在我校科学馆召开了"兰州大学环境学专业首次招生暨建设座谈会",其主要议题是讨论环境科学专业教学计划和办学模式,参会人员30人。会议通过认真讨论,补充完善了我们通过国内外调研而拟订的专业教学计划,确定了以理为主、理工相兼的办学模式,会议取得了预期效果。时任学校教务处处长的周效贤教授和副处长张天俊同志出席了当天的会议,面对我们认真负责的工作态度,以及拿出自己的科研经费创办环境科学专业的办学精神,教务处长深受感动,当场表示要对环境学专业给予支持,并答应座谈会场地租用费由教务处承担。

1996年至2003年,仅仅用了7年的时间,兰州大学建成了环境科学和环境工程两个本科专业,建立了本科生、硕士、博士教育体系,还建立了专业硕士在职人员工程硕士教育。办学速度之快,办学效率之高,在专业办学史上都是比较少见的。

回首往事,至今历历在目。以上回顾,仅仅是我校发展变化中的小小故事。今天的兰州大学,在奋进的道路上教学科研和社会服务各个方面都取得了举世瞩目的成就。我们可以为已经取得的成就感到自豪,因为它鞭策着我们继续前进。我们坚信,历经108周年的兰州大学将以加倍的努力,继承发扬艰苦奋斗的光荣传统,以奋发图强,以更丰硕的成绩实现"双一流"目标。

愿兰大人学问宽仁、振民育德,开创更加美好的未来!

不忘初心 方得始终

文 | 王劲博

"婚姻是爱情最美好的结果，也是爱情持续成长过程最有力的见证。不忘初心，方得始终。"这句话是今天我们将要走近的这对夫妇25年爱情历程最好的概括。20年风雨人生路，陈建恩、郝冬梅夫妇的爱情虽然没有太多的轰轰烈烈，但充满着相互依赖的脉脉温情。他们相互依恋，携手奋斗，为了家庭奉献了所有，就这样相爱了25年，并度过了20年携手同行的婚姻生活，谱写了最美好的爱情故事。

相识在兰大

1990年，郝冬梅考入了兰州大学管理科学系行政管理专业。1991年，陈建恩考入兰州大学大气科学系大气物理与大气环境专业。他们俩都是甘肃人，在校园学习生活中相识、相爱，共同成长。

陈建恩老师说："那个年代的计算机还很少，计算中心提供给大家练习Fortran语言的机房是一台运行Vax系统的小型机和60台终端，没有汉字系统；而管理系、地理系等几个系建设了供本系学生学习使用的微机房，很受大家的青睐。大气科学专业对计算机的要求很高，而我也对计算机比较感兴趣。为了学习，我就经常到那几个系的机房上机，就这样认识了郝老师。"

"陈士成老师是我们管理系当时的计算机老师，他既是我们的恩师，也是我们'机房爱情'的见证人，所以这次我们邀请他来作为我们的校内教师特邀嘉宾。"郝冬梅老师在一旁说。

因为勤奋好学而结缘，这或许是爱情最美好的开始了。同学们从今天开始努力学习吧，或许你也会收获这样一份执子之手、与子偕老的纯真爱情。

成长在兰大

1994 年、1995 年，他们俩先后完成了在兰州大学本科阶段的学习，都留校工作了。说到这里，陈建恩老师忍不住叮咛我这个小学弟："我因为对计算机很感兴趣，所以又自学了 dBase III，这对我当时成功地留校工作有很大的帮助，到现在，我还时常使用数据库软件编写小程序哩。"郝冬梅老师则在旁边笑着说："当时陈士成老师专门教我们管理学院的 dBase。而陈建恩就时不时来我们计算机房蹭着上机，练习 dBase 编程。结果他后来者居上，学得非常好，一直到现在都是我家的电脑技术顾问。"

1997 年，对于陈建恩和郝冬梅老师而言绝对是个意义特殊的年份，这一年两个人喜结连理。婚姻对于每个人而言都是人生中的大喜事，对于经历了一些生活波折的二人来说，这更是意义非凡。因为最初郝冬梅老师的父亲坚决不同意这门亲事，但最终被陈建恩的真情和踏实打动。"我也使用了一些小技巧，我爸不同意，我就带陈建恩老师去见了我爸爸的小姨，也就是我的小姨奶，正是这次集体婚礼的亲友团成员之一。我的小姨奶非常支持我们，还帮着劝我父亲。有了小姨奶这个坚强的后盾，我们心里就有底了。"郝冬梅老师满是幸福地说道。所以，到现在，他们俩对小姨奶还是感激非常。

而 1997 年也是郝冬梅老师开启自己研究生阶段学习的年份，"那个时候我想从校办转到学院当专职教师，但学校有规定，要从行政岗位转为专任教师，必须脱产读研究生。那个时候还是挺艰难的。刚成家，生活中有很多琐碎的事要处理，生活压力很大，而两个人一个要忙学业，一个又要忙事业，必须相互鼓励、理解和支持"。

或许是年轻时这只有自己才知道的艰辛，还有相伴 20 年的甜蜜婚姻生活，让郝冬梅老师非常感慨。郝冬梅老师继续说道："我和陈老师那个时候都感觉生活不易，但现在回过头看感觉其实我们一路走来是非常幸运的，事情都是很顺利地完成了或者过去了，很多事情都比我们想得要轻松，没有出现什么所谓最坏的情况。人年轻的时候好像容易高估所遇到的困难。现在让我们回顾这 20 年的生活，我们也无法把它讲得特别翔实，前几天我还和你陈老师开玩笑说'不知道咋回事，这 20 年一晃就过去了，感觉仿佛跟做梦一般'。"

随后，郝老师又补充道："不过我们生活能够确定的一点是我们和兰大那不可磨灭的缘分。我们从考入兰大后就再也没有离开过兰大，一晃都二十七八年了。所以去年一听到兰大 108 年校庆要为 108 对校友夫妇办集体婚礼，我们立刻就报了名。我们想为母校送上我们的祝福，也想让母校见证我们的爱情。"郝老师动情地说着，眼中闪烁着对母校、对生活由衷的热爱。

正说着，迎面碰到陈老师的一位老同事，陈老师、郝老师立刻热情地走上前去，他们热切地交谈着，气氛是如此融洽。这充满人情味的一幕驱散了初秋的寒意，让人心生温暖。对于陈老师夫妻俩来说，兰大的人、事、物是他们再熟悉不过的了，而兰大或许已成为他们的爱情最深沉的见证者。

收获在兰大

采访快结束的时候，郝老师给我看了她们一家三口前段时间拍的为纪念她和陈老师结婚 20 年的纪念照。照片中的郝老师雍容华贵，美丽优雅；陈老师儒雅帅气，风度翩翩；他们的女儿青春靓丽，楚楚动人，站在他们中间，亲切地把手搭在他们肩头。

我还注意到郝老师和陈老师的手机壁纸都是她和陈老师一张 20 年结婚纪念的合照。想必他们每次打开手机，心中都会涌过一阵暖意，脸上都会不自觉地微微一笑。听说他们这次参加集体婚礼也是在懂事的女儿的鼓励、理解和支持下才提交申请的。这其乐融融的一家人把日子过成了爱情和亲情的散文诗。每个人彼此依赖，彼此信任，彼此分担，每个人都在为这个家的幸福美满贡献出自己最大的力量。

　　春华秋实 20 余载，遮风避雨相伴路。如今，他们在各自的岗位上都收获了丰硕的果实，郝老师作为管理学院的专职教师，为人师表、尽职尽责，桃李芬芳、受人爱戴，带出了一位位优秀的本科生和硕士研究生；而一直坚持做学生表率、严于律己的陈老师则将要履新兰州大学艺术学院党委书记。

　　"随风潜入夜，润物细无声"。陈老师和郝老师的爱情就像春雨一般，平静得不引人注意，却浇灌着他们的生活，让他们的幸福之家硕果累累，也滋润了我们的心灵。浪漫或许是爱情最浓墨重彩的一面，但婚姻生活的平凡日子中那坚守的责任感才是爱情的本质！

平平淡淡的美好

文 | 兰丽媛

　　孙立国、黄金艳夫妇时至今日已经有了 17 年婚龄，他们相识于兰大，相知于兰大，在兰大历经 8 年爱情长跑之后最终喜结连理，步入婚姻殿堂。现在他们均在兰大就职，回首相识相恋最后花开结果的岁月，他们俩幸福地说："爱情就是平平淡淡的美好。"

　　2017 年 9 月 16 日婚礼彩排，笔者与这对夫妻初次见面，黄老师是一位和蔼可亲的老师，而孙老师身上则透露出一股干练。接过我手里的活动用服装，黄老师转身跟孙老师娇嗔地说："拿着。"孙老师一把接过，没有半点犹豫。在彩排流程的间隙，黄老师与孙老师向我讲述了他们的爱情故事。

　　1992 年，两人双双考入兰大历史院，缘分有时就是这么妙不可言，命运女神之手将他们分到同一个班级，他们就这样平平淡淡地相识。大二的时候，没有轰轰烈烈的表白，也没有热烈的追求，只有流露在生活与学习中那真情的点点滴滴，二人便自然而然地在一起了。黄老师笑着说："其实我们俩没有什么轰轰烈烈的故事，就是很合得来，属于学校里谈恋爱的模范吧。"

　　1996 年两人本科毕业，孙老师留校当了辅导员，黄老师回到自己的家乡包头，这样的异地恋持续了两年之久。为了与孙老师在一起，黄老师又于 1998 年考上了兰大的历史系研究生，两人结束了艰辛的异地恋，重新相聚。2000 年黄老师研究生二年级时，两人就领了证，并在黄老师毕业后举行了婚礼仪式。

2017 年 9 月 17 日"爱在兰大"婚礼仪式当天，笔者在拍合照的地点终于见到他们，黄老师穿着白色的长裙，孙老师则西装笔挺。担心黄老师的裙子拖在地上，孙老师一直在旁边托着裙子的下摆。黄老师对自己的妆容有些不满意："没给我画好看，我的脸型不适合这个发型。"孙老师一边注视着自己的妻子，一边说："你还不满意了，我觉得挺好的。"

婚礼仪式开始后，夫妻二人作为婚龄较长的一对在前面入场。当特邀教师把女方的手交到男方手里时，二人脸上都洋溢着幸福甜蜜的微笑，仿佛真的是新婚小夫妻一般。

一切似乎都是顺理成章、早就预计好的，从最初的相识到最后步入婚姻殿堂，两人之间一直是"平平淡淡"，没有大的争吵只是偶有拌嘴，生活与学习中也是互相为对方着想。当被问及对方有没有做过一件使你感到特别幸福的事时，黄老师讲了在她读本科时生病的事。当时黄老师身体不是很好，一次生病很久都没有痊愈，在那个冬天，孙老师一直无微不至地关心着黄老师，因为要一直喝中药，中药特别苦，黄老师就有些抵触。孙老师就每天都帮黄老师熬药，哄着她喝，为了让黄老师喝药，孙老师还亲自做起了示范，与黄老师一起喝那奇苦无比的中药，当时与他们同级的同学都笑称孙老师是"神农尝百草"。药是苦的，但自己心爱的人给自己熬的药流入心间就成了满满的甜。讲完这个故事，黄老师说：

"还有很多很多这样的事，我那时就觉得再也不会有人像他那样对我好。"同样的问题，孙老师给出的答案是："给我做好吃的啊，给我生了个宝贝儿子啊，对老人好啊，可以和我探讨一些话题啊。"夫妇两人讲述的幸福的故事不约而同地来源于生活的点点滴滴，他对我好，我也以我的好来回报他。幸福真正的样子大概如此，互相扶持，对彼此付出真心，虽然不是轰轰烈烈，但却满是简简单单的甜蜜。

婚礼仪式结束后，我们回到体育馆，新娘新郎换衣服、卸妆。在整理头发的时候，黄老师又轻声嘟囔着妆没画好："简直比当年结婚时候化的妆还丑了。"整理完头发，黄老

师问我们："怎么样，你们帮我看看还能见人吗？"孙老师说："挺好的，能见人，怎么样都挺好的。"眼里只有对方的好，这对伉俪在他们结婚 20 年间一直如此，所以，爱情对他们来说就是"平平淡淡"的，生活中再平常不过的一言一行，只要饱含了真情，那就是爱的表达。虽然对他们来说，这些都是微不足道的小事，但在其他人眼中，这种 20 年如一日的坚持，也算是别样的浪漫了。

02 | 裸婚时代 | *Naked Marriage Age*

那时真的是无知无畏，完完全全的裸婚，没有一点点积蓄，更不用提房子和车子了。回想起来，也正是因为有这样无畏的勇气，才收获了现在如此甜蜜的幸福。

绿皮车上的一见钟情

文 | 贺泽祥

绿皮车上的偶遇

2003 年 1 月，一辆绿皮火车从兰州站缓缓启动，它把寒冷的空气变成温热的呼吸，把漂泊的游子载向明月下的归途。

从兰州出发，一路向东。

吸入的每一口冷空气都在肺里回旋后升腾而出，气体中还掺杂着不为人知的紧张和期待，车中的人在一团团白雾中搓着手，心却已经扑向家里的美味饭菜了。

光影西流，随着火车的奔驰，大家渐渐按捺住了心中的喜悦，有的人开始拿出行囊里的东西和周围的人分享，有的人开始细语攀谈，也有的人在车上睡着了，许是为了买到车票，熬夜排队了吧。拥挤的车厢里温度渐渐升高，细细的低语声渐渐欢快起来，有大珠小珠落玉盘之韵味。有一桌旁边坐着 6 个年轻人，在打破了沉闷而陌生的气氛后开始闲谈。这时，一个干练的男青年注意到了对面的女生："同学，你去哪里啊？""我去山东。""老乡哎！"他的声音因为激动而有了明显的提高，"我也是山东的。你是哪个学校的？""我是兰大的。""哎，我也是兰大的，你好你好……"攀谈一会后男生邀请周围的人一起玩牌，同时用期待的眼神望向了刚才与他交谈的女生，女生也是个爽快人，毫不犹豫地同意了。欢闹的声音开始向四周传开，空气中除了欢乐还隐隐酝酿着一丝甜蜜的味道。

火车在山东某站停车，女生已经收拾好行李向周围的人告别。男生志忐地说："我看你行李挺多的，我帮你提下车吧。"他不等女生回应就拿起了女生的行李。女生含蓄一笑，小声说了声谢谢，两颗心不受控制地扑通扑通跳个不停，像燃烧的火焰，映红了脸。下车后，男生把行李交给女生，并看似无关紧要、心不在焉地嘱咐了几句，女生提着行李转身离开，男生看着女生，脸上闪过一丝坚定，他有点紧张，却毫不犹豫地伸出了手，一把拉过女生，说："我喜欢你。"四目相对，电光火石间，两颗心就这样碰撞到了一起。

时间停止了，每一个人的动作也停止了，天上飘落的雪花也停在了半空中，呼出来的白雾也保持着奇奇怪怪的形状，这一刻，只有难以名状的心动流淌在二人身边。突然，时间又开始流动，女生望着那张帅气而不安的脸，甜甜地说了句"谢谢"。而后雪花飘动地更加欢快，空气好甜，方圆十里都能感觉到这蜜一般的甜。

这一天是 2003 年 1 月 12 日，男生冯磊，兰州大学大四学生；女生叫马洪菊，兰州大学大二学生；他们都是山东人，亦都是兰大人；在回家的旅途上相识并相爱。

四年的等待

那一刻的甜蜜自爆发以来就再也没有停止过。冯磊半年后毕业留校工作，马洪菊继续读书，一路从本科、硕士，一直到博士。爱情给他们的不是花前月下的浪漫，更多的是前进的动力。冯磊工作后开始负担两个人的生活，同时陪着马洪菊上学，马洪菊也因为冯磊而一直在兰大读书，博士毕业后留校任教。

马洪菊老师说："陪伴是最长情的告白，没有什么比陪伴更让人幸福。4 年的恋爱，他每天都陪伴在我的身旁。没有惊天动地的事情，也没有轰轰烈烈的故事，我们的爱情没有曲折离奇的情节，有的只是安静的陪伴和甜蜜的每一天。"

在经过数年的爱情长跑后，他们于 2007 年 1 月 12 日领证结婚。在那个冬日，两颗心碰撞出的火花终于燎原万里，成为最耀眼的风景。

婚后的生活

马洪菊老师说："我们俩都不是那种能搞事情的人，平平淡淡，没有什么特别的故事。14 年的共同生活始终幸福甜蜜。我们没有故事，14 年之久的默默陪伴就是最好的故事。"

　　当被问起两人之间最难忘的事情时，马老师说她最难忘的事发生在火车站。那天，她从山东老家回兰州，当她从车站出来的时候，冯老师不出意外地在车站门口等待；但是出乎意料的是，冯老师手里的那一捧鲜艳的花。马老师说，当看到冯老师和他手里的花后，她很惊喜、很激动，也很感动，毕竟让他拿着一大捧花在人群中等待是真的很需要勇气的。看到那一幕时，她感觉阳光都一下子明媚了，冯老师站在那里 blingbling 地发光。这时，冯老师也笑着说，当时你也在 blingbling 地发光。

　　最后，冯老师和马老师说，他们的梦想就是一起去环游世界，把 blingbling 的幸福留在世界的每一个角落。

　　"他见山是深情伟岸，见海是热情澎湃，见花见草信他们皆有故事，云海江潮，虫鸣鸟啼都暗藏情愫。"

　　"唯独见了她，山川沉默，海面静谧，云海不再翻涌，江潮不再澎湃，花鸟鱼虫被光与尘凝固，世界万籁俱寂，只剩下她。"

遇见你,我就遇见了爱情

文 | 雷媛　曹航航

余恩属鸡,徐争属狗。余恩说:"我们在一起就是鸡犬不宁。"

一个西北,一个东北。徐争说:"我们在一起就是相距甚远。"

鸡犬不宁也好,相距甚远也罢,15 年里,一个爱吃大米的东北人和一个爱吃面食的西北人,为吃饭吵过,为爱情吵过,然而这些距离与争执从来都不曾将他们打倒。爱情似乎一直都是个神秘又美妙的东西,就像余恩所说:"我们俩的爱情就像街头的炒货,越'吵'越热,越'吵'越有味道。"

"遇到了她,也就遇到了我的爱情"

余恩说:"和徐争的爱情,用一句话来说,就是'遇到了她,也就遇到了我的爱情'。"余恩早已想不起是在哪本书上看到过这句话了,但从开始到现在,直至将来的岁月,于他而言,爱情就是移动鼠标,然后点击确认键,自始至终只有徐争一人。

2001 年,20 岁的余恩和 19 岁的徐争同时考入兰州大学法学院。

虽然是同班同学,但余恩当时性格比较内向,所以两人虽然同学一年,但也很少有接触。徐争说:"直到大一的暑假,我没回家,余恩也没回家。我在外做家教挣学费,他在学校勤工俭学。这个暑假开始,我们才逐渐熟络起来。"

"我那时候经常背着宿管阿姨偷偷做饭,一方面是为了省钱,另一方面是为了改善生活。饭做好了,我就给她送去;如果她不在,我就给她留一份。"余恩讲述着当年的故事，同时不忘夸赞一番自己的厨艺。他说，有一次，徐争吃完一大碗饭之后开开心心地问他："还有饭吗？"听到她这样问，余恩心里不免暗喜一阵，于是，以后更加努力钻研各类美食。

徐争说，对余恩开始有一点点小心动，是因为和他一起经历了一段苦难。那个时候，他们双方家庭经济都比较困难，学费来源于国家助学贷款和各自勤工俭学。

"那段日子里，我们有时候都没钱吃饭，夏天的时候，我们经常靠一个西瓜扛过一天。"徐争回忆道，"但就是在那个时候，我们在贫穷中感受到了快乐；也是在那个时候彼此之间慢慢产生了感情。"

当被问及当初是谁先追求对方时，徐争笑了一阵，说："我们那个时候哪像现在这样，还分什么男追女、女追男呀！我们是兰大榆中校区的第一批学生，那个时候的校园还没有这么大，校园也正在建设，民工比学生还多。我们女生晚上都不敢出门，只能拉上三两个男生一起。所以啊，我们两个是日久生情，情投意合！"

"因为非典，我得到了爱"

2003年，一场"非典"犹如狂风暴雨般袭来。而对于余恩而言，这场"非典"是"魔鬼"，却又是"礼物"。

"在'非典'结束前的一个月，我突然发高烧到 40 度，卧床 20 多天。那段时间里，除了前来探望的兰大校领导们，一直陪同在我身边的就是徐争了。"余恩到现在仍然清晰地记得，在他被送到医院进行最后的诊断时，医生、护士都把自己包裹得严严实实的，人人都害怕被传染。唯独徐争，一连照顾了他 10 多天，从来没有进行过任何防护措施，好像从来都不担心会被传染。每天，徐争一丝不苟地照顾着余恩，不敢有一丝疏漏，只盼着余恩的病情能有所好转。在这个小小的病房里，两人的感情迅速升温。出院之后，余恩说："我现在倒很感谢'非典'，因为它，我得到了爱。"

5天200多条"认错"短信

余恩和徐争上大学时都是学校的风云人物，都是学生会干部，为了维持和保持公众形象，也因为年少时的青涩，两人曾"约法三章"：不拉手、不合影、不齐肩并步。因此，哪怕是在热恋期，两人也从没有过什么亲密举动，即使出行，两人也都是一前一后走着。所以，这段低调的恋情直到毕业前都没有几个人知道。

余恩曾这样评价过徐争："她是一个典型的东北姑娘，开朗直率，肚子里有什么就说什么。有时候爱耍点小脾气，一旦耍起来，十分'难缠'。"

余恩曾经发短信创过纪录——平均一天发过超过 40 条短信，连续狂发 5 天，总共发了 200 多条。本以为是因为那时坠入爱河却网络不畅，所以才发了这么多短信，而余恩说那些短信都是用来认错的。

2006 年，原本已经决定这一年的春节两人一同回徐争的东北老家过年，可就在临走的前两天，两人因为一些鸡毛蒜皮的小事争吵起来。于是，一气之下，徐争独自一人走了，而正在气头上的余恩也十分决绝，坚决不去东北找她。过了几天，余恩认识到了自己的错误，决定联系徐争，可谁想徐争竟然杳无音讯。余恩彻底慌了，赶紧联系各位亲朋好友，发起"寻找徐争"行动。于是，婉转感人的情话和认错态度鲜明的短信便一条条发往徐争那边。一颗心，就这样被真诚所打动。

从二人世界到四口之家

2007 年 6 月 21 日，余恩和徐争正式领证结婚。

"当时我已经留校工作了，那段时间工作特别忙、特别辛苦，他一直陪着我，一感动就领证了，哈哈。"徐争说，"也可能早就认定彼此了吧。"

西北小伙余恩和东北姑娘徐争，从此一起在兰州生根发芽。

一起走过青涩，又一同走向成熟，最后，爱情里开出了美丽的花。

如今，余恩和徐争已育有一儿一女，儿子八岁，女儿三个月。徐争说"不像其他恋人那样，我们之间，没有确切的开始时间。和他在一起的很长一段时间里，从同学到普通朋友，再到无话不说的亲密恋人，共同经历的艰苦、磨炼，让我们走近了彼此。感情，则是那段难忘岁月里上苍赐予我们的又一个恩惠。"

在2017年9月17日的"爱在兰大"校友集体婚礼上，两人的家人带着两人的一双儿女一同在现场见证了他们的爱情。当积石堂的钟声敲响时，余恩牵起徐争缓缓走在红毯上。风风雨雨10几年，从两个人到现在的四口之家，两人的爱情在岁月中被打磨得越来越美。

余恩说："我们一个属鸡，一个属狗，但我们改变了彼此。"

徐争说："我们一个东北，一个西北，但我们打败了距离。"

匆匆十年 无怨无悔

文 | 李亚丽 栗军帅

　　2017 年 9 月 17 日，结婚正好满 10 周年的我们夫妇俩参加了"爱在兰大"校友集体婚礼活动。回想起我们二人共同携手走过的匆匆 10 年，真的是风风雨雨、有苦有乐。10 年的时间说长也长，说短也短。今日坐在桌前回忆往昔，一幕幕竟如此清晰地浮现在眼前，就好像昨天才发生过一样。

　　20 世纪 90 年代末，我们俩相遇在美丽的兰州大学本部校园，并且幸运地加入同一个研究室进行研究生的学习。由于有共同的专业方向，我们俩可以共同探讨感兴趣的问题，最终因此互相仰慕，并于 2007 年终于修成正果，在异国他乡的日本喜结连理。当年结婚时，由于两人都在国外求学，所以并没有举办像样的婚礼，就是熟识的几个朋友坐在一起吃了顿饭，祝贺了一番。那时真的是无知无畏，完完全全的裸婚，没有一点点积蓄，更不用提房子和车子了。回想起来，也正是因为有这样无畏的勇气，才收获了现在如此甜蜜的幸福。此次我们夫妇能够有幸参加兰州大学举办的"爱在兰大"集体婚礼，真的是感慨万千。

　　随后，我们的第一个孩子出生了。为了生活，一家三口一直是聚少离多，也正是有了

这些分别的苦，才让我们家每一个人都更加珍惜相聚的乐。这样的状况一直持续了 3 年时间，终于在 2010 年，一家人团聚于温暖的花园城市新加坡。

2011 年，谨记母校校训"自强不息，独树一帜"的我们夫妻二人回到兰州大学工作，这样一家人才算是真正稳定了下来。每天清晨送孩子去幼儿园，两人返回工作的地点以饱满的热情开始每一天的工作。回到了自己的母校，每日看见的都是熟悉的风景。我们俩经常在去食堂吃饭的路上回忆起当年这里是一株丁香，那里曾经种着一株迎春。这些旧时的共同回忆，将我们的思绪又拉回到那个青涩的年纪。每每此时，看着对方头上悄悄添上的白发，心中都默默地感谢陪自己一起走过 10 年的彼此。

5 年后的 2016 年，我们家又迎来了另一个小生命。他的到来，给我们增添了更多的欢笑和幸福。我们生活的重心又一次出现转移，一心忙工作的父母不得不抽出时间来照顾这个新成员，9 岁的姐姐也自觉地加入到照顾宝宝的工作中来。这个小生命的出现，也让我们再次体会到养育孩子的艰辛和责任，当然也让我们全家人更加珍惜我们现在所拥有的小幸福！现在的我们是一家 4 口，快乐地生活在爸爸妈妈曾经学习、相爱过的地方。

2017 年 9 月 17 日，兰州大学为我们补办了一个盛大隆重的婚礼，也弥补了我们心中的缺憾，再次对我们的母校表示无比的感谢！

十年弹指一挥间，虽然说生活中总是会有很多的不如意，但这些和我们的快乐相比都不算什么。祝愿我们幸福的一家人能够平安快乐，幸福安康！祝福我们的母校承前启后、继往开来，再创辉煌！

兰大，我的幸运

文 | 方开洪

　　时光荏苒，往事依稀。16 年前的初夏某日是一个特殊的日子，可惜我已经把这个日子给忘记啦，只记得那一天是填高考志愿的日子。当时，老师介绍说，兰州大学是一所性价比超高的大学；于是，懵懵懂懂的我就报考了；而后，我便与兰大结缘；然后，我就成了地地道道的兰大人：学习在兰大、工作在兰大、生活在兰大。

　　在兰大学习，是我的幸运。我于 2001 年考入兰州大学物理科学与技术学院的应用物理学专业，也是榆中校区的第一届学生，大伙儿调侃榆中校区为"夏大"（夏官营大学）或"白大"（白虎山大学）。那时，除了教学楼，没有一座新楼是超过三层的；刚到校的第一天，整个校区只有一条水泥路。但住宿条件非常好，我被分到了一个单间，有洗衣间、淋浴间和厕所。校区周围能玩的就是爬白虎山（当时没有人工开凿的路），校区周围能吃的就是后门的商业一条街，校区周围能聊天的就是建筑工地上的农民工……这一切，回忆起来是那么的清晰、朴实和美好，仿佛就在昨天一般。大学 4 年的学习有朴实、勤奋的环境相伴，我很幸运地被保送了本校的硕士研究生；大学 4 年的生活有亲如父兄的师长、亲同手足的同学支持，当了 3 年多的班长，服务了班级也锻炼了自己。这是我的幸运。由于在本校继续攻读粒子物理与原子核物理专业的硕士学位，提前（大四）进入实验室向导师（孔祥忠教授，已退休）和师兄学习。在导师细致的指导和师兄们热情的帮助下，我很自然地把自己的大四当成了研一，很快在研究生一年级的时候就发表了自己的第一篇 SCI 论文，开始了初步的科研之旅。这是我的幸运。待到硕博研究生推免的时候，由于老师们的信任，获得了推荐免试提前攻读粒子物理与原子核物理专业的博士学位的资格，于是，我的日程又提前进入了博士阶段的学习。在这期间，适逢国家高水平大学建设项目的实施，母校再次体现了他的资源优势，获得国家留学基金委资助100名/年的名额。于是，我也顺利地获得了第一届国家高水平大学建设项目的资助，前往日本东北大学开始了联合培养博士研究生的学习。这是我的幸运。

在兰大工作，是我的幸运。那是 2007 年的初冬，硕士研究生就业形式开始变得严峻，各企业编制开始饱和，以前毕业就分房的福利不再重现。此时，我进入了一个彷徨时期，开始为自己的工作而思考。又是刚好，刚好赶上兰州大学第一届选留中外联合培养师资博士的政策，于是，很自然地，我由学生身份变成了预留校人员，并享受相关教工待遇。这是巧合，更是我的幸运。留校之初，又逢核科学与技术学院开始组建，师资队伍相对缺乏，且各编制和岗位尚有富余，这也就给了我更多的实践机会和提升的空间。比如：那是博士刚毕业那年，受所长委托开始设计、购置和组件低能强流离子注入机，这是对我的考验更是对我的锻炼。其实，上学时根本没有相关的知识积累，都是在边学习边实践的过程中完成的，现在回想起来那段经历是记忆犹新的。试想，如果没有强劲的财力支持，没有老师们的信任，离子注入机实验装置是不可能建立起来的，我更不可能积累相关的操作技能。当然，这仅仅是众多工作中的一个例子，这其实是母校给了我发挥的平台和强劲的支持。我留校后带过好几门课程，让我印象最深的是《电磁学》这门课程。这是大一的专业基础课程，课堂上学生积极活跃、思维敏捷、激烈讨论，课后学生刻苦钻研，部分学生还有钻牛角尖的科研精神。作为一名教师，教室里能有这样的听众那是莫大的幸运。我要感谢兰大，能给我这样一个讲台，给我这样一个氛围。这就是兰大人勤奋、求实、进取、创新精神的传承。

在兰大生活，是我的幸运。说工作在兰大大家信，要说生活在兰大部分看官就要怀疑了。一日三餐，早、中两餐在兰大食堂；晚上住家属区（一分部），白天在工作区（医学校区或榆中校区）；一周七日，至少六天待在兰大地盘。这些数据足以说明一切。提到生活，估计众人首先想到的是房价，的确在房价飞升的今天，房价直接影响着大家的生活质量。但是，作为兰大教工不用为这点小事烦心，因为兰大在二分部和一分部修建了大量的职工住房，目前为止解决了大多数年轻人的住房问题。作为不太年轻的年轻人，我们都能赶上分房咯。这不是我一个人的幸运，这是我们一批人的幸运。新竹苑（食堂），那是我和我的研究生午餐必去的地方，大堂经理和服务员都是熟人了，在他们的见证下，我的学生毕业了一届又一届。当然，其物一般价廉的特点（实事求是的态度）足够满足一个中年老师和一群研究生的胃，实在不行，还有那偶尔改善生活的三楼某河厅。类似的地方很多，都是我和我的学生每天生活的地方，那么的熟悉、亲切、不可分割。

记流水账的我没有华丽的文笔，但这就是我的回忆，回忆在母校的学习、工作和生活。母校给了我机遇和平台，我要感谢母校——兰大，您是我的幸运。

平淡中的十年流光

文 | 赵雪含

爱，所谓何？

黄河巡游的画舫上，绵绵延延的红毯前，集体婚礼主场之内，花舞姹紫马鞭草海之间，张彩霞一袭纯白的婚纱，一脸幸福的容光，轻纱随风舞动，而相伴走过 10 年的丈夫洪建平或在她身后，或在她身旁，不多言多语，却感岁月静好。

"爱还是要相互地体谅，我们结婚 10 年，在前面几年虽然在大体上可以相互理解，但有些方面还是会有分歧。随着时间，理解加深，双方产生共鸣，能够察觉对方生活上的细枝末节，相互扶持。"对于"爱"这个字，结婚 10 周年的洪建平、张彩霞夫妇这样说道。而 2017 年 9 月 16 日，恰好是他们结婚 10 周年纪念日。

当接到兰州大学 108 年校庆 108 对校友夫妻集体婚礼的邀请的时候，洪建平开始是不想去的。但张彩霞却认为，在这样一个特殊的日子，用这样特殊的方式纪念他们结婚 10 周年，留下一份特别的回忆，不留遗憾才好。"我是个不会浪漫的人，"洪建平不好意思地笑道，"但是小姑娘们好像都喜欢生活中带点惊喜，带点浪漫，所以，我也想为她做些改变。"所以，才有了这宛如新婚的一刻。他们 8 岁的儿子围绕在张彩霞身边，今天的妈妈和以往有些不同。"你真幸运，可以参加父母的婚礼。"陪同前来的堂姐对他说道。

10 年前，10 年后，他们从未改变。

洪建平和张彩霞将这 10 年定义为平淡的 10 年。

"我们并不像其他人那样有很多故事，我们一直很平淡。"他们说道。

故事的开端很平淡。2006 年早春，有个来自甘南的秀美姑娘来到兰大一院工作，经同事介绍，认识了来自通渭在兰大基础医学院任教的洪建平，二人交换了电话号码后通过电话和短信聊天的方式开始了他们的故事。"他当时在榆中校区上课，很少在本部。一个月后在我们都有时间的时候，就约着见了面。"在那个微信没有出现、QQ 并不普及的时候，他们就是这样，一点一点，进入了彼此的生活。"我第一次看见她，就觉得她是我喜欢的那个人，"回想起初见之时，洪建平笑得很幸福，"头发长长的，瘦瘦的，长得又那么秀气。"张彩霞是在室友的陪同下去的，虽然早知道洪建平只身前来，会比较容易辨认，但她还是担心是否能认出彼此。"当时我们一见面，好像是心有灵犀，我第一眼看过去就知道他是我要找的人，而他也一样。""身无彩凤双飞翼，心有灵犀一点通"，命中注定就是如此。一眼望去，便能认出彼此，第一面便互生好感。

相识，相知，相恋，相爱，一切都是那么顺理成章，一切又都是那样平淡无波。"他没有特别地追求我，我们只是约在一起吃吃饭，看看电影。我喜欢就是喜欢，不喜欢就不会答应你的邀请。"张彩霞性格直爽，见面后又与洪建平聊得投缘，即使平淡，却总能感觉到流淌在点滴中的幸福。

2007 年 9 月 16 日，二人正式结为夫妻。当时双方家境都不是很好，结婚便也一切从简。"我们那时候可以说是裸婚了。"洪建平回忆，二人在兰州郊区按揭购下一套便宜的住房，自己开始了婚礼筹备。婚房的布置是在洪建平当时的学生的帮助下完成的。没有特别挑选，他们将婚期定在了大家都空闲的 9 月 16 日。"那时候我的家中只有父母到场，她（张彩霞）家中父母亲人都来了。"洪建平说。二人本来只请了一位老师做司仪，可洪建平觉得，一生仅此一次的婚礼，举办的太简陋的话，对不起即将共度余生的妻子，所以，他悄悄花钱请人做了场景布置。在学生、朋友们的祝福下，他们平淡地进入了婚姻。

　　婚后，二人的生活似乎没有发生太大改变。洪建平虽不懂浪漫，但将在医院工作比较忙碌的张彩霞照顾得很好。"浪漫比较少，暖心的事却做了不少。"张彩霞言语中透着幸福。洪建平喜欢做饭，张彩霞工作忙碌，从认识到现在，家中都是洪建平主厨。洪建平觉得，

比起鲜花，实实在在的东西更好。张彩霞喜欢吃鱼，洪建平便经常为她买鱼、做鱼，洪建平记得张彩霞的每一个生日，在她生日的时候，一条项链或是其他首饰，总会成为那天的惊喜。10年以来，一次不落。"他都舍不得这样给自己花钱。"张彩霞说道。

　　柴米油盐酱醋茶。在共同生活中，分歧摩擦总是难免的。有时候闹矛盾，他听不进我的劝的时候，我就会说"好吧，算你对了！"张彩霞性子慢，出现分歧后她并不急于据理力争，而是先搁置争议，等洪建平自己想通。而想通之后的洪建平虽然不会主动认错，但却会抓紧时间做做家务，做些好吃的，哄张彩霞不再和他僵持。"从最初的相识，到恋爱，肯定是被对方的优点吸引，结婚后，时间久了一定会发现对方的缺点，就可能会产生不满。我觉得两个人要想长久的话，一方面要为了对方，为了双方更加和谐，而不断调整自己，努力改正自己的缺点，同时还是要坦诚相待，积极主动沟通，听听对方观点，相互包容。"10年以来，二人始终这样认为。

　　爱情的形式有很多种，或轰轰烈烈，或平平淡淡。洪建平和张彩霞便是后者。他们不善表达，却把爱留存于生活的点滴之中，稳稳地、慢慢地经营着他们的婚姻和爱情。"将来打算再要一个宝宝吧，我们都很喜欢孩子。"张彩霞说道。10年，他们由一个人变成了两个人，然后成了三口之家，也做好了再次迎接一个小生命诞生的准备。互敬，互爱，在平淡中将爱情之路越走越远，越走越宽敞……

缘分，让我们走到一起

文 | 吴仪凤

2007 年 5 月 28 日，赵国强、蔡雍领取了结婚证。2017 年正好是两人的锡婚之年。

两人现有一子，已经七岁，小名为"赵南南"。蔡雍说："因为我是湖南人，而赵国强是河南人，所以当我们家的儿子还没出生的时候，我就想湖南和河南都有一个'南'字，就给他取小名为'赵南南'。但是，南方人的 l 和 n 是不分的，湖南老家那边的人都以为是因为我们都在兰州工作，才取名'兰兰'。正好很巧，我们来自不同的地方，但最终相遇、相知、相爱在兰州，所以，不管是'兰兰'还是'南南'，都是很有意义的。"

相识于文一楼

"学长、学姐，你们是怎么认识的呢？"

蔡雍说："我们是同一个专业的嘛，一切都很自然而然，然后就在一起了。毕业后都留在了兰大，最后也在兰州安定下来。我们的故事其实很平凡。"

"那学长你当初是怎么追的学姐呢？"

"因为在一起学习久了，然后就产生好感了，我当初追她的时候是我舍友帮忙打电话的。"赵国强眯着眼睛笑着说。

蔡雍接过话来："你不要问他，他什么细节都不记得了，问他的时候都说是吗？真的吗？"赵国强不好意思地笑了一笑。

在没有榆中校区的那个时候，外院学生 4 年专业课都在本部的文一楼进行。大四那年，赵国强开始追求蔡雍。最初赵国强追蔡雍还多亏了舍友帮忙，他的舍友打电话给蔡雍，告诉赵国强对她的好感，表达了心意后，赵国强带着蔡雍去兰大的后市场吃了一顿饭，然后两人就正式在一起了。

大学是人生中最美好、最单纯的时光，在这个时间遇上的人也许是最对的人吧。

"只是那个后市那个饭店现在也已经关门了，当年我们英语专业一起学习的文一楼现在也成了国旗杆的那片广场了。"蔡雍感叹道。物已不再，但最美好的回忆永远留在了心底。

最美好不过于挽着你的手臂走过余半生

"学姐觉得学长做过的最浪漫的事是什么呢？"

"说实话，我真的想不起来他做过什么浪漫的事，他这个人就是一个适合过日子的人，所以我们俩走到了一起。我印象比较深的一件事，就是有一次我们闹别扭，我觉得很生气，

就独自跑到国芳百盛，什么人也没说。然后，我一直在那边转，坐在那边的时候，突然有一个人搂住了我的肩膀，这时候他居然找着我了，我觉得还是挺神奇的，可能他一直记得那一阵我要买一双鞋，就找着我了。"

徐志摩说，我懂你，像懂自己一样深刻。或许，生活给我们的磨合让我们更加心有灵犀吧！

"结婚以后你们有为对方改变过什么吗？"

"那就是不得不干家务活，因为我们俩都不是很喜欢做家务，但结婚以后，我们不得不干。"在这一方面，蔡雍表示自己可能主动做得多一点，买菜、做饭都是她一个人做，而赵国强就主要负责洗碗之类的小事。

"毕业以后，我们就都留在了兰大，我留的教师，他留的辅导员，然后过了一段时间，就结婚了。应该是缘分吧，要不是留在了同一个地方，也可能最终不会在一起，主要是我

们都留在了母校，老天爷注定我们的人生轨迹是要在一起。"蔡雍说。

问起是谁提出要参加这次的"爱在兰大"集体婚礼的活动，蔡雍说："是赵国强提出来的，因为他对学校这方面的活动比较关注，我是听他说有这样的活动，觉得非常有意义，而且今年也是我们结婚 10 年纪念，恰逢学校有这样的活动，觉得挺好的，所以我们就报名了。"

"再次走在红毯上有什么不一样的感受呢？"

两人都表示感觉和这么多人一起"爱在兰大"，感觉很有意义！蔡雍说："虽然很多我们恋爱的事情我老公已经不记得了，但是这件事他是不会忘的。"

"见到那几对老夫妻时感触最大，之前只是觉得婚姻就只是过日子，一天又一天，看到他们挽着手一路走过来，突然觉得平淡的日子，一路同行也很美，也是一种幸福。"二人对这次"爱在兰大"集体婚礼发出感慨。

细水长流的爱情最能经得住时间的考验，上天的安排往往是最好的。再次为你走上红毯，披上婚纱，穿上西装。我们挽起手臂前行，而你，还是当初我最喜欢的模样。

周浪和Wmm的兰大校园婚礼拾忆

文 | 周陈焱　王俊玲　关　莹
　　陈晓莹　池碧清

一、引子

从电视剧《裸婚时代》到现实版的裸婚

二、现实版的裸婚

自行车，9 块钱，招待所，寝室老王

一场真正意义的裸婚，在《裸婚时代》这个电视剧热播前，就已经开始了。

三、婚礼前准备

1. 结婚证领取：2008 年 6 月 6 日，花了整整 9 块现大洋，终于拿到了两个红嘟嘟的小本本

2. 婚礼策划：姚景华同学和生态院的同学们

　　道具：一辆自行车（由魏茶花、李文金、柴娟同学向水果摊小贩租借）

　　服装提供：非哥的西装和领带，天哥的皮鞋

　　婚礼化妆师：颜欣娟、柴娟、马小娟"三娟"同学

3. 婚礼进行时

　　婚礼主持人：寝室老王

　　婚礼摄影：李文金、渣渣同学、陈英同学

　　花童：老邓、高哥

　　宅子：寝室

　　行程：推着单车绕校园走了一周，绕着人工湖、积石堂，顺时针

的方向走出校门到达农民巷的银馨春天

洞房：兰州大学第二招待所

谁创造了这一份裸婚清单

周陈焱、王俊玲夫妇（两人于 2008 年毕业前夕领证结婚，现在已结婚 10 年，育有一子。）

周陈焱：2001 年本科数学基地班信息与计算科学专业（当初考进兰州大学资源环境学院大气科学系），研究生学习基础数学半群组合及其应用。

王俊玲：2005 年兰州大学生命科学学院生态学专业研究生。

八卦时间

1. 相见于微时

"我们俩相识于 2006 年，当时我在兰州代了一份家教，刚好家教那天晚上赶上学校入党积极分子培训，我想找个人帮我代家教课，结果就找到了我本科时的一名同学渣渣（当时他也在兰大读研）。我找到他宿舍的时候他不在，等待的过程中

我翻看他的电脑时看到了我现在老婆的照片，并向他索要了她的 QQ 号。"

2. 第一次约会

雁滩公园（公园清幽美丽，园里亭榭栉比、湖水涟漪，正是我们执手漫步、泛舟荡桨的好去处）

3. 恋爱中的小甜蜜

"用五毛钱，给她买了小布丁。她吃得很安静，样子甜甜的……游玩回来，才发现口

袋里的余额不够买单了，她静静地付了钱，没多说一句话。我心里偷着乐，可找到了一个好姑娘！"

4. 为她坚持做一件事情

"有，为她我送了两年的早餐，一次都不落！她是个爱睡懒觉的姑娘。这倒成全了我，每天去综合楼上自习前，我就早早地来到后门家属院，买上一大袋豆浆，一个菜夹饼，配上阿姨秘制的胡萝卜酱。"

5. 我们在一起是最幸福的事

"没有，我们的婚礼没有婚戒，没有房子，没有车，只有从水果摊大叔那里借的一辆自行车。"

有一句话是这么说的："我愿和你既可以朝九晚五，又可以浪迹天涯。"在裸婚的爱情里面，或许就是这样子……

裸婚可怕吗？

> 根，紧握在地下，
>
> 叶，相触在云里。
>
> 每一阵风过，
>
> 我们都互相致意，
>
> 但没有人
>
> 听懂我们的言语。
>
> 你有你的铜枝铁干，
>
> 像刀，像剑，
>
> 也像戟，
>
> 我有我的红硕花朵，
>
> 像沉重的叹息，
>
> 又像英勇的火炬，
>
> 我们分担寒潮、风雷、霹雳；
>
> 我们共享雾霭、流岚、虹霓，
>
> 仿佛永远分离，

却又终身相依,

这才是伟大的爱情,

坚贞就在这里:

不仅爱你伟岸的身躯,

也爱你坚持的位置,脚下的土地。

男:唯爱相伴,一生有幸!

女:如果我爱你,不会计较你给我的物质基础;如果我爱你,哪怕是有再大的风和雨,也要相伴前行;如果我爱你,有你在我身旁就是最大最美的礼物!

守候身旁,此生不离不弃

10 年前,那时候在校"裸婚",可以说是一个很胆大的挑战,没有生活基础,没有房子,没有车子,衣食住行都是需要自力更生的,但他们的生活幸福感满满,正如周陈焱校友说的:"在这个物欲横流的社会,一个女生能不追求物质条件——房子、车子、钻戒……愿意和你在一起吃苦,这样的女孩绝对是一个好女孩,是一生相守的人,必须用一生去对她好,不能负她!"

在婚姻面前,感情基础比得过一切,包括物质基础。幸福是感情里面最大的筹码,或许经济基础薄弱,只不过是他们要再多走一点路,晚一些提升到理想的物质生活指数。

开放式爱情观

在传统的爱情观里面,要按规矩,像在校领结婚证甚至裸婚就是不符合规矩的。要拥有一个人,得先念完书,男方要有经济条件(最好有房有车)。但是在周陈焱和王俊玲夫妇这里,一切变得不一样——

据周陈焱校友回忆:"我们双方的家人都很尊重我们的想法,她妈妈也说了,只要我们幸福就行,都没太拘泥于形式。"父母双方对周陈焱和王俊玲夫妇婚姻的尊重是他们最大的财富。

如果让他们再次选择,你们猜他们选择裸婚吗?

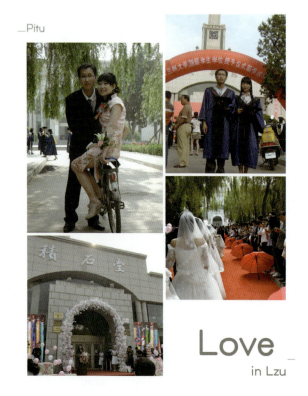

_Pitu

Love _
in Lzu

　　答案在你们心中。对于周陈焱和王俊玲夫妇来说："如果现在让我再选的话，可能还是会选择裸婚。如果对方不介意的话，结婚以后再慢慢创造条件，给对方幸福的生活，一起吃苦奋斗得到自己和爱人想要的生活，从某种程度来说这也是一种幸福，属于两个人的幸福。"

　　2017 年 9 月，我们再回到母校兰大，复走校园路，重做兰大人，再温当年情！

这一世尘间烟火，我陪你

文 | 李金平

2017年初秋，黄河怀抱里的兰州依旧炎热，阳光透过树叶的缝隙在青石板上打下圈圈圆圆的光斑。兰大校园里，铺满红毯的路上，他一袭黑色西装，身形英俊，笔挺修长，正穿过水雾漫漫的喷泉，在路的这头望着他的新娘。她的新娘子今天可真漂亮，纯白纱裙，举世无双。

那时他想：这大概就是幸福的模样。

时间拉回到2003年，同样炎热的日光，同样重复的课堂，知了声伴着树叶沙沙拂过耳畔，他在讲台上第一次见到她。

彼时，他刚刚留校，风华正茂，意气风发，在三尺讲台传道授业，恪尽教师责任。

她烫着当时正流行的小卷发，戴着淡紫色树叶发卡，有少女特有的朝气，也有学生认真听讲、求知学习的灵动鲜活。

他给他们带实验课，尽己之能为他们答疑解惑，帮助他们攻破学习路上的障碍和难关。

她是个很用心的学生，课堂讨论时积极发言，遇到自己无力解决的学术问题，也会和同学一起向他请教。

那时，她只是他众多学生中的一个，虽不属于超级拔尖令人眼前一亮的类型，却也因为勤奋聪颖、积极向上给他留下了深刻的印象。

校园里遇见，他们也会打个招呼，但也仅仅止于此，就像学校里无数师生一样。

他尽心教授，她努力学习。

就这样，2003年的夏天在书本、粉笔和一摞摞的实验报告里悄然溜走。

2005 年，她毕业。他继续在教书育人的路上走过自己的春秋冬夏。

他们就此失去了联络。

佛说：500 年的晨钟暮鼓，500 年的青灯古佛，都是为了今世与你相遇，即便途中错过，也终有重逢之时。

我遇见你，是命中注定的安排，是白首此生的修行。

分开时，两人中谁都没有想过再见的情景。

或许是天意，或许是缘分，2006 年机缘巧合，朋友聚会，他们在觥筹交错间又一次相见。

那时，她正在医学的路上深造，他也在自己的方向上努力，他们以朋友的身份相见，有惊喜，也有熟悉。

因为有了联系，交流便多了起来。他们在一次次的聊天里慢慢地熟悉了解彼此。后来，他们走在了一起。

一切都那么水到渠成，一切都是刚刚好。

没有轰轰烈烈、鲜花美酒，没有惊天动地、海枯石烂。相爱了，那就在一起。

2007 年 7 月 1 日，他们牵手，走进婚姻的殿堂。

2008 年，他们有了爱的结晶，健康美好。

2017 年，他们相伴 10 年，参加兰州大学 108 周年"爱在兰大"校友集体婚礼。

"其实，我们这一路也没有多少惊讶，觉得一切都有时间的安排，时间刚好，那就和对的人一起做这个时间该做的事。"轶男在树下的方石凳上对我说这句话时，微笑轻语，有轻风刮过，吹散她耳边的发丝。

她什么都不用说，却又好像说了很多。10年夫妻，茶米油盐酱醋茶的平淡，她说她除去上班，最常做的事就是在家里下厨做饭。一家人一起吃着自己做的饭菜，说着最近发生的事情，是最happy的时光。

她不像是被家庭生活磨平棱角的主妇，更像是享受自己生活、乐观开朗的女人。她眉眼间常有笑意，就如她的人一样温润可爱。

谈及两人相处感动的瞬间，轶男仍旧笑着回答："生娃的那段时间，病房里每天都有孩子的哭闹声，夜里也不间断，我那时候身体正虚弱，情绪也不稳定，他忙前忙后在我身边照料，那个时候真的很感动。"

爱是粗茶淡饭的陪伴，明明白白的懂得。

彩排时，我见到了晓斌，他有浓密的眉，向上挑时整个人都生动起来。走下讲台和实验室的他少了平日里的严肃，温和可亲、开朗健谈、乐观幽默，令人不由自主想要和这个男人交谈更多，了解他和她背后的故事。

"我们真正开始了解还是在聚会以后，那时候觉得她是个热爱生活的人，我觉得她最美的样子就是在厨房里做菜的时候，好像她一下厨整个房子都变得暖和……"

晓斌的专业虽是预防医学，但他才华横溢，相恋时也会以诗传意，表达情愫，有着谦敏君子的气度和文人墨客的情怀。

"每个假期我们都会带着孩子出去玩一玩，一家三口享受难得的假期，现在也快走遍了大半个中国。"

这样的女子，这样的男子，就该配得上这世界所有的祝福和温暖。

他们把平淡的日子过得丰富多彩，因为心底里住着掩不住的坚强、乐观、善良与光芒万丈。

所以他们相伴10年，相爱如初；所以他们走过风雨，无畏生活的惊涛骇浪。

他们在兰大生活工作，兰大见证了他们的爱情、婚姻。2017年9月17日，兰州大学108周年诞辰之际，"爱在兰大"校友集体婚礼在本部积石堂举办，他牵起她的手，走过红毯，走过亲友的祝福，走向余生漫漫，路遥水长。他说这女孩子真美，她是我的姑娘。

有你不惧岁月长

文 | 刘国成　温福昇　杨燕霞

　　1999年，考入兰州大学物理专业的温福昇来到了兰州大学就读，这一读就是十年。这十年不仅让温福昇收获了丰富的知识，更收获了一份美好的爱情。2005年，在兰州大学攻读博士的温福昇与同在兰大攻读研究生的杨燕霞经过偶然的机会相识了。经过两年的相知相识相爱，2007年，他们步入了婚姻的殿堂，互相许下爱情的誓言，决定永远陪伴彼此。缘起兰大，爱在兰大，温福昇和杨燕霞的爱情在兰大生根发芽。

金风玉露一相逢　便胜却人间无数

　　"我们认识真的是一次偶然的缘分。我本科是在西北师范大学读的，然后考了兰大的研究生，而他是在兰大本硕博连读的。"杨燕霞说，"那时候我的舍友有个男朋友，他舍友的媳妇告诉我她弟弟很优秀，也在兰大，说介绍给我认识一下。我说可以啊，之后就接到他的电话约我见面。见面之后，通过聊天和观察，感觉他还挺老实的，人也挺靠谱。我就同意和他先交往一段时间，之后慢慢相处下来，觉得不错，就自然而然地在一起了。"

　　"我当时正在兰大读博一，她读研一。"温福昇说，"我们两个是不同的专业，她是民族学的，我是物理专业的。我在本部，她在一分部，根本就没想到我们会有这样的缘分。有一天，我表姐打电话告诉我有个女孩不错，是兰大一分部的，说我可以认识一下。于是，我就打电话约她在一分部见面。见面之后，我发现这个女孩很好，应该是类似一见钟情吧，就一起吃饭看了电影。这次之后，我觉得以后就是她了。"

谁能不感叹缘分奇妙呢？一次看似平常的见面，却成了这两个年轻人走到一起的红线。直至今日，已经相伴走过 10 年的温福昇和杨燕霞回忆过去，还是会笑着说："这都是老天爷为我们安排的缘分。"

此生我无知的奔忙　因为你眼神都化成了光亮

在一起后的温福昇和杨燕霞俨然成了人人羡慕的"学霸情侣"，尽管所学专业不同，但是有机会他们还是会一起上课。用他们的话来说，那就是："知识是无界的，看到对方那么努力，自己也要和他（她）一起努力。"

"那时候我们上课，因为我是研一，他是博一而且专业不同，课都不一样，所以他就经常来一分部陪我听讲座。我记得王维平教授讲的马克思原理特别好，然后他就来陪我听，结果我听着听着居然睡着了，醒来发现他还在认真听，听完还给我讲。"杨燕霞笑着说。

"他和我讲，王维平教授讲的马克思原理很棒，一直都很想去听。我就和她说，既然你想听，那我就陪你去听，左右也没什么事，我们就直接过去听了。结果前一天晚上她没有休息好，听到一半就趴在桌子上睡着了。我看到之后就笑了，心想，她这么想来听这个

课结果却睡着了，等醒来知道自己错过了重要的内容指不定会怎么后悔呢。然后我就很认真地听教授讲，帮她做了笔记。"温福昇说。

最好的爱情就如温福昇和杨燕霞这般，两个人一起为未来努力，也因为爱对了人，所以自己变得更加优秀，更加美好。

这一刻最重要的事　是属于你最小的事

我走过青涩的岁月，追过梦的放肆，却假装若无其事，穿过半个城市只想看你的样子。

有一次，杨燕霞去甘南郎木寺做田野调查，突然想喝冰红茶，可是那里地处偏远，根本没有。温福昇就穿过了大半个城市，扛着一箱冰红茶从兰州跑到甘南送到了她面前。

"我觉得他做的最浪漫的一件事，就是我在甘南郎木寺做硕士论文田野调查时，随口和他说了一句特别想喝冰红茶，他就说他正想去甘南旅游，于是就和朋友一起扛了一箱冰红茶带给了我，当时看到他扛着冰红茶出现在我面前，脸被晒得黝黑，我真的特别感动，觉得最幸福也莫过于此了。"此时的杨燕霞，眼睛笑着，脸上流露出掩饰不住的幸福。

"她那时候在甘南那边做田野调查，条件什么的也不是很好，很辛苦，我就很心疼。有一天，她突然和我说她特别想喝冰红茶，我就想给她送过去，找了朋友商量了一下觉得甘南也不远，正好过去那边旅游了。然后，就直接买了一箱冰红茶给她扛过去了。"温福昇也笑着说，"那时候也没想什么浪漫不浪漫的，我觉得既然她想喝，那我就给她送过去了。总之，她开心才是最重要的。"

世界纷纷扰扰喧喧闹闹什么是真实，为你跌跌撞撞傻傻笑笑买一杯果汁。就算庸庸碌碌匆匆忙忙活过一辈子，也要分分秒秒年年日日全心守护你最小的事。在温福昇心里，最重要的事就是此时此刻属于杨燕霞最小的事。

"我是真的觉得他很好，他很靠谱、自律又踏实，知道什么时候该做什么事，对自己的人生有清晰的规划。"杨燕霞说，"他脾气很好，无论我怎么任性，从来都没有生过我的气。"

"我觉得她给我的第一感觉很好，见了第一面我就认定她了。"温福昇说。

杨燕霞硕士毕业后，温福昇也取得了博士学位。因为她想去沿海地区工作，他就毅然陪伴她去了他不熟悉的地方。现在他们幸福地生活在秦皇岛，并且有一个可爱的儿子。

2017 年初，听说兰大要举行一场集体婚礼，而且日期是 9 月 17 日。杨燕霞一听，这是一个多么有意义的日子啊！既是自己的生日，又是结婚 10 周年，一定要去参加。于是，联系了校友会，参加了这次难忘而又感动的集体婚礼。母校的这场婚礼不仅让他们回忆了在学校的美好时光，而且共同见证了母校这 10 年焕然一新的发展变化。温福昇和杨燕霞一起说："我们感谢母校给我们办了一场如此难忘而有意义的婚礼，祝愿母校在未来的日子里独树一帜，越办越好！我们永远爱你——兰大！"

情牵兰大 相知相伴

文 | 冯康妮

　　今年是彭战果与杜丽丽携手走过婚姻殿堂的第十个年头。从相识到现在 14 年的时间，二人执子之手，与子偕老，风雨同舟。正值母校 108 岁生日之际，兰州大学为校友们举办了一次特殊的仪式："爱在兰大"集体婚礼，让来自兰大的夫妇一齐为母校庆生。他们二人在兰大任教数年，又正值第十个结婚纪念日，便报名参加了集体婚礼。他们说，虽然当初只是为了"凑个热闹"，但事后想来这次集体婚礼会成为他们终生最为难忘的一次经历。

老乡见老乡，情丝生心房

　　彭战果与杜丽丽二人均是河南夏邑人。彭战果 1999 年考入兰州大学法律系，后转入哲学社会学院攻读硕士学位。杜丽丽 2002 年考入兰州大学外国语学院，攻读英国文学方向的硕士学位。杜丽丽回忆起 14 年前二人的初识，宛如昨日一般历历在目："那年 4 月，兰大校园里丁香花盛开，春意盎然，我坐了 24 个小时的绿皮车从郑州到兰州参加复试。他受朋友之托，到车站接我。交谈起来才知道我们毕业于同一所高中，我是高他一届的学姐。那年他大三，决定放弃法律改学哲学。他带我去看他的藏书。小小的书柜里堆满了各类中国古代文化典籍。我印象中没有一本读得懂，心中难免对这个小学弟另眼相看。"

　　2002 年 9 月，杜丽丽如愿以偿来到兰大读书，作为老乡，他们自然而然地熟悉起来了。秋天的兰大校园最为迷人，天高云淡，黄叶遍地。他们经常在校园散步，"有的时候，他会让我读他写的小诗，或者拿他翻译的李小龙论功夫的文章向我请教。"杜丽丽这样描述他们交往的经历，"最初并没有太把这个小学弟放在眼里，但是一直很欣赏他对中国文化的执着，对理想的坚守，还有他满身的书卷气。"随着交往的深入，他们的心越靠越近，彭战果的关心照顾让身在异乡的杜丽丽感受到别样的温暖。"当时一看见这个姑娘就喜欢上了她，也说不出来为什么，可能就是一见钟情吧。"彭战果害羞地笑着说起他主动追求杜丽丽的过程。

2002年冬至那天，天气异常寒冷，校园里满是积雪。"从一分部一起吃完饺子后，我坐公交车回校本部。刚下车，非常吃惊地发现他居然在家属院门口等我，对我说他很喜欢我，让我做他的女朋友。我当时有点害羞也有点欣喜，后来我们就在一起了。当时距离彭战果考研的日子还不到十五天。"杜丽丽回忆起14年前的往事还是一脸甜蜜。

决定结婚的日子

相识、相知、相爱于兰大校园，他们在兰大度过了人生最美好的时光，与兰大结下了不解之缘。2005年杜丽丽决定留校任教，2006年彭战果考取山东大学，攻读中国哲学方向的博士学位。虽然济南、兰州两地相隔3 000里之遥，但丝毫没能动摇两人之间的爱情。2007年他们决定结婚。当时杜丽丽戏言跟彭战果说"咱们结婚吧"，远在山东的彭战果即刻乘绿皮车站了二十四五个小时赶到兰州向她求婚。时隔10年，这封泛黄的求婚书仍饱含着深刻的情义。

我最爱的丽丽：

一想到就要见到你了，我总是莫名地兴奋。我们的生命马上就要揭开了新的一页，在这美好的时刻，请倾听一下我的表达。起码对我而言，我们的相遇打开了一个新天地。一种从未尝试过的爱恋从我心中涌出，一种难以言传的缠绵从此萦绕在我的心上。我想此刻在我的心中，一切对你的赞美都是那么苍白，所有的美妙言辞都难以表达我的胸臆；那不是对肉体的欲念，那不是对容颜的激赏，甚至不是对人格的尊重，而是一种感动，一种莫名的感动，仿佛天籁之音勾动心底的琴弦，于是整个生命在跃动，在共鸣。

我老想为什么一想到你我总是想哭，现在也许就有了答案。我也不想一遍遍表达我对你多么地爱，因为它就浸在我的整个生命中。深夜沉思，总觉着远方有一双乌溜溜的大眼睛在看着我，用浓浓的情缠绕着我，我知道那一定是你在想我，我的心绪也总是跑到你身上。似乎你的一举一动都在我心中，因为我是怕有东西在我的心之外伤害了你。我怕我在远方不能庇护你。情到深处，有时自己也不知，只有静下来，在对比中才能发现自己的蕴涵有多深。昨天见了一位四十岁左右的女老师，她是夫妻离异，岁月的痕迹已爬上她的容颜，严密的逻辑推理也掩饰不住她心中的阴郁。她的房子不大，但我却一直感觉冷冷的，空荡荡的。我想在凄风冷雨、夜色如晦的时刻她是如何度过的呢？我所以有这样的心境是因为想到了你，我亲爱的宝贝。不管世事如何地变幻，不管未来如何，我决不会让你处于如此境地，甚至不予你听闻这样的遭遇。在最艰难的岁月，我会让你感到幸福的希望，让你当下就生活在温暖的港湾。我一直确信，以我的智慧，在未来的岁月中，我们一定会拥有应有的一切。我想这一切都不重要，因为这些假以时日都是可以实现的，可贵的是我会让你感受到你拥有一个无价之宝：一个会宠你，爱你一生，懂得你，了解你，尊重你，从不会背叛你，一心在你身上，为你喜，为你忧，为你体现人生的忠贞，为你展示道德的崇高的男人。这个男人一生属于你，因你而崇高伟岸，因你而热烈奔放，更因你充满爱心和良知。亲爱的，那就是爱着你的我，你的爱人。当我们白发苍苍时如果能感受到一生中最值得的就是拥有了对方，那么这一生就值了。

三千年前，一首古老的歌谣，执子之手，与子偕老，演绎成我能想到最浪漫的事就是与你一起慢慢变老。这浪漫的声音亦是我的所盼，能与你共度一生，和你携手经历岁岁月月，想起来都令人陶醉。写到这儿，我不禁心弦一阵颤动，仿佛拥有着你，仿佛你静静地伏在我的胸前，倾听我的心跳给你带来的爱的宣言。又仿佛你柔柔眼波笼罩着我，我沐浴在你的爱中，体验着那迷醉的感觉。这一刹那，我明白了跪地求婚的含义，它的深刻性突然令我感动。上帝的声音在我耳边响起，放下你自己，使自己虚无，使自己透明，如皈依上帝般皈依你的妻子，如属于上帝般从此从属于你的爱人。求婚不在于得到对方，而在于奉献自己，奉献自己给你所爱的人，奉献我给你。

亲爱的，写到这里，我仿佛经历了一场圣洁的、宗教般的、在心中举行的求婚仪式。我明白了它的内涵，从此也明白了爱情的含义，我是你的。

统睿
你的最爱

怀着对爱情的信仰以及对未来的美好期望，几乎一无所有的他们在亲朋好友的祝福声中步入婚姻的殿堂。10 年过去了，这封求婚书一直被珍藏，爱的誓言久久萦绕在二人心间，坚定着他们彼此为对方付出、相爱一生的信念。

婚礼一切从简，唯一贵重的信物是他们的婚戒，那是彭战果用辛苦写作赚来的稿费购买的。对此二人没有怨言，唯有幸福和甜蜜。杜丽丽讲述当年结婚的细节："我们在老家进行了一场简单的仪式，回兰州后叫了一起玩得好的朋友，还有老师为我们证婚。大家一起热热闹闹地吃了顿饭，这就是我们的婚礼了。我们当时都认为结婚不用看太多的物质条件，两个人在一起真心喜欢、珍爱彼此就好。"爱情原本朴素无华，如勃朗特夫人所言："我爱你像最朴素的日常需要一样，就像不自觉地需要阳光和蜡烛。"钻石黄金虽美，总难胜过两个灵魂之间的相互温暖和偎依。

为了彼此去努力

结婚后的二人并没有如胶似漆地天天在一起。暑假开学后，彭战果又回到了山东大学读书。杜丽丽为了能和彭战果在一起，报名了山东大学博士研究生的考试。但二人的故事就如欧亨利的小说《麦琪的礼物》一般奇妙，彭战果也为了能和杜丽丽相守，便应聘了兰州大学哲学社会学院的讲师职位。最后二人都成功了，但命运阴差阳错，他们没有团聚反而又面临分离。二人既无奈又幸福。无奈的是又要分开 3 年了，幸福的是两个人都在为共同的未来做打算。所以，等到 2012 年杜丽丽博士毕业回到兰大外国语学院继续任教时，两个人才真正实现了"白首不相离"的愿望。到今年为止，是他们结婚之后真正意义上在一

起的第五个年头。

　　幸福是需要两个人努力去经营的。当杜丽丽成功考上山大博士的那一年，他们爱情的结晶也悄然而至。杜丽丽描述起那时的生活，还是很感慨："儿子出生以后，因为我在读博士分身乏术，也没办法好好地照顾儿子，只好把儿子给他爸爸带。战果当时的工作也是刚刚起步，但是他还是把儿子照顾得很好。到现在我也一直很感谢他。"二人为了家庭担起自己的责任，在相互付出和体谅中更为深刻地理解了婚姻和爱情的真谛。

　　十几载倏忽而过，他们一直对兰州大学心怀感激，这里不仅是他们求学的殿堂，工作的港湾，也是他们携手走过爱情和婚姻之路的伊甸园。这里有他们敬爱的老师、至亲的好友，也有他们投身兰大、教书育人的理想。他们熟悉这里的一草一木，积石堂前、毓秀湖畔承载着他们最美好的回忆。兰州大学如母亲般为他们遮风挡雨，不仅见证了他们青春岁月的理想、激情和梦想，更引领他们开拓进取，在人生道路上勇敢前进。

　　爱在兰大，情定一生。风雨 10 年，他们携手走过，相爱相知才能相伴一生。

兰大为证 情守一生

文 | 邹 凯

2017 年 9 月 14 日 13 点 50 分，在深圳的宝安国际机场，有一位身穿黑色裙子的女士急匆匆地登上了飞机。出差回家的她，眼里丝毫不露疲惫之态，反而不时闪现出一丝丝期待。这次回家，她将和自己的老公马一清一起从苏州出发前往兰州——他们的母校兰州大学所在地。时隔 10 多年，将再次回到兰州大学的两口子显得十分兴奋，因为他们很庆幸自己能携手去庆祝母校的 108 周年校庆。

"一想到自己能参加母校的 108 周年校庆，我和我老公就十分期待"，唐雪萍女士说道，"而且还不光我们，我们只是 108 对参加集体婚礼的校友夫妇的其中一对，场面一定很壮观！"

马一清先生也显得很激动，说道："兰州大学是我和我妻子的母校，这次回去，我心里其实感触挺多的，特别是回忆起我们两人在兰大的点点滴滴！"

迷彩服——相识、相恋

2000 年，19 岁的马一清考入兰州大学材料物理系，与当时从重庆来到兰州大学的唐雪萍在同一个班上。一个是来自浙江平湖的腼腆小伙，另一个是个性独立的重庆辣妹，也许很难将他们想到一块去，但命运就是这样安排的！

当问到他们对彼此的第一印象的时候，马一清忍俊不禁地说道："其实也巧，第一天军训排队的时候，班上几个刚认识的同学在讨论班上 8 个女生中哪一个最好看，我站在旁边没说话，只是用眼光有意地瞟了女生排一眼，本来没什么，但我的眼睛却一直停留在一个短头发、穿黄色衣服的女生身上。"看了旁边的妻子一眼，马一清继续说道："因为对她有一种特殊的感情，于是我鼓起勇气向一位班上的女同学问了她的名字，

当时就觉得这名字特别好听，跟她的人一样美。过了几天，班上要选举班委，我看见她成功竞选为班上的团支书，为了和她走得更近，我决定竞选班长，于是鼓起勇气站上了讲台，并成功被选上！"

一旁的唐雪萍赶忙接上："我对他的第一印象就是选班干部的时候，当时他站起来毛遂自荐，穿了件红粉格子的大衣，坐在前排，头发很蓬松，头发后面一片花白，个子很高，我坐在阶梯教室的后面，看不到脸，但他说话的时候很不卑不亢，感觉很有气场，所以我对他印象很深刻。"

同为班委的两人，由于经常在一起工作，彼此的感情越来越深，但谁都没有将话说出口。大一下学期后的一天，唐雪萍将马一清从寝室叫了出来，当着大家的面向马一清表白了。

"其实寒假在家我想了挺久的，我是那种比较主动的人，不喜欢被人选，只喜欢自己选。我当时就是觉得他很帅，个子又高，说话声音也很好听，一个学期的接触让我觉得他很可靠。所以就打算奋不顾身地追他。"唐雪萍握住丈夫的手说道。这时，马一清却笑了起来，说："我当时是被吓到了的，但更多的是感动，那个时候就决定要好好待她一辈子！大二下学期，草地农业研究所正式并入兰大，成立了草科院，当时学校推出了一个'2+2'复合型人才的培养计划，就是为草科院招募学生。我得知她报名后，我也就毫不犹豫地转过去了！"

学士服——相伴、相离

之后，两人就整天腻在一起，校园里经常看见他们俩的身影，校园里逛遍了，就把兰州的小吃街、服装街逛了个遍。说到各条街的时候，这对夫妇的眼神明显不一样，这时，唐雪萍顿了顿，接着说："马一清很有生意头脑，典型的浙江人，我们兰大原来老礼堂前面的地摊一条街，就是他开创的先河，他家里比较困难，学费都要他自己赚，原来倒卖磁带、球鞋等，我还记得我收到第一个生日礼物就是他自己赚钱给我买的一个白色的史努比，现在还在我们家放着呢。"

"哈哈，你就记得这，当时还怕你不喜欢！"

"那当然得留着，这可是你送给我的第一件礼物。在我的眼里，这就是你给我的定情信物！"唐雪萍满含深意地说道。

大学时光转瞬而逝。毕业前夕，马一清已经在校招的企业里面签下一家在苏州的台资电子公司，而唐雪萍决定回重庆发展。在分手的时候，在火车站的月台上面，两人都哭了，因为觉得这次肯定是分定了。之后，唐雪萍在重庆找了一份工作。

婚礼服——相爱、相守

工作不到一年，唐雪萍心里总觉得缺少一些什么，所以她就说服了爸妈，只身前往苏州找工作。到苏州第一个月内，她拿到了两个offer，其中一个就是马一清所在的那家电子厂，后来就决定和马一清在一家公司工作了。

这一刻，马一清突然开口了："如果那时她没来找我，我也会去找她。分开的几个月里，每天都在想她！""我见到他时，就想和他立马结婚，但他觉得应该先工作几年，有条件再结，结果我还得等！"唐雪萍说道。

2007年9月，二人终于到民政局领了证，并于10月初举办了婚礼。两年后的6月，他们的孩子降生了，马一清为其取名为"马思唐"，寓意着：马一清一直思念着唐雪萍！本来生活将越过越好，但在2013年，马一清决定要自己创业，这下就打破了以往的平静，唐雪萍一开始极力反对，但经过一番斟酌，她决定支持他："我知道他就是创业的料，他的想法很多，上班打工只会磨灭他的创造力。最困难的时候，他没有任何收入，但是我还是支持他继续往前走，将来也会一如既往地支持他。"这时，一旁的马一清握住妻子的手，道："对于这一点，我很感谢我的妻子，没有她的支持，就没有今天的我！"

"同时，我也得感谢我的母校，我们缘起于此，此次前来参加母校的108周年校庆，为的就是感恩母校，是她见证了我们俩的爱情！"马一清补充道。

最后，马一清夫妇表达了对母校——兰州大学的衷心祝愿：愿母校自强不息，蒸蒸日上，越办越好，为祖国输送更多的栋梁之材！

平平淡淡　细水长流

文 | 杨茗茜

　　1999 年 9 月，李宪越和赵晨霞相遇在兰州大学数学与统计学院。当被问及两个人是怎么相识相恋的时候，赵晨霞说道："我们两个人都是班委，经常一起组织班级活动，接触的机会多一点。后来就在一起了。"

从前的日子很慢，一生只够爱一个人

　　赵晨霞和李宪越相识在数学与统计学院基地班。当时班里有 31 名同学，6 名女生。那么，两个人互相喜欢的概率是六分之一乘以二十五分之一吗？当然不是！感情从来都是计算不得的。爱是唯一的。对他们而言，对方既是唯有，也是所有。

　　回忆起两个人的大学生活，赵晨霞眉眼带笑。李宪越是兰州本地人，

担任班级的生活委员，而她是组织委员，班里经常组织同学们开展课外活动，比如爬山比赛、乒乓球比赛，等等。提到大一时对李宪越的印象，赵晨霞说："就觉得他很好。觉得他是一个可以把自己的学习和业余活动都规划得很好的人，觉得他很有安全感。"

两个性格相似的人，自然而然产生了对彼此的吸引，然后也就这么自然而然地相爱了17年。

我们和无数人擦肩而过，和很多人回眸相遇，和一些人共同前行，再和几个人练习爱情，最后的最后，我们才会和一个人共度余生。真的不是所有人都可以和自己的初恋，从遇到爱情，到走进婚姻的殿堂。

可他们是。

多年后想起，仍会动容的一瞬

"那是他胆子最大的一次。"回忆起大一快结束时李宪越和她表白的一幕，赵晨霞的脸上流露出温馨的笑容。

那时候学生都住在本部，赵晨霞宿舍的窗户朝着校园外的马路。那天中午，舍友们正在睡午觉，李宪越捧着一束玫瑰花跑到赵晨霞的宿舍楼下，对着她宿舍的窗户大声表白。赵晨霞回忆道："我当时吓了一跳，觉得外面马路上那么多人，他怎么胆子那么大！就赶紧下楼让他别喊了。"为了这次表白，李宪越还提前"买通"了赵晨霞的舍友。当天中午，被"买通"的舍友提前打开了窗户，并在李宪越对着窗户表白的时候偷偷助攻："哎！赵晨霞，你听！"

仿佛偶像剧的片段，出现在了一个原本安静内敛的理科男身上。当众表白，是一件多么需要勇气的事情。它不同于暧昧多情，也没有时机未到的推诿。他敢于向全世界宣告，她只属于他，他们要在一起。那种霸道专情，多年后想起，仍会动容的一瞬。

所爱不再隔山海，多幸运

2007年，李宪越要去美国深造两年，在签证结束后，两个人便商量先把结婚证领了。"新闻上说，那年的10月26日会是近10年月亮最圆的一天。"他们说。于是，两个人便在2007年10月26日这一天领取了结婚证。

在随后的两年多时间里，李宪越在美国读书深造，而赵晨霞则留校做了班主任，每天忙着工作的事情。两年后，他回来了。他们在 2010 年 4 月举办了婚礼。

他们的冷暖不再只是自知，他们可以随时投入一个熟悉的怀抱，只要牵着彼此的手，便有了前行的动力。未来再难，无所畏惧。

所爱不再隔山海，多幸运。

在你面前，我从来都没脾气

相恋 17 年，李宪越面对妻子的时候仍然是满眼宠溺，仿佛一个热恋中的小伙。集体婚礼彩排的时候，妻子把手里拎着的装礼服的袋子递到李宪越的手里，并从他手里拿回了一个相对轻的袋子。做完这些，她像个调皮的孩子看着李宪越，并给了他一个大大的微笑。李宪越宠溺地笑着看着她做完这一切，然后伸出手拍了拍妻子的头。

从前，我很羡慕那种轰轰烈烈的爱情，不论是作为当局者还是旁观者，我都喜欢在爱情里燃烧自己的样子。在那种情侣身边，你能感觉到为爱不顾一切的痴狂，能被他们的狂热吸引而沉溺其中。然而，在这样平平淡淡的爱情面前，你似乎什么都很难察觉，他们的感情是平和的，他们的表情也是平和的，他们没有什么轰轰烈烈的过往，甚至当你问到求婚的细节的时候，他们会相视一笑说，其实我们没有特别的求婚。可是待在他们身边，你会被他们之间平和的氛围所感染、所净化，你会不自觉地嘴角带笑。这个时候，如果你有一面镜子，你会在镜子里看到自己的整张脸变得柔和起来。

和所有情侣一样，他们在一起的那么多年也会有小矛盾。当问到他们有没有产生过非常大的争执，以至于在那一瞬间想和对方分手的时候，他们淡淡地笑着看了眼彼此，然后李宪越告诉我："没有，每次她一生气我就怂了。"我其实是佩服的，作为一个男人，敢于在外人面前承认对自己女人的爱，承认这份柔软的胆怯。

在他的脸上，有我们的样子

2013 年 2 月，属于他们的孩子出生了。婚后，赵晨霞一边工作，一边在兰大读博，因此在结婚多年以后才选择要孩子。不同于其他情侣的快速度，他们的生活一直是慢节奏的。从大一开学的相识到大一快结束时的相恋，从 7 年恋爱长跑到领结婚证，从结婚到要小孩，

他们一直都是慢慢悠悠，不疾不徐。

　　我在"爱在兰大"集体婚礼庆典上见到了他们的孩子。孩子的脸上既有赵晨霞的样子，也有李宪越的样子。我没有体会过为人父母的感觉，可是一想到如果有一天我可以在一个完全崭新的生命上看到我和另一个人的样子被结合，就感到热血沸腾。因为这个生命，他不仅仅是两个人的孩子，更是两个人爱情的见证。

　　我们终归会有一天爱这个生命超过爱自己和爱你；但他的出现就是一个证据，证明我最爱过你。

愿与你看细水长流

文 | 王铭智

刚上学的小女儿

在兰州大学 108 周年校庆日当天，"爱在兰大"校友集体婚礼的现场，一个穿着白纱裙的 6 岁小女孩按捺不住自己激动又好奇的心情，在亲友席中左顾右盼，一会张望着不远处红毯上的众多校友夫妇，一会又目不转睛地盯着大屏幕，口中还不时地嘀咕着："爸爸妈妈在哪里呀？"小女孩在婚礼现场比校友夫妇们还要吸睛。这个小女孩正在寻找的"爸爸妈妈"，就是参加本次集体婚礼的邵军、马海霞夫妇。

作为婚龄已有 10 年的校友夫妇，邵军和马海霞的婚姻已经进入了当代中年人普遍都面临的生活状态，工作压力、孩子上学、父母养老，种种问题是他们不得不去考虑和面对的。但他们始终面带微笑，彼此间的交流默契而温馨，他们没有因诸多压力而抱怨，也不曾对生活前景担忧，这对校友家庭始终给人一种温馨可人的感觉，积极向上而又生机勃勃。

邵军、马海霞校友夫妇和小女儿

他们的小女儿今年 6 岁，刚刚上小学一年级。在集体婚礼前一天的彩排现场，小女儿一直靠在妈妈的身上，拿着妈妈的手机，做着老师布置的作业。在见到爸爸之后，她又依偎在爸爸身旁和爸爸玩各种游戏，一家三口在平日里生活中的欢乐与幸福可见一斑。

小女儿开朗乐观又不怯生的性格很招人喜欢。在邵军、马海霞校友夫妇进入婚礼现场之后，小女儿便和一对一志愿者很自然地攀谈了起来，给志愿者讲着关于她和她爸爸妈妈的小故事。透过小女儿无忧无虑的笑容和她讲述的内容，可以看出邵军和马海霞校友夫妇虽已结婚 10 年，但那份初恋时的爱意不但没有被岁月打磨，反而似一盏香茗，随着时间的积淀而愈加香浓。

"他是一个专一负责任的男人"

邵军和马海霞都是兰州大学 2006 级的研究生，邵军就读于法学院，马海霞就读于基础医学院，邵军是个地道的安徽汉子，马海霞则是个山西姑娘。两个原本相隔千里的心灵在兰州相遇，在这座西北的金城，碰撞出了爱情的火花。

说起和邵军的相识，马海霞娓娓道来，话里话外流露着让人羡慕的幸福。研一的时候，刚一开学，邵军的班上举办迎新晚会，本是自己班级内部的联欢，可当时在基础医学院免疫学班的马海霞却受同在法律硕士班上就读的山西老乡邀请，参加了这次法学院的迎新晚会。

有时候爱情就是在这看似巧合却又冥冥注定的缘分中展开的。在晚会上，身为班长的邵军早早关注上了在人群中很安静的马海霞，于是便在晚会结束后跟同学要到了马海霞的电话。

这是两个人第一次电话联系，邵军给马海霞打电话所用的理由是，他的妹妹想考医学研究生。两个人便从此正式认识了起来。

当时，马海霞用课余时间勤工俭学，去做家教，邵军每天都会去接她。两人认识不久，便正式确立了关系，开始交往。相恋后，邵军依然一如既往地对马海霞爱护有加，按照马海霞的话说，他是一个专一负责任的男人。

邵军是在工作了几年之后才考研的，所以，对在学校的学习机会特别珍惜。两人相恋之后，邵军经常带着马海霞去听学校的各类讲座，共同学习，共同进步，为两个人的爱情不断地添砖加瓦。

裸婚，只因相爱的两颗心

热恋了一年多，两人在研二的时候，领取了结婚证。至今令他们充满幸福感的是，邵军和马海霞结婚的时候，没有房子，没有车子，"只有两颗相爱的心"。在2007年，那个对裸婚的社会包容度和理解度还不是很高的年代，两人选择了裸婚，这其中爱情的力量，让人羡慕，也令人钦佩。

求婚的时候，没有盛大的仪式，也没有昂贵的钻戒，而是邵军在马海霞的要求之下买了一束花，一向严谨正直的法律人邵军被"强行"玩了一把浪漫。直到今天，已身为人母的马海霞在回忆起这段朴实无华的求婚经历时，还是会幸福地笑起来。

让马海霞印象最深的是，两人相恋之后她过的第一个生日。那天邵军早早和同学吃完了饭，就来到宿舍楼下，抱着一束鲜花和一个绿色的大狗熊玩偶在楼下等着马海霞下来，为她庆生。那只绿色的大狗熊，一直留到了今天，如今就在他们的家里放着，10多年的时间，已经从生日礼物变成了他们小女儿的玩具，也见证着他们风风雨雨多年来历久弥新的爱情。

"幸而有你，此生不换"

如今，已在宁夏银川定居生活多年的邵军和马海霞，无论是从裸婚到渐渐取得一些成绩，还是从二人世界变成了三口之家，两个人的爱情都是一如既往、坚定不移的。身为律师，邵军每天面临的都是纷繁复杂的社会矛盾，而在医院工作的马海霞也在自己的岗位上见证着生老病死的百味人生。阅历渐丰，年龄渐长，随之而来的是工作压力和生活压力的增加，但是这些并没有消磨掉邵军和马海霞的爱情，相互包容和尊重成为爱情的保鲜剂。

此次二人以校友伉俪的身份为母校庆生，就像当年邵军为马海霞第一次庆生一样，因为爱而相互携手。纵然时光变迁，这份爱依然未变，而且愈加深厚。

回首过去，面对未来，这对平凡而又令人艳羡的校友伉俪如此说："情之所契，如铃合欢。幸而有你，此生不换。我最愿意的事，就是与你，闲语茶饭后，看细水长流。"

有一种爱叫永远追随

文 | 魏燕嘱

　　今年是兰州大学建校 108 年，经过大概一年的时间，学校策划准备了这场盛大的校友集体婚礼，邀请了来自祖国各个地方的 108 对校友夫妻，以一种浪漫的方式，为母校庆生。作为志愿者，我有幸采访到一对夫妻，聆听了他们美好的爱情故事。

用四年换取一生的相伴

　　今年是李建锋、蒲玲玲夫妇结婚的第十年，回忆起一路走来的岁月，两人的脸上都是满满的幸福。2003 年，蒲玲玲首先考入兰州大学生科院，成为一名研究生。第二年，身为男朋友的李建锋也进入兰大，成为她的直系学弟。虽然不是同一个导师，但因为是同门师兄弟，所以两人非常幸运地被分到同一个实验室。聊到这里的时候，两人相视一笑，一切尽在不言中。师姐略有些激动地说："现在想来，那时候真是幸运，让我们能够有更多的时间相处。"

　　当年，两人考上大学，被分到同一个班，开始了四年的同窗生涯。大学 4 年，一直以好朋友的身份自居，两人在这点上一直保持高度默契，竟一直没有向对方表明自己的心意。就这样，四季更替，寒来暑往，四年的光阴稍纵即逝，转眼间就到了毕业季，到了分别的时刻，两人意识到即将各奔东西。于是，4 年的朋友摇身一变，成为彼此的伴侣。说到这里，师姐向师兄揶揄道："我们俩是谁先表白的啊？"而一直在一旁安静地抱着五岁女儿沉默不语的师兄这时却毫不犹豫地说："是我呗！"也许正是因为深爱，才会让一个平时内敛沉默的人变得勇敢。身份的改变，并未改变两人之前的相处模式，从此以后，两人以全新的身份，开始踏上全新的征程。

有一种爱叫永远追随你的脚步

大学毕业后，师姐第一年便考上兰大生科院植物学系的研究生，师兄则继续努力，全力准备考研，正所谓"所爱隔山海，山海皆可平"。第二年，师兄也追随着心爱之人的脚步，毫无悬念地踏入了兰大的校园。时隔一年，两人又站在了同一个地方，开始了紧张充实而又分外美好的校园生活。值得一提的是，两人的导师一位是安黎哲，时任生科院副院长，另一位则是安黎哲教授的师弟谢小冬。因为谢老

师当时还没有独立的实验室，就仿佛是老天的安排，两人进入同一个实验室，相处的时间自然多了不少。他们俩平时除了一块做实验，其他时间也都一直在一起：校门外的小吃，积石堂的钟声，生物楼409的教室以及校园里的一草一木，许许多多的风景，都曾见证他们的爱情。提到在兰大的生活，师姐的记忆依旧鲜活，并未因11年的分别而有所生疏。每天生活的宿舍、治学严谨的老师，就连令人"闻之色变"的食堂，在久别重逢之后，依旧清晰如昨，就仿佛深深地镌刻在了两人的脑海里，从未忘记也不想忘记。当提到他们的导师时，师姐说："安黎哲老师是一位宽厚的长者，当时他已经是生科院的副院长了，平时的工作忙得不可开交，但对学生的学习、生活依旧十分关心。还有当时研究生入学的第一节课，老师就跟我们说，要先学做人，再学做事。而他（李建锋）作为谢小冬老师的开门弟子，更是深受器重。除此之外，还有徐世健老师，平时也十分关照我们。"毕业多年，虽然走过了更远的路，但每当想起自己的恩师，总会怀着一种崇高的敬意，仰望他们，感激他们。兰大教给他们的，不只是严谨治学的学术精神，更有为人处世的做人之道。

只看眼前，不管未来

当被问到两人刚刚在一起就面临大学毕业的问题时，师姐微笑着说："其实，我们两个都是比较随遇而安的人，只看眼前，不管未来。以后的事就留给明天，过好今天就好。"因此，即使他们将要面临分别，两人还是义无反顾地走到了一起。就连结婚，也是在研究生毕业之后，在一同走过 9 年的时光之后，一句"那就结婚吧"，迅速敲定了两人的婚事，两人就这样，从恋人变为夫妻。"其实结婚之后，我们两人的日常也好像没什么改变，无非就是多了两本结婚证。"

等到风景都看透，陪你看细水长流

从朋友到恋人，再从恋人到夫妻，两人的感情一直是平平淡淡的，但平淡却不意味着疏远。正如一句话所说：有些人的爱，像风，看不到，却感受得到。他们正是这样，平淡中蕴含着温情，于无声处，感动着我们。相识 7 年，结婚 10 年，两人的爱情结晶，也已快上小学。婚姻幸福美满，家人健康无恙，孩子承欢膝下，人生已然无憾。

兰大和你, 是我心中最美

文 | 张银雪

时间走得飞快，相识至今，宋伟国与连芙蓉已经相伴 15 年了。15 年里风雨同舟，15 年里欢乐与共，他们正如舒婷的《致橡树》中写的那般："我们分担寒潮、风雷、霹雳；我们共享雾霭、流岚、虹霓。"

那一天那一刻那个场景, 你出现在我生命

2001 年，来自东北的宋伟国和来自陕西的连芙蓉均考入兰大，进入了不同院系。"我是历史院的，而他是经管院的。那时候，经管院还没有分开；分开之后，他就进入了管理院。"连芙蓉说，"有一天，突然有一个人在网上加我好友，我看到对方的地址是兰州大学榆中校区，就想同意了吧，之后我们就开始聊天了。"巧的是，连芙蓉发现宋伟国和自己的老乡住在同一个宿舍。"我问他，你的身高是多少啊，他说 1 米 82。我就说吹牛，我们老乡宿舍没有这么高的，他们都很矮。他就说真的，我真的有 1 米 82。"连芙蓉笑着回忆，而走在旁边的宋伟国就这样安静地听着，时而转过头来看着她温柔地笑笑。

他们就这样在聊天中建立了感情。"我们两个是认识了好几年才在一起的，那时候彼此都很熟悉了，觉得性格啊人品啊都还不错。"连芙蓉笑着说，"我们呢就是慢慢相处，经过了各种各样的事情，觉得可以在一起了，然后很自然地就走到了一起。我那时候毕业考研究生，然后他就陪我一起上考研班，做什么都在一起。"

"我当时也没有想太多，就觉得她人还不错，不坏，是个好人。然后我就答应了她。"宋伟国对此回应，"我是一个比较注重细节的人，她对我的好我都记得。那时候上学，她每次回兰州都会给我带些好吃的。"

苍狗又白云，身旁有了你

"他这个人就是比较内向，不怎么爱说话，也不太会表达，而我就是比较主动一些。"连芙蓉说。

她感性，他理性；她开朗，他沉稳；她是悠扬的一首歌，他是厚重的一本书。相似的人适合玩闹，互补的人相伴到老。性格互补的宋伟国和连芙蓉就这样携手相伴，一起走过了 15 年。

"我是一个比较感性的人，而他就是一个比较理性的人，也很稳重。在谈恋爱的时候，我们俩吵架很少，他也总是让着我。每次不开心了，基本都是我在那边说来说去的，他也不怎么反驳我。"连芙蓉继续说，"结了婚之后，我们也会吵架，这世上哪有不吵架的夫妻呢，但他还是一如既往地让着我。"连芙蓉回忆以往的时光，道："我们之间没有什么轰轰烈烈，生活当中更多的还是平平淡淡。在我最困难的时候，在我心情不好的时候，他一直都在我身边鼓励我、安慰我，让我特别感动，对我有很大的支持作用。因为我真的觉得，在你最低潮的时候，有人一直陪在你身边，然后又一直这样鼓励你，这样就已经很难得了。""每逢过节过生日她都会给我送礼物，然后陪着我。平常一起吃饭，出去玩，都有她陪着。"宋伟国说。

在所有流失风景与人群中，你对我最好

2007 年，宋伟国和连芙蓉举行了婚礼。连芙蓉说："我们相识 4 年，相恋两年。在《裸婚时代》还没有上映的时候，我们用实际行动演绎了什么是裸婚。"

说起领结婚证，他们也经历了一番波折，领了两次才成功。

"在领证的时候，工作人员让用食指按手印，宋先生愣是不知道哪个是食指。工作人员打趣说：'小伙子，你怎么紧张成这个样子'！"连芙蓉害羞地笑着说，"想起当时他傻傻的样子，也是可爱。"

今年是他们婚姻的第十个年头，在这样值得纪念的日子里，他们选择参加这次母校举办的集体婚礼。连芙蓉说："今年刚好是我们结婚10周年，所以去年这个活动刚有消息传出来，我就非常激动地想要报名。当时心里就想，这个机会好难得啊，一定要参加。但是，因为宋先生一直在榆中校区带新生军训非常忙，工作时间什么的都冲突了，我们中途甚至还退出了一次。但是，他为了我又做了一番思想斗争，还是决定来参加。"

"刚开始我看了一下日期，就发现时间冲突了。因为我在榆中一直是负责军训的，如果中途过来这边的话，其实压力还是挺大的，所以一直在考虑。但是，后来想了又想，好吧，这个事也挺重要的，因为一辈子可能也就这么一回了。而且她很想参加，赶上了结婚10周年这也是非常难得的，工作可以再安排，所以我就决定要带她来参加。"宋伟国说。

你是巨大的海洋，我是雨下在你身上。我失去了自己的形状，我看见了远方爱情的模样。宋伟国和连芙蓉一直都将彼此视为最重要，无论做什么都先考虑对方。

"他有责任心也有上进心，还重感情。你看他平时不怎么说，但是所有的事他都记到心里。一遇到家里的大事，他就会自己记着然后做好，不用我来操心。"连芙蓉说。

"她善良又豪爽，对我也很好。"宋伟国说。

人生的路其实很长，走过的叫足迹，走不到叫憧憬。一起走过十几年的宋伟国和连芙蓉将会执子之手，继续坚定地走下去。她对他说："以后要对我再好一点。"他对她说："所有的未来我们一起面对。"

感谢是你，依偎在我身旁，听我倾诉余生的漫长。

来自连芙蓉的话

这三张照片是我们人生不同阶段的反映。我们由相知相恋，到走入婚姻殿堂，再到生儿育女。

回想两个人的初识，竟是通过网络而相识。IP地址上的榆中校区，是我通过好友的唯一理由。然后你一言我一语，开启了后来的相识之旅。各种节日的吃饭、互送小礼物，考研、找工作时的互相关心与温暖，记忆犹新。都说大四毕业季多是劳燕分飞，那时却是我们爱情开花的时节。如果有个人在你人生最低谷的时候，陪在你身边，不离不弃，包容你的坏脾气，默默无声地给你安慰、给你力量，这样的人，每个女生都值得嫁。

　　我们的婚礼仪式是在两年后办的，当时拍婚纱照也有一段惊险旅程。那个时候外面在下雨，从刘家峡回来的路上，我们的大巴车和一辆客货车相撞，等我们反应过来的时候只见客货车上有个人已经被甩出车外，在痛苦地哀号着。我们当时坐在大概四五排的样子，前面的人有的头部都被碎玻璃划出了血，我见到这个场面，吓得直哆嗦，根本都没发现自己受伤。等到后来大家都下车了，我还在那边掉眼泪，稍微冷静点了才发现，我这右手手腕怎么这么疼。原来别人都受的外伤，只有我是内伤。当然，现在回想起来，疼的事早就忘了，只记得车祸发生的那一瞬间，他紧紧地把我搂在怀里的样子……

　　婚后的生活，一直比较平静。他工作，我考博。他在兰州，我在北京。期间也有小吵小闹，不过基本都是我发脾气，他不吭声。后来回母校工作，我们结束两地分居的生活，当一切稳定的时候，上天也给我们送来了最宝贵的礼物。孩子的出生，可以说是人生当中最重要的转折点。有欢声笑语的同时，也有争吵和埋怨，我们每个人都在适应。幸运的是，

我们都过来了。

　　今年是我们结婚的第十个年头，有幸能够参加母校的第一届集体婚礼，也是对我们爱情、婚姻最好的见证和回忆。

　　在恋爱与婚姻中，女生经常会问男生：你爱不爱我？你会永远爱我吗？男生的回答通常都会是：爱，当然。爱情的甜言蜜语什么时候都少不了，但我更相信默默的付出与陪伴。都说陪伴是最长情的告白，希望在下一个10年、下下个10年……我们还能陪在彼此身边！

从好到美好

文 | 司金予

故事的主人公

故事的主人公是兰州大学 2000 级资源环境学院张国旭和 2002 级外国语学院张丽平。一个是内蒙古人，一个是吉林人，而最终两人选择在兰州工作生活。温文尔雅的理科男会和温柔似水的文科女碰撞出怎样的火花呢？

这是一对兰大人的爱情故事。从情窦初开到步入婚姻的殿堂，两人携手共进十几年的光阴。此次参加 2007 年 9 月 17 日"爱在兰大"校友集体婚礼，也正是他们为庆祝两人结婚近 10 年而进行的浪漫仪式。

情窦初开

说起两人相识相知的经历，张丽平表示："两人因老乡介绍相识，之后在晚会上再次相遇。"那时青春四溢的张丽平便深深地被这个会唱歌的学长所吸引。但是，出于女孩儿的羞涩，张丽平迟迟不敢当面表明自己的心意。那时在大学校园内，论坛是深受大学生们所喜爱的一种交流方式。

"当时校内的还是叫月牙鸣沙，西北望的前身吧！还有一个论坛是星期天俱乐部。"张丽平说。也正因如此，张丽平便开始更近距离地关注自己所倾心的学长。

终于一次偶然的机会，张丽平在月牙鸣沙论坛上发了一个告白帖，但遗憾的是，这个帖子很快便被管理员删除。原来，其实这个帖子张国旭已经看到了，只是面对这突如其来的告白有些惊慌失措而已。之后，张国旭便主动给张丽平发邮件。两人便开始了网络沟通。

"说起来算是缘起网络吧！感谢新时代啦！"张丽平害羞地说道。

正是网络论坛的助推作用，两人从互不相识到彼此倾心，一切的一切都是那么的美好。当谈及大学时光，张丽平仍旧像是少女般散发出迷人可爱的光芒："当时比较傻，没有太多的想法。很多时间都耗在论坛上，还申请小号欺负他。"这是属于两人的回忆，更是他们最快乐的时光。

"上学时一起泡过论坛，上过自习，爬过萃英山、兴隆山，陪他看 NBA，找所有球队的英文名称，"张丽平补充说道，"都是一些小事情，平淡无奇。"也正是这些感情生活中的一件件小事，才奠定了两人坚不可摧的爱情基础。

当然，在爱情中也处处都有惊喜和感动。"有一次他回兰州，本来是第二天回榆中的，

他给我打电话说他回来的时间，我以为他在骗我，从教学楼出来，还真看见他正好从校车上下来，手里还拿着个毛绒玩具狗，像逗小孩子一样在那摇晃那个毛绒狗……很容易感动。"回忆起这让自己记忆犹新的一瞬间，张丽平颇为感动和感慨。

两人在大学生活中互相扶持成长，学会了如何更好地爱对方，水到渠成的爱恋虽没有轰轰烈烈、惊天动地，但耐人寻味、美好如初。

步入婚姻殿堂

大学毕业后，张国旭选择留校工作，而张丽平来到辽宁工作。分居两地的恋人时常念

着彼此。一次张国旭放假，他便赶赴自己恋人所在的城市陪伴了她半个月的时光。已经习惯生活中彼此的陪伴，面对未来将要异地相处的困难处境，两人又是如何抉择的呢？

"打算我过去后，他也回去的，后来发现不是我们俩想的那么简单，所以后来还是我回来……"张丽平微笑着说起这个自己做的决定，虽饱含了对家乡的不舍，但是她从不后悔自己所做的决定，一切都是因为爱。一段感情中，最幸运的莫过于两人共同面对未来种种困境，解决难题，一起过好属于两人的生活。

就这样，2009年领证，2010年两人在这个曾经彼此相识、相知、相恋的城市步入婚姻的殿堂，开启了两人共同生活的新乐章。

柴米油盐都是诗

再浪漫的婚姻都要经历生活琐事的磨炼。张丽平笑称："柴米油盐磨平了很多激情，也淡忘了感情，如果不是这次活动，我们都忘了还有这么多美好回忆……"

张国旭也说道："她是一个温柔的女人，给予了我很多包容和理解。刚开始在一起生活时，生活习惯有很大不同，但也正是这几年的柴米油盐酱醋茶的平淡时光，让我们俩更加契合。总之，互相理解、相互扶持，才会让家更加美好嘛！"

原以为集散离合才是美，到头来柴米油盐都是诗。两人的爱情故事便是这句话最好的阐释。

说起对兰大学子的寄语，两人也都很默契地答道："好好学习，天天向上！做自己，勇敢追梦！"

"从前慢"

文 | 史欣伟

　　"我们大概是谈了一场'黄昏恋'吧。"师姐坐在我面前，微微笑着说。

　　2002级的学生来到榆中校区，迎接他们的是正在改装中的校区和萃英山顶上悠悠的白云。西北，该有的黄土地与荒凉起伏的山脉，榆中一点也没有缺。走了一批，留下的就将在这距离市区42公里的地方度过他们最憧憬的4年大学。新任的学姐学长还没来得及体验迎新的热闹，新生们就哗啦啦奔向了校园各处。

　　一切都在建设中，谁都不知道即将拔地而起的建筑在未来是如何光景。在当年陈旧的图书馆里躲避空荡荡的校园，专业藏书室的每一排书架，都被柔软的手指一一数过。图书馆—课堂—寝室，住在28号楼的她没有想到，第四年自己会遇见将与她走过一生的人，在对面的26号楼里等了3年。

　　师姐唐爱民在兰大的校园聊天室里认识了同一年级的师兄王震。在夕阳红广场见面，抓住大学的夕阳余晖，谈了一场"黄昏恋"。在这个黄土高原的秋天里，欣赏你令我心动的美丽，包容你微小不计的瑕疵，直到彻头彻尾理解对方，两个无比坦诚的人走到了一起。

　　从前慢，时光走得很慢。大学4年在图书馆里消磨着笔墨，她也曾在夜深时勾勒过他的模样，谦雅温和的，刚毅率直的，或是俊逸不羁的。冥冥之中，在4年看似模糊的方向里，他们在互相靠近。在大学的倒计时声音响起之前，终于相遇，不需要华丽的形容与壮阔的情节，他就是她想要走过一生的人。

"真诚，踏实，不花哨"，他们这么评价对方。也正是这种坦率如赤子的生活态度，让王震与唐爱民在面临分别与跌宕时，从未动摇过。

辗转连云港、北京等地之后，他们奔赴了各自的梦想加油站，第一次长期分开。"君住长江头，妾住长江尾，日日思君不见君，共饮长江水。"2010 年的五一，王震师兄从上海奔赴重庆去看望师姐。为了省钱，30 多小时的火车，在周围热心人的帮助下，才没有忍饥挨饿，顺利达到重庆。当年的 7 月，两个人在上海徐汇区民政局领了结婚证，没有仪式，没有鲜花，没有钻戒，没有宴席，一张简单的合照，定格一生的牵手。

从前慢，需要经历很多的分别方可成就，可是不用担心，他们仍紧握对方的手。幸福不需要如何惊心动魄，他们都不过是微小而平凡的人，只需要细水长流后的水到渠成。

"'你愿意选择腰缠万贯，还是桃李满天下？'她这样问时，我愣住了。"回想当初那个决定，王震师兄感慨道。

在世界名校东京大学留学，他完全可以选择一份薪酬至高的工作。腰缠万贯是无数人的梦想，2015 年即将毕业的王震师兄，面对的正是这样令人无法拒绝的诱惑——衣锦还乡，玉食金箸，挣几辈子都花不完的钱。

"你愿意选择腰缠万贯，还是桃李满天下？"在他犹豫不决的时候，师姐一语惊破。他立刻收拾行装——走，建设母校去！

从前慢，有足够多的时间让他们将根深扎在西北大地上。他不止是送她歌声的鸟儿，也不止是藉她流水的清泉，不止日光，不止春雨。分担寒潮、风雷、霹雳，共享雾霭、流岚、霓虹，她是他身边的木棉树，他们深沉地爱着足下的这片土地。

师姐与师兄在讲述那些甜美与坎坷时，总是微微笑着，是经历了一切后的波澜不惊，他们带着被时光淘洗后的温润光芒去回忆这一切。短短的 40 分钟，师兄侃侃谈了 20 分钟的科研感悟，师姐安静地坐着，看着眼前这个熟悉的男人，包容着他对事业的这份热爱，对自己的"忽略"。我沉浸在他们相互美妙的心照不宣中，心里默默念着那首诗——

记得早先少年时

大家诚诚恳恳

说一句，是一句

清早上火车站

长街黑暗无行人

卖豆浆的小店冒着热气

从前的日色变得慢

车，马，邮件都慢

一生只够爱一个人

从前的锁也好看

钥匙精美有样子

你锁了，人家就懂了

祝福师兄与师姐永远幸福！

来自唐爱民的话

曾经同甘共苦，风雨同舟，追梦的过程中哭过，闹过，徘徊过。最拮据的时候，在北京住着 290 元 / 月的房子，两个月没有收入；后来换了工作，坐着公交车从南三环搬家到了北五环。在无穷尽的搬家旅途中，困顿，迷茫，焦虑，耿直和不善言辞的我们，在社会的摸爬滚打中，磨平了锐气，又重新思考了未来的路。最后，我们背起行囊重回校园。研究生的求学生涯，是人生的沉淀与思考。2010 年，我们定下了一年一个目标的计划：当年，我们结婚了；次年，我毕业了；2012 年，我们有了长子，孩子出生后三天，他踏上了日本东京大学博士求学之旅；2013 年，他把我和孩子接到了东京；2014 年，我们的女儿出生了；

2015 年，他毕业回国，安家立业。2016 年，我们贷款、借款买了房；2017 年，正在进行。
做一对好老师，服务好学生；做一对好孩子、好父母，孝顺好老人，带好孩子；能够携手同行，
所有这些，应该就是我们目前最大的目标吧！我们的计划在实现，我们的日子在努力中丰盈。
生活从不会亏欠努力奋斗的人！相互陪伴，相互提醒，在迷茫的时候有一个人能够帮忙拨
开云雾，在困顿的时候能有一个人携手并进，这是属于我们的幸福。

如诗如画的爱

文 | 司文选　姚兰兰　刘婉昀

　　他爱看战争片，尤其喜欢狙击手；她爱唱歌，上学时曾是著名的楼道歌手；他爱喝茶，没事儿的时候总爱端起茶杯品上一品；她连水都不爱多喝，经常被同学取笑为"骆驼"；他性格成熟稳重，在她看来似乎有些过于谨慎欠缺洒脱；她以前脾气倔强，或许在他看来有些冲动冒失，难以驾驭。然而，就是这样两个天南海北、性格迥异的人，机缘巧合地走在了一起。

　　2008 年 3 月，司文选与姚兰兰第一次相遇于贵勤楼，当时的他们擦肩而过，完全没有注意到对方的存在；2008 年年底，因同在一栋楼上办公，又都在法学院上过学，他们的工作和生活有了些许交集，有时一起吃个饭，唱个歌什么的，交流一下彼此的学习和生活，就这样，浪漫的情愫随着日积月累一点点加深，　终于在 2009 年的 9 月，他对她表白了。"我当时都傻了，之前从来没想过。当时是在咖啡馆嘛，我的手就一直只顾着扣沙发。"姚兰兰说道。

　　2009 年 10 月，他约她去爬山，加上她的舍友，一行 5 人去了距离兰州市区 21 公里阿干镇的云顶山。深秋在通往云顶山两旁的山上描绘出自然的色彩，像一幅幅油画徐徐展开。路上行人很少，他们尽情地享受，回归自然。司文选回忆道："我们在山上留下了生命中第一次合影。当要我们靠近站在一起照相时，我特别紧张，心里怦怦乱跳，这是我第一次和她靠得这么近，手也不知道要放在哪儿，直到她的舍友过来把我的手放在她的肩上，我感觉自己手指头都僵了……"

　　这份爱情让姚兰兰感到了幸福和温暖，使她对人生的态度发生了 180 度的大转弯。以前，她一直认为单身好，单身自由，现在发现两个人在一起更好，可以互相关心，互相扶持，共享人生的美好，执子之手，与子偕老。

就这样，2010 年金秋，两人自然而然地走入了婚姻的殿堂。一个来自东北，一个来自河南，却因躲不掉的缘分走在一起，留在兰州，组建了共同的家庭。点点滴滴的小事组成了幸福的生活，现在，他们的婚姻已经步入第七个年头，不过每当回忆起这些，仍然满满都是爱。

仅仅在对司文选、姚兰兰进行采访的过程中，我们便能从他们的神态、言语、行为互动等各种细节处，感受到他们二人对彼此深厚的感情与无疑的信任。时光荏苒，岁月静好，想必就是如此了吧。

当我们向姚兰兰问到关于爱情的态度时，她这样谈道："在爱情当中，对方的可爱之处被夸大，甚至连缺点都变得可爱至极，陷入爱情的双方很容易在对方身上找到自己的影子，慢慢地双方合二为一，为共同的目标而努力。可是，在这个过程中，有的人会经历爱情的冬季，要忍受爱情的折磨，或许会因此错怪爱情，其实爱情是美丽的，本身是快乐的。很多人只顾着担心爱情是否会永恒，却没能全心投入享受今天的快乐与忘形，他们为没有到来的烦恼而忧愁，从而在不知不觉中错过了皎洁的月光和闪耀的星空……爱情这个古老而又新鲜的东西永远使无数人为之着迷，每个人都渴望最大限度地获得爱情的甜蜜和幸福，而最小可能去经受悲剧的痛苦。可是，如果我们不善于发现生活中的美，不善于营造温馨和浪漫且缺少乐观的心态的话，日常平淡的生活都可能成为甜

蜜爱情的大敌。因为无论是帝王还是平民，任何光环都会随着深入了解慢慢消退。当我们感受不到锅碗瓢盆凑出的美妙乐章，当日复一日、年复一年单调平淡的生活逐步麻木我们神经的时候，我们就会感到秋的萧瑟，冬的严寒。对于爱，我们能做的就是投入地感受她，全心地爱护她，永远地珍惜她。因为拥有了她，我们自然就拥有了一切。"

　　爱情总是在不经意间悄然而至，让我们措手不及，我们曾在梦里企盼她的到来，可是当她果真出现在我们面前时，我们害怕，我们恐惧，因为她似乎不是我们所渴望的样子。但当我们静下心来，细细去感受，慢慢去体会，就会发现，她正一点点浮现出我们梦中的模样。

　　愿天下有情人终成眷属。

03 | 两地情牵 | Longing for You

好的恋爱或者婚姻关系，一定是双赢的。那些所谓的为了爱你牺牲了多少的话，听着或许十分动人，而现实是，这些所谓的牺牲，是一切怨怼的开始。我们从来不谈为彼此有什么牺牲，爱情让我们变得更加美好，让我们愿意为了对方去努力，去奋斗。我爱你，我只会更加努力去站在和你同样的高度，绝不会让你屈就于我；同样地，你爱我，你也一定会让自己更加优秀。

爱情至上 芳华永驻

文 | 周 鹏 任丽娇

　　我和爱人任丽娇都是兰州大学 2007 级文学院戏剧影视文学专业的本科生，我们同是 1988 年生人，我来自甘肃省敦煌市，她来自河北省张家口市。相距数千里，能够在同一个学校的同一个专业一起学习本身已经是莫大的缘分，毕竟"前世五百次的回眸，才换来今生的一次擦肩而过"，有缘千里相聚来求学，可见缘分的深厚。人的一生中，冥冥之中有很多已经注定的机缘。我爱人说，她上初中时，发小送给她一份敦煌壁画的画册，为此她还特意在自己的地图册中找到敦煌市的位置并标注出来，没成想若干年后因为各种机缘，她来兰大求学，又遇见来自敦煌的我。

　　后来，我们回忆起当初彼此对对方的第一印象，那是大一时第一次的班会上，我记得我那时对她的印象是很有情怀，充满理想主义色彩，像是歌曲《梅花三弄》带给人的那种感觉，类似"五四时期"的革命青年一样，有一种随时为了正义和理想奋斗和牺牲的感觉。而她说她对我的第一印象也是大一的第一次班会，那个时候我竞选班长，与别人不同的是我在稿纸上写了很长的"参选宣言"和"执政方针"，是带着稿子有备而来，她觉得我和别人很不一样，和她也不一样。心理学说，人和人之间会在两种情况下彼此吸引，一种是彼此具有高度相似之处，互相具有亲近感；另一种是彼此很不相同或具有互补性，也会产生亲近感。我们大概是属于第二种。一直到现在，我们都珍视彼此身上的特质，并有意识地鼓励对方保持和发扬自身的独特的气质，并努力向自己期望的方向修身和成长。时至今日，在一起已经 8 年之久，她依然是那么的有情怀、有理想，而我则始终如一地保持着较为强烈的上进心和事业心。人说夫妻之间最好的状态是彼此欣赏，彼此成就，我们两口子之间大体也是这样。

　　大二时期，我们正式走在一起。被同学戏称为文学院爱情的"三驾马车"之一，大体是因为当时我们这一级文学院中有三对最为被同学们所看好的恋人。在学校的那几年，我们一起上课，一起自习，一起考试，一起参加社团活动，过着和大多数同学一样的生活，虽然平淡，但留下了很多美好的共同记忆。现在参加工作已经六七年了，回想起来都是那么的幸福和美好……大学是人生中最美好的时光之一，而这段时光，我们夫妻两人曾经一起度过，有着共同的老师、共同的同学、共同的经历，每每回想都会相视一笑，这真是人生一大美事。

　　"毕业的临近意味着爱情的结束"。确实，很多美好的校园爱情，都随着大家即将步入社会而面临严峻的考验，这也是人们感叹校园爱情纯真美丽但难以开花结果的原因。当年，我们文学院爱情的"三驾马车"中的另两对恋人，在大四那一年，也因为彼此工作签在异地而最终分手，留下了很多的遗憾，我和爱人成了仅剩的一对。大四那一年，我们夫妻二人也曾多次就未来进行过讨论，但在当年有限的就业机会面前，我们最终仍然签约到了不同的单位，她去了远在南京的苏宁电器，而我则入职了联想集团的西北运营中心。我们的 offer 在那一年的毕业生中还算不错的，但在面临相处 3 年后即将奔赴异地，我们的内心都异常沉重。那是一种未曾有过的沉重，即将面临与恋人的分离，即将开始新的身份，即将去陌生的地方，面临从未经历过的人和事，各种复杂的感受云集心头，很长一段时间内心都被阴云笼罩。还记得她要去南京入职的那天，我正在当地的联想办事处参加业务会议，由于会议延时，致使我最终没能去火车站送她，其难过和愧疚无以复加。

其实，工作这么多年，我越来越明白生活其实从来都是不易的。所谓岁月静好，也不过是人们内心深处一种美好的向往。人的一生是由各种选择堆积出来的，而选择的背后其实是每个人内心的价值排序，即你认为什么是最重要的就必然会将什么排在首位并优先进行取舍。在这一点上我和爱人具有高度一致的认识，我们珍惜彼此的感情，认定对方是我们一生长相守的那个人，而与此相比，在哪里工作做什么样的工作又有怎样的前程其实都是次要的。基于这样的认识，2013 年经过多方考量，我们最终选择了在西安买房定居，为此我辞去了在联想总部的工作，放弃了公司规划的大好前程，毅然决然地回到西安重新在新的领域开启了自己的职业生涯，爱人也辞去了苏宁总部的工作，在西安交大读完研究生后，在当地的机场集团入职。经过几年的打拼，我们在各自的领域都小有成绩。经历了这么多抉择，我们终于还是走到了一起，有了家，有了稳定的工作，有了值得期待的未来。我想爱情至上在我们夫妻一路波折的经历中应该得到了诠释。

现在想来，"毕业是大学爱情的杀手"，这句话是应该辩证地看待。当我们真的珍视彼此的感情，珍视你爱的那个人，那么，现实生活总会给你腾挪出一条通向美好的道路，这一切关乎我们拥有怎样的价值观，关乎我们每个人内心深处拥有怎样的价值排序。希望我们夫妻二人的经历能够对更多的学弟学妹有所启发，希望更多的有情人能穿越漫长的征程，终成眷属。

生活还在行进，人生还在继续。因为兰大，我们夫妻二人拥有了很多共同的美好回忆，学校的集体婚礼更是为这份回忆增添了浓墨重彩的一笔。我们夫妻一直在见证着彼此的成长，也始终相信相互欣赏、相互成就是夫妻间最好的状态，未来的道路我们将带着母校留给我们的诸多美好回忆和自强不息、独树一帜的力量，继续携手前行，走过人生的春夏秋冬。

祝爱情长长久久，祝母校华章永驻。

"潇瑶"的逍遥爱情

文 | 郑阳祺

　　第一眼见到耿瑶学姐，她戴着一顶有耳朵的黑色小帽子，甜甜地对我笑着，我便想起了林徽因的一首诗："笑的是她的眼睛，口唇，/ 和唇边浑圆的漩涡，/ 艳丽如同露珠，/ 朵朵的笑向贝齿的闪光里躲……/ 软软如同花影，/ 痒痒的甜蜜，/ 涌进了你的心窝。"仿若沉静在身后池塘里的荷花，含蓄却又美艳，深沉而不乏活泼。身旁站着张潇学长，见到我很亲切地笑了笑，儒雅的风度，诗人的气质。我瞬间懂得了他们在一起 8 年的感觉，细水长流，彼此陪伴。

　　张潇和耿瑶是兰大医学院口腔医学专业的同班同学，两人在兰大相识于 2008 年。在一次集体活动之后，两个人的来往次数逐渐频繁，逐渐对彼此产生了好感，终于在相处和了解了约半年之后，确定了恋爱关系，并且一直持续了 8 年，在 2017 年领取了结婚证，决定成为彼此后半生不可缺少的一部分。

　　在谈恋爱的同时，他们也没有忘记自己学习的本分。在大一第二学期期末的时候，张潇每天早晨和耿瑶一起去吃一碗热气腾腾的牛肉面，然后白天去将军院里一起背书，两个人一起学习，共同进步，为了

他们的未来而奋斗、努力着。萃英山见证着一代又一代兰大人的成长。两个人成绩优异，大三的时候耿瑶去了山东大学进行交流，那时的交通还不是很方便，从兰州到济南只有两趟车，还不能从网上买票。张潇只能买上站票，一年去了济南三四趟，坐坏了三四个小马扎。24小时的颠簸车程，只为了能看到心爱的人一眼。在济南两个人去大明湖畔散心，一起爬泰山看日出。

2010年的时候，通讯方式还是打电话、发短信和QQ。最开始，他们每天中午站在楼道里使劲打电话，总是有说不完的话，倾诉不完的思念；后来，发现生活费不足以支持这种奢侈的项目，就改为视频，在寝室里不好意思说话，两个人就开着视频看着对方。当然异地恋是很容易出矛盾的，通过电话看不到对方眼神、手势和表情，有时候就会误解对方的

语气。两个人发现了这一点，有问题就要及时解决，于是他们约定在异地的情况下，假如觉得对方的语气有异常，可以提一句也可以心里提醒自己这可能是自己理解的偏差，有了这样的约定之后，就会大大减少异地的矛盾。有了这一年异地沟通相处方式的经验，在读研之后的3年异地就变得容易许多。最终，两个人毕业后回到了南阳工作，感情经历了8年长跑，终于开花结果。对于今后的生活，小夫妻俩异口同声地表示：看到结婚58年的那对老人，很感动，我们也要向58年、60年努力。

两人在一起去过很多地方，2009年暑期社会实践，一起去了桑科草原；2010年一起爬了泰山；2011年一起看了敦煌的戈壁荒漠；2012年一起看了雪山。耿瑶说："一直很遗憾，没有一起去看大海，今年6月一起去厦门看了大海，感觉圆满了，以后的发展方向应该是外太空了吧。"岁月在旋转的旋律中缓缓流淌，"潇瑶"的爱也随着祖国山河湖海慢慢沉积。

几程山水，万般故事，"水的映影，风的轻歌。笑的是她惺忪的鬈发，散乱着挨着她的耳朵"。愿有情人恩恩爱爱、情笃意深，一起陪伴着走过余生。

十年一梦 爱在坚守

文 | 王 焱 彭 颖

2006 年

4月，周六的午后下着小雨。没有拿雨伞的我，期待着路上能碰到小颖共撑一把伞回家，可走完了县城的路也还是一个人落寞。两三个月了，青春的躁动开始变得有些压抑不住，五楼和二楼的距离，阻隔了最简单的幸福。

一声鸣笛，惊醒了雨中彷徨的我，面包车停下，小颖竟然坐在车上。小小的面包车，挤了10个人，一下让我和小颖的距离如此靠近，软软的感觉，让我不知所措。小颖说，是她让司机停车的，因为看到雨中的我并没有撑伞。这是上天的有意安排？我想我不能再等了，18岁的雨季，我需要让它见证我一生的爱！

2007 年

6月，天气很是燥热。一年了，每天早起10分钟，只为静静地站在宿舍的阳台前，看着小颖从下面路过。虽然同在一个不大的校园，我却从不敢去打扰她，只为了一个关于高考的约定，两行眼泪融化了所有的任性，相爱的我们却成了最熟悉的陌生人。

等待了一年后并没有我想象的甘霖，在小颖宿舍的窗外，光线暗淡，一个人静静地站了快两个小时，她坐在窗内，静静地流泪，我心中压抑的冲动也没法表达。这个时间，高考后的校园更像集市，到处都是流动的人群，只有我们俩是如此平静而无言。回想一年前的表白，一年前的约定，心中涌起阵阵酸楚，两个相爱的人，只能咫尺天涯，而后又是千里之外。

2008 年

1 月，路边的积雪足有一尺多厚。和小颖相约的见面时间还有几分钟，我心突突的声音让我激动不安，相隔千里每天只能电话里听听她的声音，现在终于要见到她，半年的时光如同隔世。

这个雪夜，我终于牵起了她的手，却不敢拥抱这个让我魂牵梦萦的女生。雪夜里，我们不知道去哪里，都市的霓虹灯映着小颖红红的小脸，特别清纯又妩媚。漫无目的，雪花飘洒，没有方向，停滞了时间，只有我们两个人，牵着手静静地走过这个城市的大街小巷，在这寒冷的冬夜竟一直走到了天明……朝阳映着白雪，也映红了小颖美丽的面庞，我日夜

思念的人儿，就这样陪伴在我身旁。两年了，似乎一切都没有变，也一切都变了，不再为高考忧虑的我们，像经历了这场大雪后的大地，开始感受初恋的甜蜜，萌发出青春最美的花季。

2009 年

7 月，江城似火，炽热的空气里弥漫着关于梦想的味道，我们认真地讨论着对未来生

活的规划，小颖想做一名注册会计师，而我仍然有着从政的理想。这个夏天，江城很热，但大街小巷都留下了我们牵手走过的足迹，体味着异地恋中最甜蜜的相聚时光。

但生活并不是小说，年轻会有些坎坷，一起也不总是甜蜜。因为琐事，我们争吵，或者在昏暗的湖边草地上静坐，几个小时，都不想说话，但总算没有说出那句话，一直到所谓的"命运"之说侵扰，两人泪千行，难诉衷肠。为了家人考虑，不想不被祝福，约定深深相爱到下一年。

2010 年

9 月，江城仍然很热，我们的约定并没有履行，我们如此深爱着彼此，都在坚持着最初的那份纯真。没有给小颖打电话，我买好了玫瑰花，等在考场外的门口，像一个十四五岁的少年，期待着美好的相遇。呆呆的我，行色匆匆的行人，到天黑仍然没有见到小颖的身影，返回学校门口，我的小颖，疲惫又轻松地站在那里，宛如一朵雪莲！

3 年的大学，千里之外，相思只能寄明月，以至电话可以一次打到 8 个小时，而今大学已至毕业窗口，我们又一次面临着选择。要在一起，我们都想在一起，可是生活比小说情节更不可控，因为家庭原因她选择了工作，去了更远的杭州，而我则保研留在了兰大，这意味着我们的异地恋至少又延长了 3 年！我们很不喜欢异地，但也不害怕这个距离，在我给小颖打电话想告诉她我父亲的病情时，我哽咽几分钟而一句话说不出时，我明白，她是我最温柔的港湾！

2011 年

8 月，小颖独自去杭州工作已经两个月了，想到此心里总有些不是滋味，甚至因此不太喜欢杭州这个城市。当我站了 29 个小时的火车，从兰州到杭州，见到小颖的那一刻，心像融化了一样，独自在外打拼的她，仍然如白莲花一样清新淡雅！

龙门古镇，青石小路，记下了我们第一次外出旅游的足迹，小镇的风情正好配上穿旗袍的小颖，最美江南不过如此！一起的时刻虽然短暂，但我们已经慢慢习惯，不忍别离，但更明白生活的不容易。我们还是很青涩，相对于这浮华的社会，但我们已经开始着手打造属于自己的未来，虽然路途并不平坦。

2012 年

8 月，又是一个盛夏。处理完学校的事，我想去杭州看小颖，没有买到火车票，连站票都没有，这不能阻挡我思念的心情，借着给别人拿行李，无票混上火车，足足 29 个小时站到杭州，能见到日思夜想的人儿，这点事肯定不值一提！

有人说，一个人工作，一个人读书，很容易分手，因为所处环境不同，很难有共同的话题。我是何等庆幸，我们仍然可以深爱如初，无话不谈。西湖边，我们劝另一对和我们情况类似的同学恋人，女生说爱是需要陪伴的，再好的爱情也会败给距离。我无言以对，只能深拥小颖入怀。坚守一份异地恋，真的很不容易！

2013 年

10 月，面临着毕业的选择，我已然没有了曾经从政的愿望。长达 6 年的异地恋生活让我不能继续留在兰州，在小颖最美好的年华里，我始终都不在她身边。终于，我可以有时间好好陪着小颖，过上正常恋人的生活，一起学习，一起逛街，一起做饭，送她上班，接她回家，做着看似无聊的小事。这种幸福的感觉从未有过，大概也就是人生最美妙的时光！

千岛湖，美不胜收，和小颖一起逗猴子；情人谷，曲径通幽，和小颖一起戏水兰桥；光明顶，秀甲天下，和小颖一起极目远眺；八卦村，玄妙天方，和小颖一起品味历史。原来，"择一城终老，遇一人白首"重要的不是地方，而是陪在你身边的那个人，爱上一个人，恋上一座城！

2014 年

3 月，计划赶不上变化。小颖计划回湖北，我也就没有再留在杭州，把工作定在了离家不远的黄石，进入湖北师范大学任教。相守在一起，是我们最大的追求，但命运似乎总在考验我们的爱情，机会擦肩而过，她还是留在了杭州，7 年的异地恋仍在继续。

兰州，这个我待了 7 年的地方，终于要成为第二故乡，离别之际，小颖也来到了西北，和我一起去沙漠旅行，探寻藏在贫瘠土地上的文明。"我来到你的城市，走过你来时的路"，小颖说她希望也能在兰州留下自己的回忆，虽是玩笑，但不想两年后成真。

2015 年

4 月，江南莺飞草长。小颖辞去杭州的工作，回到了湖北，我们的异地恋宣告结束。整整 8 年，命运的安排，我们的选择，虽有离合，但终究没有拉开心灵的距离，战胜了时间，战胜了空间，也得到了家人深深的祝福，我们要定亲了！

半城山色半城湖的黄石，开始记录我们生活的点点滴滴。每天傍晚，磁湖边总会留下我们牵手走过的足迹；每日清晨，校园里总会有我们轻盈的笑语。可以把饭给煮糊了，可以把菜给炒焦了，虽然过了把作业本放一起都觉得幸福的懵懂年纪，却仍然有着相视无语也很开心的心境。平淡的生活，安安静静，小颖说，她想去攻读研究生，想走我来时的路。于是年末她参加了兰大的研究生考试，并顺利地进入了管理学院，这是我们爱情的又一个轮回。

2016 年

我们结婚了！真正的爱情不会败给任何事，只会输给任何坚守的人。十年一梦，终爱一生，白首不离，我们的爱情，平淡，真实，也愿天下有情人终成眷属！

朋友到恋人的"进化论"

文 | 吴蒙蒙　王梦姣　何佳雯

　　吴蒙蒙，山东人；他的爱人王梦姣，黑龙江人。两人均于 2010 年考入兰州大学法学院，成为法学班的同班同学。一个是憨厚踏实的山东好汉和一个是开朗可爱的东北女孩，在兰大生活学习的朝夕相处中，爱情生根发芽，枝繁叶茂。

爱情的开始不过是同一间教室的低头不见抬头见

　　吴蒙蒙说："我给我们的爱情故事起名为平淡的爱情——从朋友到恋人。" 如果把两人的爱情发展形象地比作一道家常菜的烹饪过程的话，大学一年级，他们的爱情在正在的腌制中，慢慢入味。两人日常只是普普通通地以同学和好友的身份相处，在这一年里，两人不断加深对彼此的了解，"朋友以上，恋人未满"就是对他们最好的描述。大学二年级的一天深夜，王梦姣突发胃痛，难以忍受，须立即就诊，她的室友立即联系吴蒙蒙，于是吴蒙蒙马上率领男生"大军"到达女生宿舍楼下，把王梦姣送到校医院。可是诊疗效果不佳，吴蒙蒙心急如焚，当机立断，打车到榆中县医院，经医生诊治，并无大碍，只需输液静养。榆中的深秋，气温已经很低，在医院的一夜，吴蒙蒙担心输的液体太冷，于是用双手紧捂输液管，好让液体变得温暖一些。简单的举动，单纯的关爱，他们之间爱情如清风徐徐敲开少年悸动的心扉。经过这一晚，王梦姣与吴蒙蒙的联系更加紧密了，二人常常在社交软件上聊天到深夜，分享身边每一件有趣的生活小事和心理情绪，两人默契地保持着"你不睡，我陪你"的状态。

表白来得太快，就像龙卷风

2011年世纪光棍节前的一个下午，吴蒙蒙将王梦姣约到昆仑堂二楼的平台上，没有华丽辞藻的铺垫，他鼓起勇气对她说："我们在一起吧。"一句甜蜜但具有冲击力的话直击王梦姣的内心，在一段只能听到风声和心跳声的沉默后，她点了点头，从此他们的生命里有了只属于彼此的特殊位置。吴蒙蒙说："的确，我们的相遇不是华丽的邂逅，也不是浪漫的罗曼蒂克，应该是算那种缘分到了自然就来了的类型。"

酒心巧克力般的爱情，80%甜蜜+20%危机

有了彼此的陪伴，从此他们在榆中的生活变得缤纷多彩，昆仑堂、天山堂、后市场、翠英山以及隔壁民大都留下了他们相爱的足迹，他们迅速接受了对方的朋友圈子，这些也成了他们这辈子宝贵的财富。当然，快乐生活的同时，也夹杂着隔三岔五的吵架，例如著名的"八办事件"能让王梦姣至今耿耿于怀，不过作为一名口才优秀的东北女生、法学院辩论队队员、参加模拟法庭的常客，吴蒙蒙根本占不到一点便宜。王梦姣说她"喜欢"看到吴蒙蒙气急败坏又拿她毫无办法的样子，慢慢地吴蒙蒙发现自己也乐在其中了，并常常告诫自己心态要好，多跟她学学口才。这是属于他们的甜蜜默契。

大学三年级时，两人全力准备法科生的一大考验——司法考试，相约图书馆，相互鼓励打气；离开时，他骑车载着她，风吹动少女裙摆，汗打湿少年鬓角，在校园里他们成为常见但是独特的一道风景。大四，他们面临着毕业就业的压力，吴蒙蒙不仅顺利拿到了保研的名额还顺利通过司考，而且在众多毕业生中杀出重围得到了恒大公司的聘任，反观王梦姣却连连挫败。吴蒙蒙事业之船的顺风顺水与王梦姣毕业之路的荆棘丛生，极与

极的对比，使他们产生了巨大的心里落差，加之未来可能会异地的生活工作，这些不断催化着他们渐行渐远。王梦姣微笑着回忆道："现在想起来，挺感谢他的坚持，才让我们继续走到了今天。"王梦姣在毕业后去了广州工作，吴蒙蒙放弃了保研的机会，决定接受公司的聘任，去到王梦姣的家乡工作。此时还有一个小插曲，当吴蒙蒙第一次到王梦姣家中去拜访时，王梦姣的父母热情地接待了他，她的父亲甚至与吴蒙蒙交谈到很晚才觉得尽兴。这样，吴蒙蒙以他的优势顺利地得到了王梦姣父母的认可。

漫长的两年异地恋生活

毕业后的两人加入到异地恋的大军之中，从学校时候的朝夕相伴，变成了广州到哈尔滨和广州到重庆的距离。王梦姣一人在广州努力适应着大城市的生活，吴蒙蒙却开启了全国各地流窜的模式。独自生活的孤独感和工作的压力接踵而至，但对于二人来说，却是使自己更成熟的机会，无论是工作还是情感他们都成功找到了属于自己的定位。吴蒙蒙说："工作中也互相给对方鼓励，总之，两年很快也很漫长地平安度过。"

相聚羊城，步入婚姻殿堂

毕业后，吴蒙蒙的工作使他不断奔波于哈尔滨、大庆、齐齐哈尔、牡丹江、重庆、大连。他说："终于亲爱的领导'慧眼识珠'，把我从东北带到了广州总部，结束了两年的异地恋生活。"从此，两人在一起的一切就变得顺理成章了。从领证到设计专属于他们的"秘密基地"，日子一步一个脚印地过，感情天天年年地加深，终于他们在广州安家落户。如今，他们也是具有一年婚龄的夫妻了。

未来的日子是一本充满魅力让人永远读不完的书

吴蒙蒙说："遇到她，是我这一生最大的幸运，我会倍加呵护我心爱的王老师（因工作原因，尊称她为王老师）。"在他们对未来的生活的蓝图构想中，有孩子在身边玩闹欢笑，有在世界其他角落享受阳光和海风的浪漫，有慵懒浓郁的咖啡香气的缭绕，还有对方携手相濡以沫的陪伴。愿他们在未来的日子里相互尊重，相互陪伴，共同创造平淡又精彩的生活。

遇见，幸福的味道

文 | 姜丹溪　邓云丹　杜文静

　　于千万人之中，遇见你所要遇见的人；于千万年之中，时间的无涯的荒野里。没有早一步，也没有晚一步，刚巧赶上了，没有别的话可说，唯有轻轻地问一声："噢，你也在这里？"

——题记

　　时间回溯到 2012 年 6 月 12 日，地点定格在学校的篮球场，一个羞涩的男孩跟一个温柔的女孩表白了！一切都是刚刚好的模样。这段长达 4 年的故事，起源于这样一条消息——"丫头，走不？"短短的四个字，没有多余华丽的辞藻，却饱含着男孩对女孩的深深爱慕，而女孩也已经感受到男孩所要表达的一切。"答应我，不许生气，不许骂我，不许……""好的，我答应你。""做我女朋友可以吗？"本以为这会是一封浪漫三行情书，但由于两个人都肩负考研的压力，为了男孩儿的前途，女孩儿拒绝了——"我做你的研友吧！一起看书，一起奋斗。"虽然彼时他们没有走在一起，这份感情却成为两人心照不宣的秘密，只待时机成熟，鲜花怒放。

衣带渐宽终不悔，为伊消得人憔悴

　　"考研之路是艰辛而漫长的，但是能与他同道，一切困难好像也没那么难了。"这是她的内心独白。回想起那段"苦难"的岁月，她至今记忆犹新："6 月 28 日，这是永远难以忘怀一天。那是我面试失败的那一天，也是我第一次拥抱他的那一天——天下着瓢泼大雨，我的心情就像那天气一般，脸上流着的不知道是雨水还是泪水。依旧记得那棵大树，很高大很威武，被庇护在它的下面，我有了一种从未有过的安全感，就如身边的他一般。时至今日，每当走过那棵树，我都会静静地停留一会，只因那一天的记忆深深地定格在我的脑海里。"

考研的日子一天天地在逼近，他焦虑急躁的心情，他付出的辛苦，他所做的一切努力，她目睹着，也见证着。考研的日子越来越近，他们一起经历着并享受着考研所要付出的代价—— 一起学习，一起吃饭，互相诉说着不快，彼此倾听着。"他告诉我，因为心里有我，

想着要跟我走到一起，所以努力着逼着自己做了，我就是他的动力！"这才是伟大的爱情。

考研如期而至。2013年1月5日，早上他们像往常一样一同吃过早餐。在杏林楼的楼下，他带着她所有的祝福和运气奔赴为之奋斗近一年的战场。考研的两天，如此地煎熬。即使在结束后，他的内心也并未如释重负。元宵节、五泉山、霍去病像前，她许下小小的心愿，祈祷他可以顺利踏入华西大门。2013年3月6日，他顺利地通过了华西初试！看着如愿以偿的他，她的脸上也露出了久违的微笑。

两情若是久长时，又岂在朝朝暮暮

在兰大的校园里，在祖国的大好河山里，他们享受着所剩不多的相聚时光，挥霍着属于他们的青春岁月。

她在日记本中写下这样的文字：

2013 年 4 月 28 日，九寨沟黄龙，那里有我们的影子，那里有我们的回忆，那里有你我的回声……

2013 年 5 月，那月，我们漫步于到处都是我们影子的校园里……

那月，我们一起去了我的家乡。冒着大雨，我们游玩国博故里。那天，整座山里回荡着你和我的欢声笑语，那条吊桥承载了我和你的重量，那里留下了我们踏过每一寸土地的脚印……

那月，我们一起疯狂而悲伤地经历了毕业季、离别季、伤感季……

那月，我们挥手道别；隐藏着心中的感伤，而流露着满脸的强颜欢笑……

行笔至此，不禁想起仓央嘉措的《那一天》：

> 那一天，
>
> 我闭目在经殿的香雾中，
>
> 蓦然听见你诵经中的真言。
>
> 那一月，
>
> 我摇动所有的经筒，
>
> 不为超度，
>
> 只为触摸你的指尖，
>
> 那一年，
>
> 磕长头匍匐在山路，
>
> 不为觐见，
>
> 只为贴着你的温暖。

那天、那月、那年，那山、那景、那人，将深深镌刻在他们彼此记忆的深处，永远不会被消磨。

"分别总是在九月，离别是思念的愁"。绝口不提不代表不会分离，最后的最后，在送别的车站，他们亲身经历了《离别的车站》中的桥段，终于再也抑制不住内心中的伤感，他们知道，一别三年，他们再也不能像以前那样朝夕相处，再也不能感受到身边的那个 Ta，往日一起接受自强不息、独树一帜的校训洗礼，一起轮转每一个科室，一起看护病人的场景一一涌上心头。"执手相看泪眼，竟无语凝噎。"她的眼睛在下雨，他却不能再回去为她擦去眼眸的泪水，看着他渐行渐远的背影，唯有心中暗道珍重，最后一次道别过后，就这样——向左走，向右走，一条孤独的路便展向两头了。纵然心中有千般不舍，万般离愁，但是为了日后更好地相聚，他们不得不选择短暂的分离。

愿得一心人，白首不分离

"他将是你的新郎，从今以后他就是你一生的伴，他的一切都将和你紧密相关，福和祸都要同当。她将是你的新娘，她是别人用心托付在你手上，你要用你一生加倍照顾对待，苦或喜都要同享。"相爱的最高境界就是组建家庭，2016 年 10 月 2 日，他们携手走进了婚姻的殿堂。一定是特别的缘分，他们才可以一路走来变成了一家人。烟火人间，举案齐眉的爱情值得每一个人羡慕。就像亦舒在《致橡树》中写道：我们分担寒潮、风雷、霹雳，我们共享雾霭、流岚、虹霓。婚后的他们，把平凡的日子过成了诗。婚后一年的时间，无论春夏秋冬，他都坚持起床为她做早餐，只为疲惫的她能多休息一会儿。采访中，当聊到比较让她感动的事时，她说道："那时，他下班后还有其他事情，但我还没下班，我的身体不舒服，他就先为我回家准备好晚餐，又怕我回来吃的饭凉了，给我放在蒸锅里，做完饭他又去医院，看到热气腾腾的饭，我的心都暖了。"爱情从不体现在惊天动地的大事中，反而是显现在日常点点滴滴中，但是爱情就在那里，从未离开。

沈从文说：我一辈子走过许多地方的路，行过许多地方的桥，看过许多次数的云，喝过许多种类的酒，却只爱过一个正当最好年龄的人。能遇见一个对的人，真的很难得，连空气里都弥漫着幸福的味道，希望这爱的芳香将传遍你们走过的每一寸土地。

缘来缘去，你就是我的那个人

文 | 邵　晴

初中相识，班车相遇，高考相知，兰大相恋

"我们相识 13 年，既是初中同学，又是高中同学。虽然我们俩从初中开始就认识，但真正相知却是在高考结束后的一次偶然相遇。初中时我们只是不咸不淡的同学关系，即使后来就读于同一所高中，我们之间也没有多少联系，高中也只是在回家的班车上匆匆见过一面。"赵瑞瑞说，"高考结束后的第二天，在一次同学聚会的路上，我和他偶然相遇，那个时候大家都比较放松，第一次鼓起勇气留下了对方的联系方式，也就是在那个暑假，我们才开始慢慢相互联系。回想过去相识的五六年，我们从未这么近距离接触过彼此，缘分总是在不经意间出现，就是为了让兜兜转转的两人相遇。"

高考结束后的那个夏天，澄澈的少女和安静的少年相遇，两人珍贵的你一言我一语，让两颗单纯的心渐渐变得充盈，让那个闷热的夏天渐渐变得清爽。可是，那个夏天终要溜走，在一起的时光也悄然到了头。8 月大学开学季，王朋来到了兰大，而赵瑞瑞却留在了安徽。

那是 2008 年，王朋独自远赴兰州求学，面对干旱的气候环境和陌生的大学生活，他愈发感到了离家之远，思乡情绪也在慢慢升温，彼时已经相互熟悉的她成为他在异乡最大的慰藉。两人的联系愈加频繁，感情上也慢慢有了依靠。

赵瑞瑞说："那个时候我们经常联系对方，对对方也渐渐有了一些好感。但在彼此经历了一段艰难的感情波折之后，我们就没怎么联系过对方。直到大三的时候，我开始准备考研，想要考到兰州大学，我们之间才渐渐有了联系。他知道我要考研到兰大，就帮我准备了很多兰州大学自编的考研材料，像兰州大学出版的《线性代数》等等。因为我是文科生嘛，数学方面有些欠缺，他就在数学方面帮了我很多，就这样我顺利考到了兰大。"

王朋和赵瑞瑞正式在一起是在 2012 年的上半年，那年他大五，她研究生一年级。冥冥之中，是兰大成就了他们。

缘来缘去，你就是我的那个人

相识 13 年，从最初的相识、相知，到今日的相恋、相伴，是缘分让他们认定彼此。

"虽然说认识了这么多年，但真正在一起的时间真的很短。我们相恋的第二年，他就因为本科医学毕业，回到安徽开始工作。生活就是如此充满戏剧性。2013 年，我留在了兰州他回到了安徽，就这样又开始了我们的异地恋生活。因为他在安徽工作，不能经常请假来兰州，那时我虽然说是研究生，但在节假日的时候，也能请假回家，到了寒暑假，我会提前买票回家，只为和他多见几分钟。就这样直到我研究生毕业，他请假来到兰州，陪我一起在敦煌游玩了数天，既算是我的毕业旅行，又是为了庆祝我们异地恋的结束。"赵瑞瑞说，"我和王朋的爱情之路并不平坦，中间经历的坎坎坷坷，像电视剧般狗血。我们经历了这么多，到现在能走在一起，最终走进婚姻的殿堂，真的是一种缘分，一种从开始就注定了的缘分。现在我们的感情真的很好。"

缘分如此，即使时间，即使距离，都割不舍、扯不断他们之间的情义。

只要那个人是你，便是浪漫

"我能想到最浪漫的事，就是陪你一起慢慢变老。"即使少年白了头，容颜褪了色，但只要在一起的是那个人是你，便是浪漫。

"异地相恋的那段时间，在他生日或者纪念日之类的日子，我都会亲自写一封信邮寄给他。从刚开始恋爱到现在，我写给他的每一封信，他都有收藏在文件夹中。随着我们感情的逐渐加深，文件夹也已经渐渐丰腴了起来。异地恋的那段时间，他每天都会在睡觉之

前给我发一句"晚安",每天和我视频通话。虽然说没有漫天浪漫的话语,但有真真实实的行动。"赵瑞瑞说,"他是一位比较细心的人。可能和他的性格有关。也可能是和他的医学专业有关,从我们开始对对方有感觉,一直到现在,他对我始终细心、贴心,生活中的很多东西,他比我想得还要周到。现在回想起来,只要能和他在一起,便是快乐;只要能和他一起慢慢变老,便是浪漫。"

8年的爱情长跑,换来今日的相濡以沫;

13年的缘分注定,迎来今日的伴卿左右。

一见钟情 青春直到白头

文 | 刘蔚柯

在兰大宁静优美的校园里，每时每刻，都可能有情侣在上演着属于他们的浪漫爱情故事。大学，一个充满了自由与对人生无限遐想的地方，在这里，爱情与梦想一样，是美好的、纯洁的，是让人孜孜不倦所追求的事情。今天，我采访的这一对夫妇，是毕业于大气科学学院 2009 级的学长学姐，他们从相遇到相爱，有着数不清的机缘和巧合，但在爱情的 7 年长跑中，两人的感情却又犹如钻石般历久弥新。世间最美好的相遇是一见钟情，世间最动人的时光是陪你从青春直到白头。

黄海亮和徐迪在 2009 年 8 月底相识，一个是来自湖南的阳光少年，一个是从辽宁不远千里来求学的翩翩少女，他们的故事还要从刚入学的军训时开始说起。

"军训的时候有个合唱比赛，晚上拉歌练歌，站队都是错开的，我就想一个暑假都没有和女生说过话，大学嘛，得活跃一些，就试着去和女生聊聊天练下胆。当时，她在我的右前方，是离我最近的女生，我那时也没看清她长什么样，就想着来学校好几天了，也得认识个人吧，于是就和她搭讪了。她比较害羞，不怎么说话，基本上我问一句，她答一句，最后向她要了电话号码，军训时候不让带手机，她还故意念快，我就一直在心里默念直到结束训练回到宿舍，立马给她打了个电话，后来才知道，她原来和我是一个专业一个班级。"黄海亮学长满脸微笑地回忆着，说到故意念快这里，学姐还埋怨似的笑着轻轻捶了学长一下，恩爱之情溢于言表。

军训结束后的一个星期六，黄海亮在雨后的邮局门口第一次看清了徐迪的模样。"因为我父亲很高，有一米八五，包括亲戚都很高，所以对他的第一印象就是怎么会有这么瘦瘦小小的男生，我对自己男朋友的人设是高高大大、干干净净的男生。"徐迪学姐回忆起第一次见到黄海亮学长时的情景。

刚刚从千里之外的家乡来到陌生的校园，孤独与好奇充满着每一个新生的心。就是在这样的环境下，黄海亮和徐迪在一次看似无心的搭讪中相识，机缘巧合之下，两人竟又是同院同班同学。

"打完招呼后，在那棵大杨树下，我突然有种强烈的感觉：我跟她会有很长的故事。这种感觉非常真实，丝毫没有夸张。"或许是因为这种种的巧合，抑或是在陌生的环境下产生的依赖感。在黄海亮的心里，此时已经对这位只见过一次的女同学产生了不少的好感，爱情的种子已经渐渐开始发芽。

"再后来就是班会选举时，她上台竞选班长。我觉得她很勇敢，一口东北话也很逗，对她的好感也与日俱增，但是平时接触得还是比较少。"学长回忆到这里，脸上露出了些许遗憾的神色。暗恋的滋味是让人难熬的，发现了喜欢的人，却又因为种种原因没法更多交流，黄海亮学长就这样小心地试探着学姐的心意，同时自己也暗暗下定了决心。

"11 月 11 号晚上，我发短信和她表白了，被她拒绝了。"学长有些害羞地说道。两人相视一笑，学姐补充道："那还不是因为你最开始是用搭讪的方式认识我的，这不还得考验你一下是不是老实人啊。"说完还露出了一个顽皮的笑容。

虽然第一次的表白失败，但学长在短暂的沮丧之后又重新鼓起了勇气。"可能是湖南人霸蛮的性格，也可能是我已经发现离不开她了。她就像一座宝藏，越是接触得多，就会发现她越多的闪光点，她的聪明可爱干练……我一直陪她上课，去图书馆，去吃饭，送她回宿舍。"黄海亮学长笑着说。

这一段时间里，徐迪学姐也慢慢看到了学长的温柔与对她真诚的爱意。徐迪学姐回忆道："我上自习他会发短信问我在哪个教室，然后他也来这个教室上自习，偶尔带点洗好的水果或坚果。有一次，我受了一点小伤，其实就只是划了块皮，他发现后特别紧张，那时我第一次被他的认真所触动，后来发现这个人身上有我所缺乏的一些品质，沉稳、坚忍、有耐力。"

直到 2010 年 8 月 23 日，又是一年开学返校的时候，徐迪学姐终于答应了黄海亮学长的告白，两人正式交往，从相知走向了相爱。像很多对校园情侣一样，他们一起学习，一起旅游，走过不少山山水水。

校园的时光总是快乐而短暂的，面临毕业的挑战。一个是湖南人，一个是辽宁人。为了能离徐迪学姐的家乡近一些，找工作的时候黄海亮学长放弃了甘肃和浙江的工作机会，毁约来到辽宁沈阳上班。徐迪学姐则被保送到中科大读研。一对刚刚毕业的恩爱情侣开始了长达 3 年的异地恋。

"她有时间就回来看我，我也只身一人留守在辽宁。等到她毕业回沈阳工作了，接下来就水到渠成了。"

2016 年 10 月 7 日，徐迪学姐研究生毕业后，回到了辽宁老家，与黄海亮学长步入了婚姻的殿堂，两人的 7 年爱情长跑到此有了一个美好浪漫的结果。不过，对于这一对夫妇来说，一切还只是刚刚开始，未来幸福美满的日子还有很多很多。

地生连理枝 水出并头莲

文 | 彭柯澄

请问，你们具体是怎么相识相知的呢？

相识相知相恋在兰大，共度美好大学时光。听到这个问题作为开场，李洁脸上露出了甜蜜又有些羞涩的笑容。她说道："其实也是因为一次偶然的机会，我的一个室友是他的老乡，有一次中秋节的时候，他给我室友送月饼，记得很清楚，是在二食堂前的路灯下，哈哈，那算是第一次见面吧。他说对我是一见钟情，经过打听之后，就要到了我的联系方式，加了我的QQ，通过聊天后慢慢产生了好感。在之后相处的日子里，我们经常一起出去吃饭，一起相约出去玩儿。"两个人的感情就这样慢慢建立了起来。

确立关系，甜蜜相许，彼此相伴

将军院、白塔山都是他们爱情的"见证者"。平平淡淡的幸福，轰轰烈烈的相爱，两个人的爱情不期而遇。在那个情窦初开的年纪，刚好遇见了彼此最灿烂的青春。当我问起李洁，对方是怎么向她告白的，她还能说出告白的具体日期、场景，一切历历在目。想必是那场告白来得突然才让她印象深刻吧！就在 2008 年 10 月 10 日，国庆同游像是在为这一次告白做铺垫，回到榆中的午后，两人一起散步，郑延才便在将军院向李洁告白。正是因为这样的一次机遇，铸就了一段美好的爱情故事。

相爱过程中心心相印，连枝共冢

郑延才夫妇在简单的相爱中，也有许多刻骨铭心的经历。大三那年，李洁远在成都实习，相隔两地，路途遥远，郑延才无惧山高水远，五一假期前坐校车后再马不停蹄地坐上 24 小时的绿皮火车去看望心里牵挂的她。

"虽然两地辛苦奔波，我们的相处却是十分甜蜜，苦并快乐着。"李洁笑着说，"在见不到对方的日子里，他坚持每天晚上给我打电话，有好几次打到欠费了，电话自动挂机，挂完电话常常就到深夜了。"

从心出发，不离不弃

李洁考研上了武汉大学，复试时，两人一起坐火车沿途颠簸前往武汉。期间坐了 30 个小时的硬座，那种同甘共苦的日子是最值得怀念的。毕业之后，两人在不同的地方工作和读研，分开又是 4 年。李洁说道："在这期间也是经历了不少的困难，遇事需要对方的时候却不能及时出现，有许多难熬的时光，但是最终还是坚持下来了，也算是两个人心有灵犀。一路走来，我们俩真的很不容易，因此，我们也更珍惜这段感情。"

八年恋爱长跑，一年婚龄，特殊结婚纪念日

经过了 8 年的相濡以沫和甜蜜恋爱，两人终于选择在 2016 年 10 月 10 日（农历）这样一个特殊的纪念日来完成那一场他们期待已久的婚礼。他们和"10"这个数字是有缘分的，

也正是这个特殊的数字见证了他们的爱情长跑。当我问李洁郑延才具体是怎么求婚的，郑延才自己先抢答了一下："很特别。特殊的时间，特殊的地点——在那个属于两个人的小窝里，有鲜花，有幸福，独一份儿。"那一刻，两人脸上都露出了幸福的笑容。这也正是他们爱情的特殊而又珍贵之处。

只愿君心似我心，定不负相思意

当我问到两人有什么话想要对对方说的时候，他们都表露了一丝羞涩却又满足的笑容，看来这对不善于表达内心情感的夫妻却同样有着让人人都羡慕的命中注定。

先是郑延才开口说道："老婆，过去的都已经过去了，生活要往前看，往前走。今后，我会尽我所能给你最好的生活。"踏实的一席话让人感动。此刻，李洁笑靥如花，她说："老公，在人生路上两个人相遇、相知、相爱的概率特别低，但是我能遇到你，这是此生的一大幸事。所以，无论以后还会经历什么，我都愿意和你一起，永远牵手走下去。"

这样朴实幸福的爱情难道不是我们每个人都期望的吗？

母校寄语，送给学弟学妹的一番真诚话语

"这一次回到母校，感觉变化真的很大，更多的是对母校的祝福，有时间会常回兰大看看。希望学弟学妹能珍惜自己的大学生活，好好学习，如果你们也在兰大遇到了你的另一半儿，一定不要错过 Ta 哦～"李洁幽默又不失真诚地说道。郑延才表示："6 年后重返母校，有一种莫名的感动，时间冲淡了思念，坚贞不渝的唯有情怀。"

是呀！情怀是每个人都拥有的，它超越世俗，说不清的感觉总是会悄悄涌上心头。就像是郑延才夫妇提到的毕业那天在火车站的离别场景，此生最难忘的一幕，对彼此，对兰大，都有一种抹不去的思念和记忆。

他们将爱情最美好的样子留给了青春，将爱情最珍贵的样子留给了彼此，毫无保留地去爱，像鲜花般心无旁骛地盛开，因为只有专注的美，才能在心头留下痕迹。

在此，祝福所有携手将爱留在兰大、将爱情进行到底的天下有情人永远幸福，长长久久，也祝贺兰大 108 周岁生日快乐！

转身遇见爱

文 | 梁　静　吴小波

那一年

男孩是班长，喜欢爬山跑步搞活动

那一年

女孩是团支书，喜欢跳舞瑜伽练形体

那时候

班就是团，团就是班

那时候的活动就是爬萃英

一群人，有班长有支书

他们曾在山顶看过最美的日出

曾在山间听过清脆的鸟鸣

曾在云梯吻过冬日的雪花

曾在山脚看过流星划过夜空

那时候

二十岁，恰是如花的年龄

没有疲惫，只有热情

东边的球场是他们的乐园

西边的操场是他们的天堂

南边的天山堂是他们的圣殿

北边的后市场是他们的佳园

彻夜 K 歌是他们的狂欢

聚众火锅是他们常有的节奏

那时候

天山堂堂主还是那只肥肥的大灰猫

快要考试的清晨

肥猫还在梦中

他们已在堂前排上长长的队伍

只为一个堂位

那时候

一群人见证

男孩拉起女孩的手

走在校园的树荫下

这一年

走出三年的异地困扰

在相恋的第七个年头

走入婚姻的美好

熬过阴霾 静待花开

文 | 李梦洁

　　史毅，河南濮阳人。他的爱人张丽，甘肃武威人。2007 年，两人同时考入兰州大学哲学社会学院社会学专业，本科毕业后，史毅考入中国社会科学院硕博连读，现在在中国人口与发展研究中心担任助理研究员。张丽本科毕业后留在本校继续攻读硕士学位，毕业工作一年后回到兰大攻读博士学位，目前是兰州大学历史与文化学院民族社会学方向博士研究生。

无论何时，你依旧在那里

　　史毅和张丽不仅是同班同学，而且大一时还都是院学生会宣传部干事。大一相识，大三相恋，这中间长达两年的相知相处，为他们日后的感情打下了深厚的根基。回忆起第一次相见的场景，张丽这样说道："当时我们宣传部第一次开会，史毅不在，我们其他几个人在那聊天。一会儿之后，一个看起来满脸阳光的男孩拿着一桶画笔冲了进来，那是我第一次见到他，感觉挺好。"阳光，是张丽对史毅的初印象。

　　二人逐渐熟悉彼此，最终成为情侣，更重要的是得益于他们在院办的勤工俭学。当时，张丽在院办担任助理一职，史毅在学院资料室担任管理员。两个办公室是对门，二人值班的时候经常会聊天。"那时，他会来我办公室续水喝，因为资料室那边没有水。"长时间的相处，让史毅对张丽有了更多的了解，发现她是一个沉稳、淡定的姑娘。"我当时觉得她对待任何事都特别淡定，我那时候常常说她是'兵来将挡，水来土掩'。有时候，即使碰到一些解决不了的事情，她也不会显得特别着急，我就感觉这个女孩不简单，就常常有想了解她的冲动。"

当时，史毅星期一至星期五都会在资料室值班，张丽每次去院办都会看见史毅。当一个人永远会在固定的时间固定的地点出现在你的生活中时，这种长时间稳定的相处无疑增加了张丽对史毅的信任和好感。随着两个人不断深入地了解，这份好感升华成了爱情。10月14日傍晚，史毅在萃英山顶对张丽告白了，两个人成了一对甜蜜的情侣。

相爱不易，珍惜眼前人

本科毕业后，史毅去了北京求学，从此两人开始了异地恋，1400多公里的距离使得二人聚少离多。有一次，史毅回学校看张丽，内心激动的她见到阔别已久的恋人，只说了一句话："咱们吃早餐去吧。"史毅没想到见面第一句话竟是这样一句平淡的家常话。但转念一想，这句话仿佛透露着两个人从未分开过，他们还是每天一起吃饭，一起上学，这就是他们日常的状态。无论相距多远，两个人早就把对方看成了自己生活中不可或缺的一部分，他们的感情并没有随着距离的扩大而变淡，即使不能时时刻刻陪在对方身边，但他们心永远是在一起的。

异地恋并不容易。谈及二人是如何维持这段感情的，张丽说，在恋爱中要感激对方带给自己的一切，史毅是一个喜欢读书的人，"两年间，他几乎将资料室的书都看了一遍，每次聊天他都给我讲很多他看过的书"。正是因为这样，两人在讨论中，史毅常常能给张丽带来灵感，带来更多的思路。"讨论得越多，我们的思考路径就越契合。"在8年的恋爱过程中，两个人不断磨合，不断成长，在这过程中双方都变得更优秀，他们的关系也变得更和谐，这样的爱情得到了双方家长的祝福。史毅认为，在恋爱中还有一点至关重要，那就是尊重。他说："一是要尊重人，无论遇到什么冲突或问题都要相互尊重。二是要尊重对方的过去。由于不同的成长环境，两个人之间就会有不同的生活习惯，但是我们要尊重双方的差异，不要拿自己的标准去挑剔对方。"两个人在一起不容易，双方都应该努力维系这段感情，应该珍惜眼前人。同时，史毅也说，在恋爱中要相信对方，缺乏信任是无法维系一段良好关系的。

想对学弟学妹们说

在母校108岁之际，这对甜蜜的夫妻有些话想对学弟学妹们说。张丽在与许多学弟学妹相处的过程中发现，现在很多学生都不再相信长久的爱情，有些人甚至对父母、对家人的感情都不是很珍惜，他们不再相信生活中的很多东西。张丽认为："这种情况很危险，因为每个人都在丧失自己的根基，他们不相信感情，也不相信知识。但是我们要知道，有些东西是需要相信的。大家都感觉要追求新鲜感，追求刺激，但在这过程中，你永远找不到意义。当我们不停寻找新的东西的时候，那新的感觉就跟以前一样，都是在不停地重复，但当我们把一样东西守护得很好，一直坚持下去的时候，它带给你的益处会比你一直不断追求的要多得多。要学会去坚持，学会去忍耐，学会在一件事情上保持专注度，这会让你受益匪浅。"

　　除了在感情、生活上的建议之外，史毅对我们当下学习状态以及未来的工作也给出了自己的看法。史毅说："兰大带给了我们不同于其他学校毕业生的气质，这份沉稳、扎实会给我们很大帮助。虽然榆中比较闭塞，给了我们那么多约束，但也给了我们更多的时间去思考、去读书。兰大给予了我们宝贵的品质，也让我们有更多的时间和机会去沉淀自己。"在这宝贵的大学4年生活中，我们应该珍惜在榆中的时光，在这样的环境中多读书、多思考，不断沉淀自己，让自己变得更优秀。

缘分的见证

文 | 何 拴

  缘分这东西，就是命中注定。不管其他人信不信，反正我是坚信不疑的。

  我跟我老婆的缘分，起源于兰州大学本部的排球场旁边的羽毛球场。更精确一点，是3个羽毛球场地里面中间那个。"爱在兰大"集体婚礼那天，我们特意去这个缘分的起点留影，以作纪念。

  第一次见面是在2015年4月份，我在兰大念研究生的第三个年头马上就要到期了，正等待着6月拿到毕业证后开启人生下一个阶段。我籍贯四川，计算机专业，整天来回于10号住宿楼与信息楼之间。她来自内蒙古，第一临床医学院研二，每日往返在1号住宿楼和中医药大学的实验室。非常明显，这是两条完全不相交的轨迹，最起码，在她来兰大近两年的时间里，我们是没有见过面的。可缘分创造的奇迹悄然发生着，某一个下午，阳光和煦，我跟三位舍友（杰仔、家明、龙哥）约着一起去羽毛球场打球。刚穿过排球场，我就注意到了对面站着的那个体格瘦小的女孩。穿着一件蓝色短袖，扎着马尾，清瘦的面庞和大大的眼睛。"窈窕淑女"+"阳光运动"完美地结合并展现在我眼前。脑子里只有一个念头：我想接近她，想认识她，最起码，想跟她说一句话…… 当时3个羽毛球场地都有人，所以，我厚着脸皮去问这个妹子愿不愿意大家一起打羽毛球，在得到积极回复过后，顺势立马跟这个妹子组成一队。随后我们一边打球一边聊天，聊各自的家乡、专业、年级，还聊到了以后碰到任何电脑问题一定要记得找我…… 可聊到最后夕阳落下，我们散场各自回家，我也没敢鼓起勇气要对方的联系方式。

　　从那以后，每次从排球场经过，我都会驻足一会儿，转头看一下那里，我跟那个女孩曾经并肩作战的地方，看她在没在这里。但或者场地是空的，或者场地上有另外的人正在打球，反正没有她。我脑中也只有回忆，我又想那个大眼睛女孩了。她此刻在哪，过得开心还是委屈，她啥时候会再次过来打羽毛球呢？无数次的路过和失望过后，我以为，那一次错过了，就是永远地错过了。

　　一转眼一个多月过去，进入5月中旬，距离毕业生离开学校只有一个月时间了。有一天晚上，串完门儿洗漱好了，宿舍4人像往常一样躺在床上各自安静地玩着手机。杰仔自言自语在那说道："拴子，今天玩桌游（他是兰大桌游协会组织的）你没在，陈总带了一个新妹子过来，对，就是上次跟咱一起打羽毛球跟你组队的那个……"我也没听清他接下来说啥了，手机一放，反问道："是上次我们加入人家，然后我跟那个妹子一队的那个么？""对！"…… 然后那夜，我们宿舍就妹子这个话题，聊到了凌晨3点多。其实我知道，我们能聊那么久，主要是我有太多的感情想要抒发和倾诉，至于他们几个说了些啥，我已经完全都不记得了。

　　第二天一大早，我直接给陈总打了个电话，让他晚上务必再组织一场桌游，并且一定要邀请到前一天晚上的那个女孩。陈总顺利组织了一波"狼人杀"，并且邀请到了那个她。这么不容易的第二次见面，我没有怂，毫不犹豫加上了她的微信，然后就开始聊天。那晚的桌游是我玩得最烂的一次，估计就算是拿到预言家的牌，我也会被当作狼人投出去吧。但这次桌游的收获，比我这辈子玩过的所有游戏加起来还要多。最后桌游完，我主动送女孩回她宿舍，问她啥时候有空再一起玩。回到宿舍过后仍然是QQ+微信聊天，一发不可收拾。

　　这就是缘分的力量，原来我们都彼此喜欢，原来从第一打完羽毛球过后就已经深深地记住了对方。原来我跟她是摩羯+处女，原来我们三观如此吻合，原来…… 所有的一切，只需要一个突破口，一旦打开，水到渠成。直到我6月底离开兰州，虽然我们才相识一个月，但这却不妨碍我们订下终身，海誓山盟。所以，她在7月底来了我的故乡四川，见男方家长。随后，我们从南往北旅游一圈，我也于8月初在内蒙古赤峰见到了女方家长。

　　2015年8月9日我们在北京西站分开，她往西回兰州，我南下到广州（随后经香港飞往美国）。我永远忘不了那个背个小书包哭成小泪人清瘦的背影，她依依不舍地穿过检票口，一步一回头地走过走廊，最后消失在去站台的方向……我一直站在候车厅里，直到看不见她为止。我无法确切统计，有多少异地恋的最后一面是发生在车站或者机场。但哭着分别，最后再也不相往来的情侣，应该也有很多吧。我当时没有哭，面对着两眼泪汪汪的她，我心里暗自发誓，如果异国恋影响到了我跟这个女孩的感情，那我就不要什么学位了，果断回国跟她在一起！

2015年8月16日我抵达加州，自此我们开始了艰苦卓绝的异国恋。十五六个小时的时差，完全是黑夜与白天的颠倒。为了更好地联系对方，我们的脑子里都有了两套时间系统：北京 UTC+8 以及加州 UTC-8。感谢每天的 WeChat 视频聊天，让我们知道了彼此身边发生的一

切故事；感谢一封又一封表白邮件，使我们的异国恋变得更加诗情画意；感谢彼此的信任，帮助我们走过了所有异地恋都会出现的各种曲折坎坷。

异国一年半后，我 2017 年寒假回国，在 1 月 6 日这天，我们在赤峰顺利领证（母校的集体婚礼助力不小，哈哈）。那天刚好是我生日，27 岁最大的生日礼物，就是终于把命运安排给我的有缘人，娶到手了。

2017 年 9 月 17 日，参加兰州大学集体婚礼，感谢兰大，让我们相遇、相知、相守。

"一定是特别的缘分，才可以一路走来变成了一家人。他多爱你几分，你多还他几分，找幸福的可能。从此不再是一个人，要处处时时想着念的都是我们。你付出了几分，爱就圆满了几分。"

一路相伴

文 | 张聪聪

　　茫茫人海中，或许是因为上天注定，高国庆学长与陈思思学姐来到了同一所大学，并很有幸分配到了同一个班级里。之后美好的爱情故事由此展开。

　　在大一的时候，一个班级里二人相遇了。当时，陈思思学姐一身利落的着装，披着长发，高国庆学长一下便被学姐吸引住了。都是来自外地的二人都没有回家，在十一的时候高国庆学长约陈思思学姐去爬我萃英山，二人由此渐渐地熟悉起来。一起上课，一起自习，一起吃饭，一起玩耍，爱情的种子在不知不觉中生根发芽，茁壮成长。

　　这之后，二人并没有像大多数情侣一样，会时常发生一些小摩擦，相反，二人更加爱慕对方。高国庆在和朋友或者同学相处的时候，时常会想着爱人。譬如，他时常说，我家思思也这样，我家思思爱吃这个……虽然高国庆学长没有做过太多轰轰烈烈的事情，但是从小事才能发现一个人的本质。小事情都能处处想到陈思思学姐，可见高国庆学长对陈思思学姐的爱之深沉。当时间流逝，大学4年的时光匆匆走过，现实是残酷的，很多情侣一般在大学结束后都会离开彼此，二人由于来自不同的城市（一位来自江苏，一位来自四川），即将面临分别，二人不得不考虑未来到哪里，由于双方的家长都比较开明，家长们都表示无论二人在哪里，只要彼此相爱就好。二人也都深爱着对方，他们为这个问题彻夜长谈，毕业后是否要分开，或者去江苏还是四川发展。出于对学姐的爱，最后学长做出牺牲，为了学姐，毕业后决定前往成都（学姐的家乡）工作，如今二人定居在成都，说到这里学姐依旧很感动。由于决定了毕业后在成都工作，终于在本科毕业班级聚餐上，学长当着全班同学的面向学姐求婚了。学姐当时泪流满面，欣然答应，彼此决定将一生交托给对方，并相约在学长读研结束后二人就结婚。本科毕业后，学长前往北京读研，学姐在河北廊坊工作，两地相隔，两人每天视频通话，学长也经常抽空去看学姐，虽然没能生活在一起，但是他

们的心却一直在对方那里。在读研期间发生了一件令学长终生难忘的感人事情。在高国庆学长生日前夕，二人决定在 10 月 1 日（高国庆学长生日）当天去天安门看日出升旗，于是学姐当时在廊坊订制了一个蛋糕，一路上带着蛋糕来到了天安门广场。当天下起了大雨，天安门广场大致有 10 万人，人流涌动，学姐死死地护着蛋糕。虽然最后蛋糕还是被人流和大雨给破坏了，基本不能吃了，但是这件事令学长很是动容。学长学姐在一起已经 8 年了。学长说："日久生情，才是真的缘分。喜欢你的人，要你的现在。爱你的人，要你的未来。真正的爱情，不是一见钟情，而是日久生情；真正的缘分，不是上天的安排，而是你的主动；真正的关心，不是你认为好的就要求她改变，而是她的改变你是第一个发现的；真正的矛盾，不是她不理解你，而是你不会宽容她。"

在兰大 108 年校庆时候，二人来参加了兰大举办的集体婚礼，当看到他们一脸幸福恩爱的样子，我才更加明白学长为什么能够对学姐做出当时的牺牲，也明白了学长所说的爱情。真心祝愿学长学姐："百年好合，幸福美满！"

将爱情进行到底

文 | 刘毅　高芦瑶　何江山

　　爱一个人最重要的也许不是山盟海誓和甜言蜜语，生活中的平淡相处才更能体现他对你的用情，那才是爱的密码。爱情不是轰轰烈烈的誓言，而是平平淡淡的陪伴。

　　2017 年正值兰州大学 108 岁生日，母校为 108 对新人和夫妻共同举办了一场"爱在兰大"的百人集体婚礼活动，作为婚礼引导员和志愿者的我，两天时间里尽心尽力为何江山、高芦瑶夫妇服务。看到我的学长学姐，便很亲切地称呼起何师兄、高姐姐。何师兄表面较为严肃，实则幽默稳重，而高姐姐却性格很是开朗，于是便侃侃地谈了起来，姐姐回忆……

　　我们相识于 2010 年，那年我们 20 岁。他是学校足球队的成员，我是

校艺术团民族舞蹈队成员，相识于网络，一见钟情。

那时的榆中好安静，那时的我们好纯粹，那时的爱情好美丽。他在操场踢球，我在场边看他；我在舞台上演出，他在台下觉得全世界我最美；伴着傍晚的晚霞，我们牵手在校园里漫步，谈天谈地谈未来。

从大二到毕业到读研到工作，我们一起走过了7年，从情侣变成爱人变成亲人，一起经历的点点滴滴都化成如今甜蜜的回忆。本科毕业后，我参加研究生支教团在临夏广河支教一年，他一直在外努力地工作，从北京到广州再回到兰州，我们一起面对生活的艰难，坚持对爱的忠贞，为了在一起，我们都做到了。结束异地恋，等我硕士毕业，我们走过了七年之痒，走进了婚姻的殿堂。

支教一年，他每个月都来看我。那时的条件不好，住的地方用水不方便，尤其冬天洗衣服很费劲，他每个月来把我积攒的一个月的衣服都洗完，买的肯德基生怕凉了，用自己的身体捂着，从陇西坐两小时车到兰州，再从兰州倒车奔波两小时来广河看我。我们从不

奢求大富大贵，就这样简简单单平平淡淡的爱情多美好。

每年寒暑假返校，火车凌晨6点到兰州，他担心我太早一个人不安全，凌晨4点从陇

西坐黑车来兰州火车站接我，每年如此，从未间断。我想一个女人能拥有的最幸福的生活，一定离不开跟她厮守余生的那个男人的理解和宽容。现如今，我们刚步入婚姻的殿堂，每天下班迫不及待地就想飞奔回家，两个人一起做饭，一起分担家务，窝在沙发里看球赛，他依然把我当成小朋友，我依然认为他是大家长，就这样多幸福。

人生的每一段旅程都是一次修行，去过的每一个地方都教会你如何更好地生活与成长。关于兰州，这个我曾经以为一辈子都不会来到的城市，在这8年的时光里，告诉了我人生没有绝对。我一心想去海边寻找安逸，却以虔诚的心热爱着这片黄土；我从小最讨厌吃面条，但牛肉面却不经意间改变了我的味蕾，从毛细到大宽，每种都爱吃；我从不相信爱情对人的改变，但因为一个人爱上了这座城。

校园里的爱情那么珍贵，希望有情人终成眷属，从校服到婚纱，将爱情进行到底。

青梅不落 竹马依然

文 | 许人宁 庞 娟 倪进峰

"妾发初覆额，折门花前剧。郎骑竹马来，绕床弄青梅。"我们一直钦羡诗句中青梅竹马的爱情，从小时的玩伴，到青少年时的密友，到现在的相互陪伴，携手同心。兰州大学经济学院的倪进峰和庞娟就书写了这样一份美好的爱情。

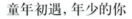

童年初遇，年少的你

"我在上了高中的时候才知道眼前的这个她，是外婆家隔壁的那个小朋友。"倪进峰这样说道。回忆起小时候，两个人都不约而同地笑了起来。"真的算很有缘分吧，当时我家就住在他外婆家的隔壁，他基本上每个礼拜天都会到他外婆家吃饭，不过当时也只是偶尔在一块玩耍，不是很熟悉的朋友。"庞娟回忆道。之后上学后的联系就更少了，只是记忆中有这个人而已。直到紧张的中考过后，两个人都考上了家乡的一中，并且被分到了同一个班。"那个时候通过聊天，才知道她就是住在我外婆家隔壁的那个她。"倪进峰说道，"不过高一的一年很快就过去了，我们面临文理科分班，我们两个就分到了不同的班级了。不过还是有机会一起坐校车，在校车上聊一聊彼此的近况，有什么烦恼，有什么开心的事情，时间也就很快过去了。"

高考之后，两个人考上了不同的学校，倪进峰来了很远的西北兰州大学上学，而庞娟则留在了家乡上学。"开学前的一个礼拜，他又到了他外婆家，找到了我，还把他的手机号码给了我。之后，虽然距离变得更远了，但是大学 4 年里，不管冬天多严寒冰冷，也不管夏天西北有多酷热的太阳，他一直都用这个电话号码给我打电话。"庞娟满怀幸福地说道。"当时信息科技还没像现在这么发达，不像现在微信，QQ 都可以随时视频聊天，不在她身边也不能照顾得很周全，我能做的就是多给她打几个电话，分享一下我喜欢的足球，还有在西北的见闻。那个时候，在闻欣堂前的足球场，在喧闹的视野小广场前，会经常看见一个男孩子在打电话，那就是我。"倪进峰有点羞涩地说道。

聚在兰大，相恋相守

终于在 2013 年，倪进峰和庞娟双双考入了兰州大学经济学院，结束了异地恋的状态，新学期伊始，他们也开始了真正的校园情侣生活。异地恋的经历使这对小情侣对待感情更加慎重：他们约定吵架不过夜，不论什么矛盾一定要在当天夜里 12 点之前解决。所以，在读研究生的日子里，虽然也有过争吵和分歧，但是两个人都遵守约定，很快和好如初。当问到他们觉得在这段感情中最重要的是什么时，倪进峰说："我觉得每一天都很重要。"如果要用一个词语来形容的话，庞娟说："大概是双方之间的相互体谅、相互包容吧，我们异地的时间很长，很需要两个人之间的包容和理解。""而且，我们两个人也都有自己的兴趣爱好，比如我喜欢足球，她喜欢画画，有的时候两个人分享一下兴趣爱好，时间也就这么过去了。"倪进峰补充道。

在后来的采访中，倪进峰和庞娟回忆道："现在回想起在兰大校园的日子，记忆最深刻的反而是每天平平淡淡的事，这些点点滴滴像潮水一样一波一波涌上心头。食堂已经不能满足我们的舌头和胃，于是我们知道哪里的火锅最好吃，哪家的涮羊肉最正宗；校门口繁忙的快递网点是我们经常光顾的，在一堆混乱的包裹里找出自己的快件不是一件容易的事；每天都会抱怨打水好累，最怕冬天和夏天水瓶"砰"的一声突然碎掉，现在宿舍楼每层都有热水，似乎再也不必如此担惊受怕了；我们也会经常溜达到足球场，在他酣畅淋漓地踢完一场比赛后递上饮料，听他说球场上

一些可爱的或者不友好的人。"

爱你如初，携手前行

"很幸运，相恋 10 年的我们在见证我们爱情的母校 108 岁华诞之时，携手走进婚姻的殿堂。"庞娟幸福地说道。当问到当时那么长时间的异地恋有没有动过放弃的念头时，两个人很坚定地说从来没有想过，遇见就是幸福、就是注定。"虽然现在我们又开始了新一次两地分居的日子，我还在读博士，而她已经在杭州工作了，但是我们的感情却历久弥坚。"倪进峰这样说道。当问到新婚后有没有什么规划时，倪进峰笑了笑："现在最希望的就是把博士读完，结束异地，赶到她身边。至于之后的规划，像旅行之类的，去哪里都无所谓，重要的是她在我身边，两个人在一起去感受生活的美好。"

倪进峰和庞娟说："回想起 10 年来的感情路程，感动交织，希望在未来的人生道路上，年近 30 的我们还能如当初一样，相互支持包容，越走越远。"

始于兰大 止于终老

文 | 杨帅　王娜

　　首先，无论如何要感谢母校，提供这次集体婚礼的机会。无论从婚礼的策划、筹备以及婚礼过程中的小礼品和师兄师姐们全程的支持和帮助，还有学弟学妹的志愿者们辛苦的付出，我们夫妻都要在此表示衷心的感谢！

　　同在资源环境学院、不同专业的我们，相识于2009年大一，但是说实话，开始相识的几年算是泛泛之交吧。大学几年就像所有的同学们一样，生活、学习，当时感觉不到这种平淡的校园生活其实孕育着毕业以后无法想象的精彩，彼此都未能预料到后来的相知相恋。直到大四那年，我们从榆中校区纷纷搬至兰州市区内的医学校区，由于当时我们都没有太多的事，一个偶然的机会，我们的联系开始密切频繁了起来，突然间找到了彼此心动的感觉，发现了彼此间的默契，感情也随之迎来了迅速的升温。其实，彼此的默契又何用凿凿言谈来培养、来证明呢！从那时起，学校本部对面的"歌莱美"，距离医学校区直走四五百米能到的华影飞天影城，医学校区附近的瑞德摩尔商业区就都留下了我们的影子——相依相偎，嬉笑吵闹，大学最后一年，我们尽情地享受着这青春岁月。

　　时间辗转来到了2013年，我们面临毕业，同时开始了艰难的异地恋。她开始了读研，而我回到老家参加工作。毕业之后才知道学校生活的瑰丽和在一起的难得，初入社会迎接工作的挑战，彼时对岗位的适应，对业务的学习，每天疲惫地奔波着。有些感情总会历久弥坚，这3年，异地的我们虽然有过争执，但更多的是理解。那是最难度过的日子，也是最宝贵难忘的日子。时至今日，我依旧感恩当时我们彼此的互相包容。如果说生命是一场修行，那么在妻子读研的 3 年中，我们开始了彼此逐渐接受现实打磨的过程。

2016 年妻子完成了研究生的学习，不同于前 3 年的极低到数月见面一次的见面频率，妻子选择来到了我的城市，也开始参加工作。虽然在结婚前经历了许多的不容易，但是 2017 年 4 月 1 日，我们选择了这样一个有趣的日子领取了结婚证，正式成为了合法夫妻，至此终于能够形影不离，相伴相守。显然，在工作地点的选择上，妻子明显做出了让步。

时至今日的我们依旧在平凡的岗位上过着简单的生活，生活虽然平淡，却静美如春。每天的周而复始，我们做着平凡的梦，享受平凡的人生。

在 2017 年，朋友们打趣说我们"一年结了 3 次婚"。的确，我们举办了婚礼（河北）、回门宴（甘肃），最幸运的是，参加了学校的集体婚礼，接受了来自家人的祝福，来自母校的祝福，来自同学们的祝福。这绝对是我们一生难忘的经历！

妻子喜欢旅游，原本不爱出门的我也逐渐喜欢上了出门看看外面的世界。我们一起去过许多城市，一起看过共同喜欢的演唱会，最远去到了欧洲：巴黎、米兰、威尼斯……这些美好的城市都成为我们爱情的纪念，不管走到哪里，只要两个人在一起，就不惧怕，就不孤单。以后，我们还相约要去更多的地方，一起牵手看更精彩的世界！

如今，我们还在共同的轨道上重复着每日的生活，柴米油盐，上班下班，但过去的每天又是跟昨日不一样的一天，我们或许开心或许争吵，但都始终珍惜彼此在一起的日子，并憧憬着一天比一天好的未来。

最后，想借用此次校园婚礼中出现过的台词总结一下，那就是——爱在兰大，爱始于兰大！

东风知我意 吹梦到兰州

文 | 张泉 王丹 侠光

　　一位是兰州大学物理学院材料学的男硕士侠光，一位是兰州大学医学院临床的女硕士王丹，他们是在什么样的机会之下相遇的呢，又是在什么样的情景之下牵手走到一起的呢？让我们走进他们的爱情故事吧！

"音"为缘分

　　侠光当时是 2014 年兰州大学研究生十大歌手的导师，而王丹的闺蜜报名了十大歌手比赛，并且成功入选侠光所带的小组，然而这只是他俩认识的一个铺垫而已。在 2014 年的冬天，那天正好是王丹的生日，正在陪她吃饭的闺蜜却接到了侠光的小组聚餐邀请，便带着王丹一起去参加了小组的聚餐，那天便是他俩第一次见面。在听到那天是王丹的生日之后，侠光高

兴地向她说："好巧哎，明天是我的生日！"就是这么巧合，就是这么一句话，瞬间拉近了两个人的距离。在第二天参加完侠光的生日聚会之后，两个人慢慢地熟悉起来，交流也慢慢地变得多了。随着一日日地交流，两个人的感情也慢慢地开始升温。

日子一天天地过去，这一天天地交流之中两个人开始走向对方，在相识 5 个月后，他们俩便正式确立了恋爱关系。但是坏消息也随之到来，那时距离侠光硕士毕业仅剩一月，而王丹才上研一，这一个月的时光眨眼就过去了，可是这对小情侣才在一起一个月。一个月之后，侠光便收拾起行囊奔赴山大继续攻读博士学位，而王丹继续留在兰大攻读硕士学位，可是他们约定好感情不会因此而冲淡，约定这以后的朝朝暮暮白头偕老，自此便过上了异地的生活。

我住黄河头，君住黄河尾

异地恋是一件很辛苦的事情，而异地最重要的便是信任，信任是两个人相恋的基础。在异地的两年时间里，他们俩笑着说从来没有因为不信任对方而争吵，更多的是一起规划两个人以后的日子，憧憬结婚之后的小日子。

"我住黄河头，君住黄河尾，日日思君不见君，共饮黄河水。我们每天为中国移动通信业务做着贡献，也经常为中国铁路和飞机交通业务做着贡献。"王丹看着侠光笑着说。

虽然两个人都看着对方在微笑，但是从他们的话语中听出了异地的辛苦。侠光在济南，而王丹在兰州，除了一些节假日可以通过火车飞机奔现之外，每天便只能隔着屏幕看着熟悉的那张脸，有时候一腔的委屈却只能说句我没事，异地最痛苦的便是如此。可是，他们并没有像大部分情侣一样被击败，他们坚信对方就是自己生命中最重要的那个人，怀着对未来生活的向往，两年的异地时光便在不知不觉中走到了尽头。

婚纱和西装

时光在不知不觉中走到了 2017 年，王丹也即将面临自己的研究生毕业的选择了，侠光和王丹的感情经过两年的异地生活慢慢变得醇厚，也慢慢变得成熟起来。在慎重地考虑和征求父母的意见之后，他们俩于 2017 年 5 月 5 日拿到了结婚证，这红红的小本本表示他们终于成为一家人，并且在 7 月 9 日举办了两个人的婚礼。

在被询问以后的计划之后，王丹幸福地挽着侠光的胳膊向人们解释，她在毕业之后已经在山东省中医药大学附属医院找到了工作，在侠光博士毕业之后两个人就会定居在济南，两个人就在山东开始自己的小日子。

在采访快结束的时候，侠光向在场的本科生志愿者说出了自己的感悟，并且祝福自己的学弟学妹们也尽早找到自己生命中的另一半，说不定下一次兰州大学的集体婚礼就有了我们的身影。我们记录下这段话就结束了此次采访，目送他们夫妻二人在阳光中向我们挥手道别，阳光打在他们身上，满满的都是幸福。

"在结婚以后，我们一起布置新家，一起逛超市，一起做饭，一起洗碗，一起去上班上学，一起回家休息，甚至一起在一个盆子里洗脚，生活中每一件事情我们都愿意共同参与，愿这是我们爱情最美的样子。另外，好的恋爱或者婚姻关系，一定是双赢的，那些所谓的为了爱你牺牲了多少的话，听着或许十分动人，而现实是，这些所谓的牺牲，是一切怨怼的开始。我们从来不谈为彼此有什么牺牲，爱情让我们变得更加美好，让我们愿意为了对方去努力，去奋斗。我爱你，我只会更加努力去站在和你同样的高度，绝不会让你屈就于我；同样地，你爱我，你也一定会让自己更加优秀。"

愿波澜不惊，偕子终老

文 | 王　斌　高艳艳　吴筱薇

天长地久，岁月静好，相依相伴，久久微笑，一抹温情从始至终，清澈着，简单着，是一种浪漫。山高水远，相敬如宾，互敬互爱，默默扶持，一份执念天荒地老，平淡着，纯粹着，是一种幸福。此生得你，相随左右，波澜不惊，偕子终老，既是浪漫，亦是幸福。

初见，波澜不惊；相识，平淡无奇

2008 年 9 月，她与他第一次见面，波澜不惊。他看她"温婉中带着一丝羞涩"，这是男主人公王斌对女主人公高艳艳的第一印象。

"我们俩是一个学院的（管理学院），认识的过程也没什么太特别的，一起上课的次数多了，也就慢慢认识了。所以，关于相识，平淡无奇。"王斌说道。

是呀，世间能有多少刻骨铭心的初见，能有多少惊心动魄的相识？波澜不惊的初见，平淡无奇的相识，却成就了一份真挚的爱情，成为一段美好的记忆。

表白，一本正经；答应，稀里糊涂

2011 年 2 月，他向她表白，她答应了他。"大三那年 2 月 21 日，他一本正经地向我表白，"高艳艳回忆道，"我当时呆若木鸡，脑子一片空白，正如张爱玲所说：'他终于微笑着向她微微一点头，但是他实在不知道说什么好，再也找不出一句话来，脑子里空得像洗过了一样，两人默默相对，只觉得那似水流年在那里滔滔地流着'，后来就稀里糊涂答应了。"

是呀，人生能有多少次一本正经，能有多少次稀里糊涂？一本正经，是因为爱情要求郑重承诺；稀里糊涂，是因为爱情无须精心计算。

相伴，相互微笑；偕老，互相扶持

王斌和高艳艳两人本科毕业以后，双双被保送母校继续攻读硕士研究生。高艳艳研究生毕业后，选择回山西做了一名高校老师。而王斌选择了继续在母校攻读博士。2015年7月，两人相隔2000多公里的异地恋开始了。

"异地恋，相伴的日子总是显得短暂，所以，要在有限的日子中相互微笑，给对方温暖。"王斌说道。

是呀，浪漫不一定要出其不意，不一定要红酒玫瑰，更不需感天动地。仅仅相伴的日子里，久久微笑，一抹温情从始至终，清澈着，简单着，就是一种真实的浪漫。

2017年5月，王斌和高艳艳从恋爱走入婚姻，他们决心以后无论发生什么都要携手走过。"两个人在一起久了，从恋爱到婚姻就是一个非常自然的过程，表面上看，生活基本没有

变化，但是实际上还是有的，结婚后，两个人的责任更重了，要更多地为对方负责，更多地为对方着想，两个人需要的不仅是相伴左右，更是相互扶持，给对方幸福。"对于恋爱与婚姻的区别，王斌这样说道。

是呀，山高水远，两个人相敬如宾，互敬互爱，相互默默扶持，平淡着，纯粹着，直到天荒地老，就是一种珍贵的幸福。

爱情是什么？爱情不一定要轰轰烈烈、跌宕起伏，也许就是波澜不惊、相敬如宾。久久微笑，是爱情该有的；默默扶持，是婚姻必需的。此生得你，相随左右，偕子终老，既是浪漫，亦是幸福。

她是我的灯塔

文｜罗雨奇

陈争光和赵莹莹是 2008 级草地农业科技学院农林经济管理班的同班同学，2012 年相恋，5 年的相知相守，期间一起努力考研，毕业季旅行，经历过异地的考验，终在 2017 年 5 月 16 日正式喜结连理，并在深圳定居，一起奋斗发展。

知足、珍惜与感恩

大概是在大二的时候，陈争光便对赵莹莹这个活泼开朗的女孩有了特别的关注，但是内心一直不敢表达，只能默默仰慕；直到大四的时候，才有更多机会接触到这个善良优秀的女孩。本来已有了同学和"朋友"关系的基础，当时就约定一起考研，他俩和各自室友同学在榆中校区一起租了

一套教师公寓，专心复习，也就是因为这段时间，让赵莹莹了解到那份独属于陈争光的温柔与体贴。"我记得他每天早上很早去图书馆占座，早上，中午给我把饭打好，有什么小事情经常主动帮我完成或陪我去做，每天都是这样。"赵莹莹回忆说，"那年冬天很冷嘛，在我们女孩子不太舒服的时候，他就帮我们手洗外衣，手都冻坏了，我就觉得真的是很感动。"陈争光说："别人做到的我可以，别人做不到的我也要去试。"就是怀着这样坚定执着的信念，经过几个月的相处，赵莹莹便被这份细致入微的照顾所打动，两人便开始了相恋。虽然没能考上研，但是陈争光很懂得知足与珍惜。"没想到在大四还能和自己喜欢的女孩谈一场恋爱，对于从没有谈过恋爱的我来说圆满了，知足了。"陈争光也非常珍惜和赵莹莹在一起的大学时光，两人一起毕业旅行去山东大学的春季招聘会寻找机会，边玩边寻觅合适的工作，后来又一起去西安旅行了半个月，最后回到兰州。"从快要毕业开始，我就决定送一份特殊的礼物：折一千只千纸鹤给她。爱情来得太快，就像一场龙卷风，对我来说一切都感觉不太真实，所以我非常知足与珍惜。每天都会叠几只，在毕业之后的第一年里也每天都在坚持，最后叠了一千只千纸鹤寄给了她。"陈争光说："折这个千纸鹤是我当时一直在坚持的，至少有这样一件事情是在提醒着我，有一个人一直让我魂牵梦绕地牵挂着。"

理解、包容与信任

毕业之后，陈争光在武汉工作，而赵莹莹则去深圳发展，二人面临着很多大学情侣都存在的问题——异地恋。陈争光说："异地的时光真的很辛苦，当时我也去看过她，时空的问题让理想的爱情变得很现实。工作后的我们都没有太多时间交心，但感情是需要经营的。"赵莹莹说："快节奏的工作压力，以及当时地域的限制，我觉得也很难再继续走下去，一度想要放弃。"在这样的情况下，陈争光很果断地把自己在武汉的工作辞掉，来到了深圳，彼此相互鼓励，共同进步，更重要的是让两个人的心更紧密地贴在一起！异地有多么的艰难，我们都知道，需要彼此的时候却不在身边，不能照顾保护她，不能安慰支持他，即使现在的沟通交流方式十分发达，可以微信、电话、视频等等，但想要一个简单的安慰的拥抱，却无法满足，这种苦楚不是一般人能忍受的，不少的情侣都是坚守不下去才彼此分开。很幸运，他们没有，他们选择了一种方案：男孩选择挺身而出去面对这个难题，放弃武汉的发展去女孩的城市陪她一起拼搏奋斗，两个人打拼了 4 年终于幸福地在一起了，并且定居深圳。陈争光说："现在想想，最苦的时候就是异地的那段时光。不过还好，我们过来了，我从没质疑过我们的感情。我坚信，我们一定会在一起。我也理解她的现实难处和压力，我来到了赵莹莹的身边。她就是我的灯塔，是我在黑暗迷茫中坚持走下去的希望与动力。"

陪伴是最长情的告白

当问到陈争光，赵莹莹有没有为你做过什么浪漫的事情，赵莹莹笑着直接回答说："嫁给他就是最浪漫的事情啊！"陈争光认真地说道："具体的都是体现在生活的细节之中，没有必要去说哪一件事情有多么地惊天动地。她离开新疆老家，大老远跑深圳嫁给我，跟我领证，就是最浪漫的事。"其实，不要说婚姻是要爱到多么地轰轰烈烈，往往平凡自然的生活才是每对夫妻的常态，这些爱都是体现在生活的点滴之中的，不浓不厚，却孜孜不断、源远流长。

"我还是有点亏欠她的，正式的求婚还是欠她一个，因为我们都太忙了，连领证都是在她出差前一天急急忙忙去领的。"陈争光说道。笔者认为，其实很多事情不用太在意形式，只要两人是真心相爱的就可以了，陪伴才是最长情的告白。就在婚礼的前几天晚上，赶飞机回来，到达宾馆已经两点多钟了，房间里面有蚊子，即使陈争光已经 36 个小时没有睡觉了，他还是整夜没睡在忙着打蚊子，只为了自己的爱人能睡得安稳。陈争光还有写日记的习惯，那一本日记，上面都是生活的小事小细节，记录下了满满的回忆，最能体现双方的爱意。我想遇到这样一个温柔体贴、善解人意的男生，所有的女生都是会被融化、被打动的吧，愿意将自己交给他，做一个他怀中的小女人。

"在天愿作比翼鸟，在地愿为连理枝"。两人在诉说自己故事的时候，脸上满满的都是发自肺腑的笑容，一起经历了苦楚，才越发觉得幸福的甘甜。希望这样一对儿幸福的有情人能长长久久地走下去，不忘初心，方得始终；衷心地祝福他们，就这样永远幸福地下去吧。

情定兰大 携手一生

文 | 任桂平 李笑含

2010，生命轨迹的交点

故乡，是我从小生活的齐鲁大地

高考，带我走进千里之外的甘肃

一切，仿佛冥冥中自有安排

我们，悄悄来到了同一校园

命运，已悄然出现交点

你我，此时却并不相识

奇迹，神棍节的邂逅

英语，是属于新生的任选课

梦幻，不同院系但同一老师

遗憾，你我课时分别在上下午

换课，你偶然出现在我的教室

奇迹，一见钟情竟是如此滋味
铭记，这天是 11.11.11 神棍节

相知、相恋、相爱
天山堂，传递知识的接力棒
相知天山堂，大考小考共同面对
昆仑堂，储藏知识的藏宝阁
相恋昆仑堂，文理经法共同学习
闻欣堂，演绎饕餮盛宴嘉年华
相爱闻欣堂，欢声笑语共同珍藏

2014，我们毕业了
时光，白驹过隙般匆匆流逝
榆中，已然成为曾经的校区
毕业，仓促之间进入倒计时
本部读研，是你接下来的旅程
北京攻博，却是我的下一站点
兰州大学，成为心中永远的烙印

2017，可爱小红本
三年异地，距离远而心更近了
订婚，三月美雪喜结良缘
钻戒，漂洋过海镌刻海誓山盟
求婚，精心策划好友相助
红本，5.19 执子之手白头偕老
毛求，浪漫海岛蜜月之行

相识兰大，携手一生

母校，教我们自强不息独树一帜

母校，牵线你我有缘千里来相会

母校，为你的 108 年生日而骄傲

婚礼，母校厚礼，爱的见证

感恩，兰大点滴，幸福甜蜜

幸运，未来有你，携手一生

爱, 自有天意

文 | 商莹莹　郑　涵

　　我十分荣幸作为一个志愿者参加兰州大学组织的"爱在兰大"的主题婚礼。在这两天的时间里, 和新郎新娘们一起准备并一起参加婚礼。我听到了他们之间的爱情故事, 感受到了爱情的美好, 我觉得再没有比那时候更让我想谈一场恋爱了。我负责的那对校友夫妇他们之间的爱情, 他们的结合尤其让我感触很深, 让我相信了爱情的美妙, 也让我感受到了爱情的伟大。6 年的时间, 6 年的相守, 6 年的等待, 他们竟然坚持下来了, 那一

刻我有着无法言语的震惊, 因为在我的印象中好像这些事情只有在电视上才会出现, 而它却真真切切地发生在我的身边。生活中有太多的情侣他们即使没有分隔两地, 却也坚持不了 6 年这样长的时光。也有分隔两地, 却

连两三年都坚持不了。他们分隔两地而且是6年的时间，但他们成功了。6年的坚持，6年的相恋，让我相信了原来爱情真的存在，原来爱情也可以坚不可摧，原来相爱即是如此。

开学季，见证了一个又一个学子进入校园，成为一个真正意义上的大学生。而那一年的开学季，对于赵磊、郑涵二人来说，又增添了不一样的意义。那年的开学季，是他们的爱情开始的时间，女方是医学生，刚上大四，男方信息学院研究生毕业，再过十几天就要去法国读博深造。这两个看似毫不相关的人，有可能他们在人群中相对走过，都会毫无印象，又也许他们在人群中连相对走过这样的事情都没有发生过。要么说爱自有天意，他们就这样联系在了一起。那年女方参加了移动公司校园促销活动的兼职，男方的师弟是校园总负责人，可是刚巧师弟家里有事，就将这个任务交给了男方，就这样男方与女方相识了。活动中屈指可数的几次交往，他们却相见如故，女方被这位大师兄展现出来的成熟睿智深深折服，而男方也被眼前活泼开朗、单纯善良的小学妹打动，爱情的火花在两人眼里迸发，他们在心里默默认定了彼此，但谁也不敢挑明，他们都明白即将到来的分别意味着什么。

十几天过后，他们不得不面对即将分离的现实。终于到了火车站，在火车启动的前一刻，他们握住了彼此的双手，以此来宣告彼此在对方心中的地位。命运总会给恋爱中的人考验，以此证明这场恋爱的坚贞。从此，他们开始了6年的异地恋生活。对于这对刚刚开始恋爱的年轻人，时间距离的跨度让他们饱受相思之苦，开始的时候经常孤独、失落，但是慢慢地他们习惯了每日通过QQ信息、视频聊天分享自己生活的点滴，幸福又甜蜜。他们明白了爱不是一定要在对方身边，只要彼此心中有对方，时时想着对方，那也是幸福。女孩笑着说："那三年，手机就是我们的爱情大使，因为他是大师兄，我学习上生活上遇到什么困惑都会去找他请教，他不只是男友，也算我的生活导师了吧，我们几乎没有过争吵，好像一直在热恋期。"说着，她的眼神变得模糊、遥远，脸上洋溢着温暖的光，她的思绪一定又回到6年前那个青涩美好的时候了……很快，3年的时间转瞬即逝，男方博士毕业从法国回到了中国——那个他爱的女孩所在的土地。

可是考验并没有结束，因为男方学的是通信专业，成都是他理想的工作地，就这样，在回国短暂的重逢后，他们又一次离别了。这次又是一个3年，男方在成都工作，女方在兰州读研，但至少他们离得更近了，他们见面也容易些了。前一个3年他们熬过来了，这一个3年对他们来说根本不算什么。他们仍旧像以前一样诉说着彼此的心事，分享着每天的点点滴滴，通过这些，他们对彼此的感情更深了，他们对对方的了解也更多了。因此与其说6年的时间把对方分隔两地，倒不如说这6年的时间，使对方更加认清了彼此，了解了彼此，我觉得这对以后两人的相处来说将会成为宝贵的资源。

终于在6年后的一天，他们迎来了属于自己的时刻。就在2017年的5月，他们如愿成了对方的另一半，领了结婚证。他们打算今年国庆举办中式主题婚礼，而母校举办的这场"爱在兰大"主题婚礼中应该是他们参加的第一场正式典礼吧，在这里我先祝福他们了。在采访中，我还问到了他们结婚后的打算。赵磊说："我已经工作了，希望她毕业后在一个城

市距离不远的医院找份工作，继续她喜欢的儿科医生工作，两个人能相守在一起是最重要的事。"我觉得我能畅想到他们以后的生活将会充满幸福。

在生活中遇到一个彼此都心动的人很难，为对方等待6年的时间仍旧一如当初更难。赵磊与郑涵的爱情故事证明了真爱不惧磨难与考验，不惧分离，只在乎彼此，眼中只有彼此。爱在兰大，相遇在兰大，我们在兰大。

点滴之间的幸福

文 | 王勇聪　周云龙　张　玉

　　每一次倾心，最初总是不经意的邂逅。电光石火，摩擦心痛。眼神交汇，深深浅浅，刹那心动，成永劫。蒲公英恋上树的落寞，树恋上浮云的自在，也许初相遇，已是场注定了的安排。

　　他和她，一个来自安徽，一个来自河南，两个生灵原本不会相遇，更不会相识，却在兰大遇见，直至相恋、相爱，一段美丽的爱情就此展开！

　　他是一个开朗的男生，有着其他男生一样的爱好——打游戏，但是也会经常约人出去打球，偶尔也会参加一下活动，当然，更多的时间属于学习。她是一个文静的女孩，平时酷爱学习，属于天天泡在图书馆的学霸，心思全都放在了学习上，一切都为了梦想。

　　那年，他研一，她大四，她和她的学霸室友都在研究生导师处学习并准备毕业论文，由于她的这位室友是他的实验室师妹，有一天，她跟着她室友去他们实验室聚餐，继而两人相识。他对她充满着好感，平时经常见面、聊天，一直保持着联系。终于，在2013年9月4日，也就是她研究生入学当天，他向她告白，两人也终于走在一起。恋爱第一年，他们点滴之间的爱让他们过得很甜美，很甜蜜，或许爱情不必多么轰轰烈烈，可能只是两个牛肉面加一碟小菜，抑或是爬山路上的大手牵小手。爱玩的他和她，在学习之余爬山、打球、周游世界，不但对兰州周边的山水有着无限的痴迷，还相约前往宁夏和青海等地旅游，是一对让人羡慕的情侣！

　　恋爱第二年，她被派到西安交大联合培养，他仍在兰州，这一年他研三，两人开始了异地恋。异地恋的开始非常艰难，送她上火车后他连忙转身拭去眼角的泪花。为了维持感情，两人在恋爱的道路上努力、奋斗，电话、视频成了家常便饭。由于实验室任务繁重复杂，

于是他只能利用周末的时候去西安或者她回兰州，两人相处的时间虽然很短，但是其中却洋溢着满满的幸福，两人为此非常满足。由于学生时代没有收入来源，两人手中的钱非常紧张，不能经常见面，只能进行着大概一个月一次的旅程，两人在一起的时光就变得格外珍贵，所有在一起的点滴都变得非常珍惜！从下火车到再次上火车，全程相伴。

　　两人经历了短暂而又繁忙的一年（无论是学业，还是经常两地之间的奔波），他终于在恋爱第三年毕业了，毅然决然地选择了在她所在的城市——西安发展，成功进入西安华为研究所，成为一名程序员。从此，两人终于不用为异地恋而苦恼，不用承担着那样的煎熬。由于程序员的工作繁忙，熬夜加班都是家常便饭，因此每周她都会从学校回到他们爱的小窝，给他打扫，为他做饭，无比贴心，这给了他莫大的鼓励，让他可以在工作上投入更大的热情，生活因此变得更加美好。

　　最近一年，她终于毕业了，而且成功加入了他们的公司。他们共同上班、下班，一起吃饭，相互帮助，相互扶持，过着令人羡慕的生活。在这一年，他们拍婚纱照，领结婚证，同时买房、装修，经营着他们的爱情，过着幸福的日子。

　　每个人的爱情都像是一只蝶蛹，在暮春睡去，初夏醒来时，渐渐生出美丽的双翼。在寻找爱情的路上化蝶为蛹，痛却美丽着……

　　人生由一点一滴构成，每个人幸福与否都在点滴之中，一对情侣，一个教室，成为他们海誓山盟的起点；两座学校，见证了他们海枯石烂的爱情；一趟列车，载着他们满满的思念；一家公司，充斥着他们浓浓的爱意！有人说，异地的爱情会很艰难；但也有人说，经过异地的爱情才更持久。两人在点滴之中想着对方，两人在点滴之中向别人诠释着什么叫爱情超越了距离。一辈子，两个人，点滴之间的爱会让他们更加珍惜彼此，携手度过此生。

一场缘分的相遇

文|杜 月

　　"我们俩就是在兰大后市场认识的，那时他创业在后市场开了一家奶茶店，我在一个师兄开的服装店做导购，两家店挨得近，然后我们就认识了，两个月后就在一起了，直到现在。"许华杰就这样用几句简短的话语告诉了我与罗辉龙相遇的故事。当你看到平淡的文字时或许并没有多大触动，但如果你看着当时的她，你大概会感慨：或许这就是爱情的样子，回忆和他在一起的时光时，总是眼角带笑，沉浸在美好的回忆里，回过神，身旁便是牵着你的手的他。

　　缘分真是一个奇妙的东西，他们，一个在医学院，一个在管理学院，我本以为会是因为社团等活动相识，却没想到只是因为彼此都有着相似的生活方式而相遇。爱情或许是因为两个人的磁场相吸才产生的吧，就在这

个时间，蓝天白云，阳光明媚，他们，一个阳光帅气，一个文静美丽，一切都是那么自然又美好。

2009 年到 2011 年的兰州大学，见证了他们真实又美好的爱情。大一的下学期，相知相恋后他们便面临着异地，医学校区到榆中校区，也就几十公里的距离，对这对刚刚相恋的恋人来说，生活却从此成了每天电话里的似乎永远也聊不完的话题和连接着他们的校车。之后大四的他终于去了兰州，而她却又转去了兰大二院实习。他毕业了，去了澳门读研，她还在兰州。他们之间的距离从几十公里缩短到几公里，然后却突然拉大到西北到东南的2400 多公里。他们通过电话倾诉着对彼此的思念，彼此分享着自己生活中的点点滴滴，似

乎这样就能填满对方缺失的空白，他们每天视频、聊天，或许这样就能感觉到两个人像是朝夕相处一样，以年计数的恋情，他们就这样相恋了 4 年。

有人说："如果你想和一个人结婚，那就一起去旅行吧！" 2013 年，她毕业了，他们一起毕业旅行，就这样牵着彼此的手，走遍了祖国的名川大山，让大好河山见证了他们的爱情。气场契合的两个人旅行中更是加深了对彼此的感情，4 年的异地艰辛，也在这场旅行中消散了，两个人都格外珍惜在一起的每一天。这场旅行过后，他继续在澳门求学，她开始工作。两个人的爱情开始多了她工作上的琐碎和烦恼，矛盾也随之多了起来，但是真正相爱的两人不管怎样，最终还是能牵着手度过这些难熬的日子，他们彼此在这段爱情

中成长，学会了理解对方，学会了珍惜和爱，最终步入婚姻的殿堂，一起在喜欢的城市工作、生活。

爱情脱离了生活就像小时候"过家家"，但当生活挤进了爱情当中时，爱情开始聚齐酸甜苦辣，并不是每个人都愿意和你一起品尝，但当你们一起携手走过生活的苦辣后便是无尽的甜蜜，因为相爱的人眼中什么都是酸酸甜甜的美味。他们一起在兰大求学，最后一起在喜欢的城市里，从事着喜欢的工作，过着快乐而忙碌的生活。8 年的爱情长跑，期间也有矛盾和争吵，最终还是那神奇的爱情让他们继续牵着手，继续让生活加上他们美好的爱情而变得温暖。兰大，他们共同的母校，他们相遇的地方，为他们办了一场隆重的婚礼，在她 108 岁生日这天，和他们的老师、同学、学弟学妹一起见证他们的爱情，祝福他们执子之手，与子偕老。

本想问一些他们生活中有趣却又感动的小事，但通过短短两天和他们的相处，我便觉得他们两人的生活肯定是时时充满乐趣的，一个帅气幽默，一个美丽体贴，走在他们旁边似乎都能感觉到幸福。看他们看对方时的眼神，听他们彼此生活上的对话，观察他们之间的互动，便觉得他们已经不经意为我展现了他们的爱情，无须多问。他时时刻刻牵着她的手时，她为他讲解婚礼上需要做的事情时，他体贴她穿高跟鞋太累时，她为他整理衣衫时，她趴在他背上写字时，她站在他旁边便笑靥如花时……时时刻刻我都能感受到他们的爱情。

"爱在兰大"让我与他们相识，也让我看到他们从青涩爱恋到执手相伴的爱情。两个有趣美好的人走到一起有了美好的爱情，最后把爱情带进生活，死生契阔，与子成说，执子之手，与子偕老。

携手未来 共促成长

文 | 张超慧

　　"哎呀，我们现在都没有爱情了，爱情都被生活磨灭了。"女生一边笑嘻嘻地说，一边自然地牵住了男生的手。男生一脸宠溺地看着女生："你来说呗，就说从你内心不能接受我，一直到慢慢地接受我。"男生脸上有淡淡的笑意。就是这样声称爱情已经平淡了的两个人，一路十指相扣，眼里满满的都是默契与幸福。

　　2009 年，康蕾和宋付祥进入兰州大学医学院的口腔专业学习，也许他们自己也没想到，命运是如此奇妙，这一次的相遇会让他们在以后的日子里相知相伴，成为未来相守一生的恩爱夫妻。

一年书信得真心

　　宋付祥当时去山东大学当交流生，交流期有一年，走之前他给康蕾发了一封邮件，表达了自己的爱慕。后来的一年中，他坚持每周手写一封信，从山东寄过来。"每周我们班收信的同学就只帮我一个人收信。""当时手机已经很普遍，都已经不写信了，他还是选择手写。"这应该是康蕾在关于这段感情最初的记忆中让她印象最为深刻也最感动的事情。就这样，宋付祥逐渐走进了康蕾的内心，走进了康蕾的世界。从前车马很慢，书信很远，一生只够爱一个人。这句话大抵是对这个故事的开端最美好的描述。

　　"我们是大三在一起的，开始的时候也是那种一周 7 天只能好 1 天，剩下的 6 天都在吵架的相处模式。到大四下学期突然就好了，再也没有吵过架，开始好好地一起过。""也不知道中了什么的毒。"康蕾脸上笑意满满，这6年一路走来，曾经的吵吵闹闹也已变成如今甜蜜的回忆。后来的日子里，两人一起旅游，一起欣赏祖国的风景，一起领略生活的美好。爱情就是这样一种神奇的存在，没有原因，不问未来，只是因为爱。

好的感情促进了双方的成长

"他对我影响真的挺大的，我自己原本学习比较松散，经历了高三，进入大学后感觉生活都轻松了。遇到他之后，真的使我改变了好多。他是一个特别努力的人，非常有上进心，不管是学习还是工作，每件事都要很认真地完成。在他的影响下，我也开始喜欢上自己的专业，认真对待自己的学习和生活。"

"我之前比较内向，并不是很开朗，遇到了他之后，整个人都慢慢变得乐观了起来，对待生活的态度积极了很多。"每次提及自己的爱人，康蕾眼里满满的都是温柔，她所能想到的都是他的优点他

的好。"我崇拜你像个英雄，你疼我像个孩子"，这大概是爱情最美好的样子。

心中有他，所有困难都是可以克服的，康蕾说："我是一个有点敏感的人，女生嘛，有时候会有点作，我就跟他吵架。他其实挺好的，会很包容我，他不会说我，每次都哄我。然后我就会反省，觉得自己这么做不应该，跟他道歉，就好了。"

"大学毕业以后，他选择读研，我去外地找了工作，我们之间有4个小时火车的距离，我们经历了半年的异地恋。每次说起这个我都特别想哭，因为他那时太忙了，他既要读研、做实验，还在榆中当大一的班主任。他每两周来看我一次，经常是坐下午6点的火车，有时遇上晚点，到站就到晚上12点了，第二天还得回去。我有时周末请人帮忙替我顶班，然后我就去看看他，每次回去我都特别舍不得，在火车上都快哭了。"忆及此，康蕾眼圈泛红，

流露出的是对爱人的心疼，是对这段感情终于坚持下来并修成正果的幸福与感慨。

　　"喜欢她是因为她善良吧，她心地特别好。"在宋付祥看来，所有的一切都是因为"心中有爱"。在这里他还特意强调："这个不是'老油条'，这个是真的。因为心里一直有她，所有困难都是可以解决的，可以克服的。""我们从一开始就特别认真，并没有很随便，一直很认真地对待这份感情，从开始就想到以后，想到结婚。我们也经历了好多，性格磨合、异地、父母问题等，因为爱她，所有的问题都不是问题。"

　　爱情的力量坚不可摧。

　　每次的交谈中，康蕾的言语中流露出的，有对爱人的敬佩与崇拜，有对他的心疼，有提及日常生活时的小幸福和浅浅的害羞。而宋付祥的谈论中，幽默之下透出的，则是对康蕾的疼惜和满满的爱意。

　　两人的爱情之旅已经快7年了，并没有出现常说的"七年之痒"的状况，相反，康蕾和宋付祥的感情越来越好，两人在一起时总是十指相扣或是挽着胳膊，感情甜蜜丝毫不输热恋中的情侣。

　　"你不知道，刚才我一直害怕前面那个男的把你拐走了。"采访中他们只分开了很短的时间，见面时这是宋付祥对康蕾说的第一句话。

每个梦想里都有你

文 | 姚卫莲 车远倩 王 宇

相识兰大

山东，车远倩和王宇的老家距离不过半小时的车程；兰州，兰州大学成为两人梦想的承载地和爱情的萌芽地！

山东到兰州，从本科生到兰大的研究生，车远倩与王宇注定在兰大相识！作为师兄的王宇在第一次见到车远倩后便注定此生有她相伴。"车远倩，能告诉我你的电话号码吗？"于是一串号码成为这场爱情的开端。王宇的爱的点滴行动终于在半年后打动了车远倩的心，这场单相思的暗恋故事也就成了一场相濡以沫的爱情！

第一次约会的时候，两人相约晚上去了城关区的正宁路夜市，简简单单地买了两杯牛奶鸡蛋醪糟，相伴着坐在中山桥边上，初次约会的紧张心情，让两人短暂地忘却了凛冽的寒风。在中山桥上，两人听着黄河水流的声音，听着彼此心跳的声音，感受着彼此紧张的呼吸声，轻声轻语地交谈着。在交谈的过程中，时间嘀嘀嗒嗒地过去了，手里的牛奶鸡蛋醪糟也早已凉了，回到寝室后发现手早就冻得僵硬了，但心里却暖暖的！

相守兰大

他们确定关系时，车远倩刚刚上研一，王宇已经上研二了。第一次去爬白塔山的时候，那天天气很好，阳光明媚，呼吸着山上新鲜的空气，心情很是舒畅。即使白塔山的山不是很高，但王宇总是不停地问车远倩累不累，这时王宇会主动牵起车远倩的手，拉着她慢慢往上爬。这牵手的一刻，也是车远倩幸福的一刻，更是她坚信爱情的一刻！在相恋一年后，王宇陪车远倩迎来了她的第一个生日。那天王宇坐在车远倩的旁边，亲手在生日蛋糕上插上了蜡烛并点上，深情地唱完生日快乐歌后，温柔地对车远倩说："许愿吧！"许完愿吹完蜡烛后，眼泪一直在车远倩眼眶里打转。默默陪伴自己一年的男生就这样以点滴的小行动感动着她，车远倩仍然记得那晚许的愿望除了家人健健康康外，还有一个最大的心愿就是希望和他能够幸幸福福地过完后半生。许愿的那一刻，让车远倩坚信王宇是一生正确的选择，那晚最大的感受就是这辈子有他真好、真幸福！

转眼之间就到了 2016 年的 5 月份，王宇面临着毕业了，在毕业答辩前夕，车远倩为他挑选了一套西装，看着毕业答辩时他自信的模样，一股自豪与高兴的心情涌上心头，这一瞬间也定格成了车远倩心中王宇最帅的瞬间。两个相爱的人应该成为彼此的动力，成为彼此的榜样，王宇亦是如此这样。在表现完美的答辩之后，王宇准备的惊喜让车远倩铭记终生，一套简单的硕士服，一份校园爱情的最美时刻。那年车远倩还没毕业，但王宇却专门为她准备了一套学士服，让车远倩和他一起记住这一重要的时刻，记住这校园爱情最美的时刻。拍照的瞬间定格在兰州大学校训前，他们很自豪能够在兰州大学学习生活，亦很庆幸能在兰大相识相知相守。

和大部分的爱情故事不一样的是，在两人异地恋之后，三个月的光景，王宇就打算回到兰州，回到车远倩的身边，于是立马辞职回到兰州找了兼职。短暂的分别后，他们两个又在兰大相守了一年，最后在车远倩毕业找工作时，两人最终找到了一个单位里。相恋了3年，这也算是为他们的研究生学业生涯画上了一个圆满的句号。在这3年里，有过甜蜜，也有过争吵。但是很庆幸的是，最终走在了一起。两个人在一起，有太多的坎要一起走过，正是因为两个人互相包容，才携手走出兰大校园。

相伴一生

2017年6月26日，爱情走到了婚姻的路上。这场爱情长跑也终于画上了圆满的句号，爱情在这一瞬间成了他们生活的必需品，就像空气一样，虽然看不见、摸不着，但却可以真真实实地感受到它的存在。他们这场校园爱情走向了最美的结局。这场轰轰烈烈的爱情也走向茶米油盐酱醋茶的生活，但他们坚信平淡才是真正的爱情，平淡的生活才是爱情的本质。那天他们宣誓，彼此承诺不离不弃，他们的眼睛都湿润了，心里都默默许诺要经营好这个小家，要幸幸福福地过完这一生。相信他那宽厚的肩膀能为她撑起幸福的一片天，而她也愿意做他最坚强的后盾，永远支持他，就这样执子之手，与子偕老。

异地相恋　终成伉俪

文 | 杨晓东

缘起兰大，一往而深

　　2012 年，或许是缘分使然，正在读大二的黄海在图书馆中遇到了当时正在榆中为考研而准备的王琼。谈及当时的情景，黄海说道："当看到她的第一眼的时候，我就被她的气质深深吸引，情不自禁地喜欢上了她。"没有像电视剧中那样发生什么特别的事情，在这一见钟情中两颗心相遇了。

　　而后黄海开始了他对王琼的热烈追求，在王琼的桌上每天都能多出来一些东西，饼干、巧克力、糖果……一直到最后的情书。虽然没有见过面，但王琼对这个默默追求她的学弟产生了好感。最终，在寒假结束后的第二个学期，两个互有好感的年轻人见了一面。两人在榆中的校园中漫步交谈，

两颗炽热的心在慢慢地靠拢，初春的榆中还有些寒意，但两个人的心却是暖洋洋的，也就是在那一刻，他们走上了爱情的康庄大道。

异地相恋，为爱坚守

美好的时光总是短暂的，半年过去了，王琼就要离开了，前往千里之外的广州。正处在热恋中的两人不得不面对别离，不得不分居两地。黯然销魂者，唯别离而已。无论分离时是如何的不舍，两个人最终还是开始了长达两年的异地恋，但幸运的是，他们最终坚持了下来，走进了婚姻的殿堂。

谈及那两年是如何坚持下来时，王琼说："应该是那种平淡和不奢求的态度，当时是抱着谈下去不行就算了的想法，对未来没有太多的畅想。"也正是这样的看法，两个人在分居两地的两年中，没有吵过一次架，最多也只是持续不了多长时间的冷战，而这些冷战也会在不久后成为过眼烟云，对两人的感情没有造成丝毫的影响。

距离或许会产生美，也会产生隔阂与疏离，但这对恋人并没有被距离影响。不同于很多年前的交通不便与信息的不通畅，先进的科技与通信手段将两个人紧紧地联系在一起，相距千里的两颗心在这两年之中更加接近，彼此相拥。在这段时间中，黄海也开始了他人生中的第一次长达几十个小时的火车旅途，从戈壁纵横的西北兰州，去往千里之外的广州，与王琼相聚。漫长的分离后，迎来了期待已久的重逢，不用提两人相逢时的喜悦，同样在爱情的路上他们走得更远了。当然不仅有黄海的千里相会，在他们爱的旅途中，王琼也会在节假日里来到黄海的家乡西安，共度甜蜜的二人世界。

在他们看来，这两年的时光是平淡的，是普通的；但在外人看来，对于一对处于热恋却又不得不分离的情侣来说，这两年的相守生活是那般的令人羡慕。

因爱相聚，为爱舍弃

两年的异地分离生活终于过去了，刚刚毕业的黄海放弃了回到家乡发展的机会，毫不犹豫地踏上了前往广州的旅途，前去与王琼相会，分离许久的两人终于相聚。

在广州的生活是美好的，因为爱的那个人就在自己的身边，但生活也是充满波折与不确定的。因为各种各样的原因，作为北方汉子的黄海不是很能适应广州的环境，在生活和工作上都遇到不少的麻烦。但为了和心爱的人在一起，黄海忍受了这一切，默默地坚持了下来。

就这样过去了一年，对这一切都看在眼里的王琼，心中既感动又心痛，感动于黄海对自己的爱与付出，心痛于黄海对自己身体的不顾惜。终于，她在心中下了一个决定，她劝黄海离开广州，回到他的家乡西安发展。同时，也为了和爱人在一起，她向公司申请调到西安工作，放弃了在广州已经经营了 3 年的一切。2016 年 2 月 16 日，王琼来到黄海的家乡，结束了独自一人漂泊在外的生活。

相守相望，直到永远

相聚于西安的黄海和王琼开始了他们新的生活，在王琼的支持下，黄海开始创业，在有了自己的事业后，相爱的两个人终于在一起，再也不用分离。在 2017 年的 6 月 27 日两人结束了 4 年的爱情长跑，走进了婚姻的殿堂，成了夫妻。

谈及未来，他们有着许多美好的畅想以及诸多的期待，但他们更多的是希望未来的生活能够美好而平淡。当被问及最近的计划时，王琼表示在举办完婚礼后，她希望和黄海一起出去转转，去领略一番祖国山河的壮美与秀丽，好好地度过他们的二人世界。

在母校的婚礼结束后，他们匆匆离去，开始了他们的旅途。正如他们所说，他们的爱情是平淡的，但也如这句话所说的："平淡是真。"

恰好就是他

文 | 侯宇航　栾风焕　徐　彬

缘分的开始，狼人请互相确认身份

徐彬，兰州大学土木工程与力学学院 2011 级理论与应用力学专业，现兰州大学工程力学研究生；栾风焕，兰州大学原教育学院 2011 级教育学专业，现上海交通大学心理学研究生。2017 年夏天，两人领了结婚证，计划在明年研究生毕业后举办婚礼。

相识，有时就只是简简单单地做一个游戏。栾风焕说："其实我们是在大一下学期一次偶然的聚会上认识的。那一次，我的朋友看我周末比较闲，就劝我参加他们社团举办的聚会，恰好，徐彬他的一个朋友是这个社团的负责人，也邀请他参加这个聚会。聚会上一起玩狼人杀，'天黑请闭眼，狼人请睁眼'。就这么一闭一睁，目光所至，恰好就是他，互相介绍后，就这样相识。"这次聚会后，得益于校运会的训练，每天晚上他们都坐在操场上给训练的同学看包，在看包的时候，两人不断地接触对方，这样，仅仅一个月，两人就确定了恋爱关系。

他让我改变了很多

提到改变，栾风焕颇有感悟："在认识他之前吧，可以说，我每天的生活就是吃睡玩，就在宿舍里窝着，可以说真是大一还不知道图书馆的门在哪里。可是他天天去图书馆学习，就带着我一起去图书馆，他在那里自习，我就去找一些文学著作去读，渐渐地也影响我的学习观和学习方式，室友都觉得我有了很大的变化，从吃睡玩变成了吃睡学。还有就是考研的事，这个关键的节点，而这个事情又直接与大二的创新创业有关，当时他在大二申报了创新创业的国创，他也鼓励我申请一个，我其实是一个随遇而安的人，不会去想将来的太多事情。他鼓励我，我就去申请了一个，又申请了一个院级的，这在大三保研的时候，起了非常大的作用，这次创新创业，让本来成绩拿不到保研名额的我获得了一个创新人才的保研名额，然后参加了上海交通大学的夏令营，然后被录取留在了上交大，他让我改变了很多。"徐彬也停了停，说道："我这个人比较闷，之前也不怎么跟异性打交道，一跟女生说话就脸红，也不太善于与别人交流，可是自从有了她，我也渐渐变得开朗，人也更加充满了活力，我想这就是她带给我的改变。"

千百万张脸，只有他的最特别

有时，就只是一点点的不同，就能让你在人群中发现那个他，属于自己的那个他。对于栾风焕来说，他就是独特的："其实，在我的眼里，这世上那么多男生，千百万张脸，只有他的最特别，只有他的能让我产生兴趣。其余的吧，应该就是他的沉稳，他让人感觉很纯粹、很干净，没有那种世俗之气、浮躁之气，能给人一种可靠的感觉。因为我本身也比较活跃，所以更加喜欢他的沉稳。"徐彬却笑了笑："这个，最吸引我的地方，嗯，她身上的一切都挺吸引我的，都挺特别的。"是啊，两个人在一起，最重要的就是那一眼之缘，仿佛只要那一眼，你就能确定，他就是你的最佳人选，他就是这个世界上最独特的人，最能吸引你的人。

永远不要让一个人胡思乱想

从 2012 年算起，到现在，两人已经一起走过了 6 个年头，可是直到现在，他们的感情仍如初恋那般纯粹美好，时间，让这瓶爱情的酒更加醇厚。几年的异地恋，很辛苦很难熬，外人很难真正体会到其中的痛楚，这些东西，也不是三言两语能够道尽，可他们坚持了下来，没有被困难吓倒，变得更加珍惜对方。当被问到这几年最大的感悟是什么，栾风焕抢着答道："不管发生什么，都不要一个人胡思乱想，自己不能有机会，也不能给对方机会，有任何问题一定要当天解决，不能过夜。"徐彬也补充道："两个人在一起，性格、生活习惯等方面都会产生一些矛盾，这些矛盾一定要及时处理，不管对方现在想不想听，都要说清楚，把问题解决了才行，这些小矛盾不处理，慢慢就堆积成了导火索，我想及时处理就是我们能够将爱情保鲜的神技。"

今年夏天领完证的小两口，计划在明年研究生毕业后在家人的见证下举办婚礼，在传统意义上也完成自己的终身大事。在这里，没有别的祝福语，引用夫妻俩自己的介绍词吧："愿岁月如这般，为着共同的未来，共同努力，执子之手，与子偕老，就是这么简单。"

我们依然在一起

文｜刘晓瑛 丁大攀 孙静

　　2017 年 9 月 16 日，兰州大学为庆祝建校 108 周年而策划的"校友集体婚礼"活动在盘旋路校区进行彩排。我作为此次活动的志愿者于中午 12 点 30 分从榆中校区乘车前往本部，就这样，开始了我与丁大攀、孙静夫妻的两日相伴。

　　正值学校 108 周年校庆，又邀请了 108 对校友夫妇，想要分享这一喜悦之事的学生不在少数，因此这一做志愿者的机会得之不易。在与丁大攀、

孙静夫妇见面的前一天，我就通过学校的网络推送平台，一遍又一遍地熟悉他们的故事。

　　丁大攀、孙静夫妇，喜欢榆中的四季风光，喜欢萃英山上的朝阳日落，喜欢自习室里沉思入迷的彼此。2005 年的他们在榆中的萃英山脚下相恋，自此，他们的记忆多了一个一生相伴的彼此，爱情的时光让他们最终不离

不弃，一生彼此相伴。

寥寥数语，我眼前仿佛出现了那对在榆中校园秀丽的景色中牵手看四季变换，在昆仑堂里欣喜而克制地小声交谈着的身影。看着手机屏幕上穿着大红喜服的他们欢欣又俏皮的样子，我想这大概是一对恩爱有趣的夫妻，内心更加充满期待。

16日下午2点左右，我到达了盘旋路校区，手中提着要给他们夫妇的情侣便衫，怀揣着紧张与欣喜，赶来之前与夫妻俩约定好的见面地点。"我穿着迷彩短袖，手中提着一个塑料袋。"这是丁大攀学长发给我的信息，可真是一个好辨认的特征，我的内心轻快了不少。环顾四周，上百志愿者都聚集在这里，联系、等候各自负责的校友夫妻，这才发觉自己快被人群淹没了，找人实在不易，接通丁学长的电话，开口的一瞬间却发现他和孙学姐就站在我身后。学姐个子不高，一头利落的短发，学长个子高高，略微有点胖，俩人都带着大大的笑容，看起来就很好相处的样子。刚一见面，学长就把他手中的袋子递给了我，里面是他们特地从成都带给我的见面礼，我欢欢喜喜地收下，然后带着他们去熟悉第二天婚礼仪式的流程。

一路上，我跟学姐手挽手，了解了不少她跟学长的故事：

学长跟学姐都是草地农业科技学院2004级的学生，并且是同班同学，在一起相伴学习了4年。迫于我体内八卦之火的熊熊燃烧，学姐告诉我，他们俩是2005年相恋的。"他那时瘦瘦高高的，觉得挺帅，我就是看他看对眼了嘛！"学姐说这话时，语气轻快还带着一丝羞涩，似乎在回忆当时的心情，眼里是化不开的甜蜜。2005年到2017年，12年过去了，她如今提起他还是一副刚恋爱时的甜蜜模样，让我这个旁观者看到都觉得幸福。

在这12年里，他们相依相伴，走过了大学4年，而这份感情也被他们保护得很好，学长直到大三才告诉家人，而学姐瞒得更久，大学毕业以后，她父母才知道女儿有个谈了两年多的男朋友。不过，丁学长跟孙学姐都决定继续深造，学姐在2008年考上了四川大学的研究生，学长却遗憾未能追随，又苦读奋战了一年，第二年就追着学姐去了四川，在西南交大读研，从此成了学弟。因为不在同一所大学学习，两人见面的机会自然不多，但感情却丝毫不减，就这样甜甜蜜蜜地拿到了硕士学位证。研究生毕业以后，丁大攀学长去往三峡工作，而学姐去了中科院继续攻读博士。这一次他们真的开始了异地恋。好在并没有等多久，学长在三峡工作一年后，决定回到成都考取公务员，安定下来，学姐读完博士以后也回到了成都，并在当地一所大学任教。彼此的工作都已稳定，也决定在成都定居，看着身边相伴11年的人，两人都相信，是时候给彼此一个家了，于是在近日他们人终于领证结婚了。

同班同学的缘分，校园时期的爱恋，此后也经历了4年半的异地相守，最终这份长达10年的爱情开花结果了。10年相伴，没有轰轰烈烈的海誓山盟，没有可歌可泣的爱情故事，我眼前的他们平平淡淡，也许同行的路上有过争吵，有过泪水，但更多的一定是欢乐与笑容。因为时间的洗礼，他们眼中是对彼此的珍惜和包容。没有与生俱来的非凡——小时候觉得非凡是天赋激起的惊涛骇浪，但是长大后才发现，非凡是极平凡的天真和倔强。能够相知相守一个十年又一个十年，以后的每一个十年，都有彼此陪在身边，这样简简单单的陪伴，就是一种极平凡的天真与倔强吧，我想他们就是非凡的。

17日，当我看到穿着婚纱的美丽新娘与她身旁西装革履的帅气新郎面带微笑轻声交谈，那一刻觉得生活是那么美好。看到新郎拿起手机拍下远处朝他走来的妻子，从敬爱的老师手中接过她，珍之重之，她挽着他的手，缓缓走过红毯，那种感觉，真好！

在这颗星球上，我和你最特别，时光一去不回，我与你静默相随。

一起走过的那些年

文 | 王 宁 关秀娟 陈德鑫

　　她和他，原本是这辈子注定不会相见的两个人，就如同两条平行线一样，生活没有任何交集。王宁于 2006 年考入兰州大学地矿学院，因仰慕兰大化学于 2007 年转入化学专业，2007 年关秀娟高一入学，于 2010 年考入兰州大学化学专业，那年他大四。

　　关秀娟来到榆中，王宁搬到了市区，他们之间隔了一个榆中的时间。却没想到，他们两人会相识，相知，相恋。命运便是如此神奇，他们两个在他的实验室相遇，两条线有了交点，便有了后面的所有故事。

　　2012 年暑假，像所有化学专业的同学一样，关秀娟申请了创新创业行动计划，去了有机化学课题组开展实验。关秀娟回忆："记得当时去见导师的时候，我和舍友 4 个人在楼道里站着等老师。突然实验室的门开了一条小缝，三个脑袋依次出现在那个门缝里来看我们，就像动画片里演的一样，当时就觉得这个实验室的人既好气又好笑。"

　　因为实验室女生比较少，她们一行人的到来也让气氛活跃了不少。到后来进入实验室，跟着师兄开始做实验，关秀娟说道："虽然枯燥，但也充实，学到了课堂上学不到的一些知识。"她说："我师兄喜欢听刘德华，所以会在电脑主机上放他的歌，所以那些日子基本都是听着'冷冷的冰雨在脸上胡乱的拍''爱你一万年'度过的。一边过柱子，一边爬板子，一边旋蒸，日子也是蛮充实的。"

　　关秀娟在实验室的一边，舍友文文在另一边，去找舍友时，总会看到一位师兄穿着白大褂，上面画着一只老虎头。"画得还挺好，觉得他还挺有才。"关秀娟笑着说道。

当时人人网很流行，后来王宁就加了关秀娟好友，共同好友便是舍友文文。"感觉不认识他啊。"关秀娟说道，舍友说他就是那个"穿着老虎"的师兄。后来，他们就成了好友。再后来就闲来无事随意聊两句，内容无非也就是今天天气很好，路边的野猫很可爱，下雪了可以打雪仗啊之类的。过年的时候，王宁从家里带了枸杞糖给关秀娟："当时也没意识到他'心怀不轨'，我也不记得是什么时候突然喜欢他了，是那盒糖'收买了'我的心，还是日日的陪伴带给了我安全感呢？"

在潜移默化中他就变得不可或缺了，直到有一天，王宁对关秀娟说："我不想打字了，我想给你打电话。"开始关秀娟还有些害羞，不太好意思接电话。但打电话这个先例一开，后面便一发不可收了，借关秀娟妹妹话说，他们两个把下辈子的话都快说完了。两个话多的人到一块儿，就有了说不完的话，聊不完的天。不过王宁一直没表白心意，直到2013年4月2日晚上QQ聊天，两个人聊天聊着便聊到了"喜不喜欢对方"这个问题上，关秀娟说："我是不和不喜欢的人废话的。"王宁说他也是。

当时她看了一下时间，凌晨12点10分，王宁说那就从今天开始咱们在一起了。后来，关秀娟开玩笑说："我亏大了，他都没有认真表白，我咋稀里糊涂就成他女朋友了。"

虽然在一所大学，一个专业，但也算是异地恋了。王宁在市区，关秀娟在榆中，一个小时的校车，拉开了他们的距离，但日子倒也过得不紧不慢，关秀娟上自己的课，王宁做他的实验。下了课偶尔打电话，闲了则视频聊天，互相展示展示藏书和各种宝贝收藏。关秀娟两周回一次兰州，而王宁实验闲了就来榆中陪她吃好吃的，从萃英山到后市场再到民大一条街都留下了他们的足迹，"两个吃货到了一起也就是逛吃逛喝。虽然有距离，但是带给我们的更多的是期盼和美好。"关秀娟幸福地说着，"有时候，他也会突然跑来榆中陪我玩，我在写作业，他却在旁边吃东西，我就让他赶紧回去。"关秀娟调侃道。

有人说考察一个人的方法就是跟他去旅行，看他的表现就知道这个人值不值得托付。他们便一起去了银川、平罗、泰安、天津、北京、宁波，整个旅途他们都很开心，王宁规划好了一切行程，而关秀娟要做的就是跟他走，她说："这样的感觉很舒适，很安心。"

后来关秀娟也搬到了市区，两人终于不再是异地恋了，一个小时的路程变成了 10 分钟。"刚开始还不太习惯，觉得天天黏在一起貌似也没啥好做的。"她说，"我是一个无趣的人，可是他不是。喜欢画画，喜欢手工，喜欢做饭，对生活充满了激情。闲了会给我做各种各样的小玩意儿，时不时地给我惊喜，让我开心，我想，或许这就是在正确的时间遇到了正确的人。"

美好的日子总是短暂的，一年转瞬即逝。王宁研究生毕业去了天津工作，关秀娟留在兰大读研究生，瞬间两人又变成了异地恋，这次却不是一个小时的校车，而是相隔万水千山。摆在他们面前的是 3 年的时间，就像一道鸿沟，跨不过、挣不脱。"很多异地恋都是败给了距离和时间，时间一长，距离一远，两个人的共同语言越来越少，每每总是相顾无言。"关秀娟感慨道，"他也担心，我也害怕，怕我们两个也会像败给异地的异地恋们一样无疾而终，前路漫漫，无从可知。三年说长也长，说短也短，我相信他，也相信我自己。"

3 年间，王宁一有时间便会来兰州看关秀娟，一起去吃牛肉面、羊肉面片、正宁路小吃，还一起逛街、逛公园、爬山，时间虽然变了，但他们还是像以前一样，手牵着手，互相陪伴。关秀娟暑假会去找王宁，去天津吃煎饼果子、大麻花、耳朵眼炸糕，一起去宁波吃海鲜、吹海风。"更多还是去吃他做的饭，这是他的隐藏技能和撒手锏，"关秀娟说，"每次都是他做饭，我只要负责吃就可以了，这样倒也挺幸福的。"

他忙着工作，她则忙着实验，3 年也很快就过去了，每天打打电话交换一下今天的所见所闻，视频聊天犯犯傻，听着彼此的声音便令他们觉得安心。距离并没有将他们拉远，

而是让他们对对方有所期盼。"我们都在努力，期待再见面时会变成更好的自己。"他们这样说着。

"一直在期待，3年后的今天会有怎样的生活，我们会有一个怎样的婚礼，恰逢兰大校友会举办首届兰州大学集体婚礼，机会刚刚好，不早不晚，可以让我们的母校见证我们的爱情，在最好的时间，最好的地方，遇见最好的你。"她幸福地说。

把最好的祝福，送给最好的他们。

所爱隔山海 山海亦可平

文｜郭雪 刘浩 赵琦

刘浩和赵琦都是山东人，一个来自革命老区——临沂，一个来自牡丹之乡——菏泽。从上帝视角来看，本科毕业于同一所大学的他们，可能已经在校园里无数次相遇，无数次擦肩，却素不相识。4年后，他们真正相识于兰州大学法学院。也许他们的人生有许多交汇点，而最终却在兰大这个节点上相遇、相知、相恋。

初 相 识

2012年9月，刚开始进入兰大，宿舍里并没有与赵琦同班的舍友。"我那时有些社交恐惧症，经常一个人去上课，没课的时候就一个人整天游荡

在积石堂里。现在积石堂都能刷卡占座了，但那会儿在积石堂占座全靠缘分，占不到座位就只能借几本书回宿舍闷着。"对赵琦来说，初入兰大的日子有些迷惘。

不知道是老乡情谊，还是不忍心看赵琦整天在学校里乱晃，有一天，刘浩找到赵琦说："咱们一起准备司考吧。"被问到当时的感受，赵琦说当时也没想别的，只是觉得有一个同战司考的战友还挺好的。

"其实我们并没有特意说过在一起，就是有一次从图书馆出来我送她回宿舍，天很冷，聊着聊着我就牵了她的手，然后她也没拒绝，就这么一直牵着不放开了。"刘浩笑着谈起了第一次牵手。

他们一起走过钟灵园的紫藤花架，一起在毓秀湖边晨读，坐在积石堂的窗边奋笔疾书，也相约丹桂苑，一蔬一饭，一饮一啄。9号楼下有他等她的身影，学校周围的舌尖尖、大胡子是他们的最爱。在月牙泉，在莫高窟，在青海湖，在塔尔寺，在玉门关，都留下了他们的足迹。他们有争吵有甜蜜，有眼泪有欢喜，说说笑笑、打打闹闹，一起走过了在兰大的3年时光。

陪伴是最长情的告白

谈到他做过的最让她感动的事，赵琦说："他陪我二战司考的事情吧。第一次没通过其实对我打击还挺大的，走出情绪低谷后，浩哥陪我从积石堂看书到闭馆，我们再转战观云楼继续做题。我当然也会焦虑，他就会带我出去转悠，看个电影逛个街，放松下。"

　　刘浩一直以来的悉心陪伴、耐心鼓舞给了赵琦信心，让她顺利通过了司考，也让她更加坚定地和他一起走下去。

"她比工作更重要"

　　2015 年 6 月 18 日，毕业季，他们离开兰州，工作未定。火车上，他看着窗外，满目都是对未知的迷惘，她拍下了这张照片。

　　毕业后，生活的全部重量一下袭来。他回临沂做实习律师，她进入银行工作。分别两地的日子很煎熬，300 多公里的距离并没有产生任何美感，反倒放大了误会和猜疑。

　　银行的工作特别忙，实习律师的日子也不好过。两个人都身心俱疲，压力大到无以言说。她心情不好时给他打电话，争吵，诉苦，抱怨……但他从来没有不耐烦过。说到刚毕业时，赵琦笑着说："现在回想起来，如果换成是我，我肯定想把对方拖出去砍一百次。"

　　当生活开启了 hard&harder 模式时，为了这份来之不易的感情，赵琦辞掉了别人眼中光鲜的工作，从银行跳到了律师事务所，刘浩也认真学习，考入廊坊市司法局，在公证处工作。就在赵琦做好执业后即转战廊坊的准备时，刘浩却放弃了廊坊的工作，决定到赵琦的家乡菏泽就业。

当问到为什么放弃了廊坊的工作的时候，刘浩云淡风轻地说道："她为我付出了那么多，想对她有个交代吧。廊坊的那份工作确实挺重要的，但是她更重要。"

我爱闹，他爱笑

问到目前二人的生活模式的时候，赵琦用"我爱闹，他爱笑"这样的六个字来概括。

"我们俩约定了有事一定要好好沟通，可是我是急性子，爆竹脾气，冲动生气的时候什么话都能说出来，但是浩哥从来不和我吵，他向来都是等我气消之后罗列一二三地跟我解释，所以还是很感谢浩哥的包容。"她说着说着忍不住笑起来。

穿越山川河流，结束了异地的两个人有了越来越多的兴趣爱好。闲暇时，他们会一起打打羽毛球，不爱出去的时候，两个人就一起窝在沙发上看看闲书。周末一起逛逛街，看看电影。他和她，如此般岁月静好。

"未来有你就好"

现在，刘浩已成为菏泽的一名公务员，赵琦是一名执业律师。对于当初的选择，二人都表示并不后悔。问到两个人对未来的期待时，赵琦笑着说："家人健康快乐，爱人工作顺遂，努力工作，努力赚钱，生个娃娃，欢天喜地。"

而刘浩的回答则是："除去她说的，未来有她就行。"

2017年七夕，他们领了结婚证，9月17日，参加了母校集体婚礼，生活已然过渡到另一个阶段。经历了学业的考验，工作的变动，也经历了异地的苦楚，现在的二人工作刚刚起步，家庭生活正步入正轨。就像他们所说的，一切才刚刚开始，现在永远是最好的时候，愿他们一直幸福下去。

兰大爱情故事

文 | 杨　野　王丽蓉　杨琪伟

　　十里桃林，是他们爱情的见证

　　温暖八年，是他们爱情的宣言

　　相濡以沫，是他们爱情的展现

　　与子偕老，是他们爱情的憧憬

　　这辈子最幸运的事就是遇见了彼此。他们就是兰州大学 2009 级第一临床医学院的杨野与王丽蓉校友夫妻。

　　在兰州大学 108 年生日到来之际，这对恩爱的夫妻回到他们曾经相遇、相识、相知、相爱的地方。我有幸作为爱在兰大活动的志愿者及他们的婚礼引导员，能够近距离地采访这对校友夫妻，将他们平淡而温暖的爱情故事呈现在更多人的面前。

有种相遇，叫做一见钟情

　　2009 年的秋天，在经历了 18 天的兰大入学军训之后，临床 6 班的新生们举行了第一次全班聚会，必不可少的是大家的自我介绍。带着羞涩、激动的心情，一个阳光帅气的男生做了简短的介绍："大家好，我叫杨野，来自甘肃天水，以后请多关照。"说完之后傻傻地望着一位水灵可爱的女孩笑了笑，殊不知这一笑，深深地留在了她的心底，她，就是王丽蓉。后来他加入了学生会青年志愿者协会，她加入了新闻部，在之后的学生会工作当中他们俩慢慢熟识，彼此深深地牵引着对方的心……时间，过得很快，一晃眼就来到了第二年的春天。在这个鲜花盛开的季节，他向她表白了，她毫不犹豫地答应了。他知道她有一个梦想，就是和喜欢的人一起去看看那成片成片的桃林，她说那是她一辈子最想做的最浪漫的事。于是在表白的第二天清晨，他就带着她乘车去安宁区看那十里桃花，她很感动，脑海里那年的桃花分外好看（以后只要时间允许，他们每年都会去那片桃林，那是她的梦想，也是他的承诺）。

有种守护，叫做奋不顾身

第一次牵手是在博物馆旁边的小路上，十指紧扣，他的手很大，很温暖，后来的5年里大手拉着小手走遍了榆中校区的教室、萃英山的山顶、医学校区的操场、本部校区的图书馆……现在那双大手依旧紧紧拉着她的小手，温暖如初……每次当她受到委屈，他都会默默抱住她，暖暖地说一句"肩膀借你"，她感觉这一辈子这个肩膀都会替她遮风挡雨。学姐说一辈子很长，但是有些事情是会永远放在内心深处的：那天，下了很大雨，身体本来就单薄的她病倒了，他冒着大雨走遍了学校周围的药店替她买来了药送到宿舍楼底下，自己却被大雨淋湿了全身。这件事，她说：准备记在心里一辈子。

有种爱情，叫做白首同心

学长学姐说："学医的生活是辛苦的，但是苦中也有点滴的乐趣，平时上课我们俩也都是坐在一起，一起偷偷吃早点，一起眯着眼补个觉，一起上自习，一起做实验，一起在考试前疯狂地看书，每天每天都在一起，每天每天都很快乐……"这种生活很平淡，但是从学长学姐的神情当中可以看出，他们被浓浓的幸福包围着。日子飞快地过去，毕业季很快就到来，他为了最初的梦想选择了入伍当一名军医，而她继续留在母校读研，等着做他的新娘。地域的阻挠并没有使他们分开，两人还是一起规划着未来，憧憬着以后的日子。不管是吵架，还是毕业，抑或是所谓的异地恋，"分手"这两个字从来没有在他们的字典里出现过。

现在他们已经异地 3 年，时间和距离没有让感情变淡，反而越来越好，都说时间会证明一切，这句话不假，2017 年 8 月 23 日他们恋爱长跑了 8 年后终于领了结婚证，9 月 17 日他们参加了母校的集体婚礼。母校与其他的 107 对夫妻见证了他们的爱情，祝福以后的每天都会有幸福的微笑出现在他们的脸上……他们说："未来还很长，他们已经做好了相守一生的准备，这辈子最幸运的事就是遇见了彼此。"

杨野和王丽蓉校友夫妇的爱情故事和大多数的夫妻一样，平淡却又不失甜蜜。也许这就是爱情在人身上最高的表现形式吧。作为他们的引导员和见证人，我很荣幸，能够把他们的爱情故事分享给大家，他们最后的那句话"未来还很长，他们已经做好了相守一生的准备，这辈子最幸运的事就是遇见了彼此"会影响着我的一生。

最美不过兰大遇见你

文 | 肖寒

> 我们分担寒潮、风雷、霹雳，
>
> 我们共享雾霭、流岚、虹霓。
>
> 仿佛永远分离，
>
> 却又终生相依，
>
> 这才是伟大的爱情，
>
> 坚贞就在这里。

这是舒婷诗里的爱情，也是他们——杨少斌、邵婷玑夫妇的爱情。

2017年9月17日是兰州大学108周年纪念日，"爱在兰大"校友集体婚礼是校庆活动之一，在当天共有 108 对夫妇参加此次活动。我作为婚礼志愿者在当天协助校友夫妇完成婚礼，于是便很幸运地遇到了杨少斌、邵婷玑夫妇，倾听了他们的爱情故事。

爱情和梦想都将在这里相遇相知

邵婷玑是甘肃本地人，但是是在贵阳上的本科，在大二暑假期间有次机会来到了兰大，"这里的一草一木都是那么美好，我以后一定要来这里读书。"邵婷玑回忆道。

2010 年邵婷玑实现了梦想，考研考进了兰大，杨少斌也以优异的成绩进入了兰大生命科学学院的生物化学系。虽然两人素不相识，但命运早已把他们两人紧紧地锁在了一起。

恰同学少年，心心相印

"那会儿我们还玩人人网，有一天我发现有个陌生人的留言，说他是生科院做药理的，现在需要一本药理学的书，我正好是药学院的，我就说可以。"于是，邵婷玑便答应杨少斌于 2011 年 7 月 26 日早上 7 点在宿舍楼下把书拿给杨少斌。两人见了面，邵婷玑背着电脑包把书交给了杨少斌，从此，两人的故事便有了起点。

"那天把书给了他之后，他就一直在 QQ 上联系我。后来他老是约我见面，当时给书的时候我都没看清楚他长什么样子，所以也不敢贸然答应，再后来慢慢地聊着聊着也就大概了解了他一点。"慢慢地时间长了，在对彼此的了解之后，爱情的火花就在两人之间擦燃了。

爱情在吵吵闹闹中细水长流

杨少斌是一个文质彬彬、脾气非常好的人，但两人在恋爱后也发生过一些矛盾，"每个女生都有点小脾气，我可能算是脾气比较大的那一类，上学的时候不管有任何不高兴的事情，我都跟他发脾气，他都很包容。几乎每次我生气了然后在宿舍不出门，他都会默默地在我宿舍楼下面等我，我在楼上偷偷观察过好几次，他从没有离开过，直到我愿意下去见他。还有一次，我不小心睡着了，他在下面傻傻地等了 4 小时，回去的时候凌晨 12 点了，被他的宿管阿姨骂了一顿。"

他们都珍视这段感情，一言一行、一举一动都被彼此记在心里，于邵婷玑而言，一个细心的女孩会记住很多不经意的细节和瞬间。她回忆说："我们都没有什么特别感动的故事，都是平时的那些鸡毛蒜皮的小事情，每次我熬夜做实验他都帮我做，然后白天还继续做自己的实验。本来他喜欢睡懒觉，后来我硬生生地拉着他7点起来一起去爬山。"

有一次快中秋节了，杨少斌去北京办事情，顺便买了稻香村的糕点，本来杨少斌可以直接从北京到天水，但他为了能亲手给邵婷玑送去美味的糕点，先是坐车到了兰州，第二天再从兰州坐车回天水。虽然是小事，但还是令邵婷玑非常感动，也正是真诚的态度，让这份情感平淡却真实。

因为你，牵挂了整座城

2013年两人毕业之后，杨少斌去了巴塞罗那读博士，邵婷玑就在省人民医院找了一份药剂师的工作，这4年对他们来说考验非常巨大。

在临走前的一天，杨少斌拜托邵妈妈好好照顾她，在接下来的几年中，两人分隔两地，开始了漫长而痛苦的异地恋，走的那天杨少斌泣不成声。在国外，由于时差，两人不能很好地保持联系，一个是白天一个是黑夜。然而两人都会等通完电话后才会去休息，并且每天醒来的第一件事就是看看有没有对方的留言。杨少斌的实验任务很重，但是只要一有机会他就会早早回家给邵婷玑打视频电话。"在他出国的这几年，我基本没有睡过一个踏实的觉。"邵婷玑眼里闪烁着泪光。

　　杨少斌为了能提前回国，几乎每天加班加点做实验，3 年半下来瘦了 30 多斤，2016 年杨少斌提前半年毕业，作为海归回国之后有很多单位给他提供就业机会，他都没有去，反而在西北师大的生科院找了工作。"我觉得兰州是世界上最好的地方。"杨少斌笑着说。我想，他后面没说的话应该是：因为她在兰州。

　　2017 年 7 月 26 日，两人结束 6 年的爱情长跑，终成眷属。

　　在最好的年华相知相遇，相互激励，共同成长，这样的感情令人艳羡。祝愿他们幸福美满，一起携手白头；也祝愿所有人都能嫁给爱情。

他与她……

文 | 潘成伟 杨文亮 王熙蓓

他对她说，你就是春天的阳光，带给我温暖与希望！

她对他说，你是那秋天的和风，让我的世界丰富多彩！

他与她，相恋于那个万物复苏的春天，相守于这个喜悦丰收的秋天！

杨文亮，本科和硕士均毕业于兰州大学公共卫生学院，这便是他。

王熙蓓，本科毕业于山东大学，硕士毕业于兰州大学公共卫生学院，这便是她。

他和她都未曾想到，自己奔赴千里，跨越千山万水，在位于西北的兰州大学找到了自己的心上人。他和她更未曾想到，这段恋情在经受了阳光的沐浴与风雨的洗礼后，最终在兰州大学 108 周年校庆婚礼上，在母校的见证下，彼此紧握双手，许下了一生的承诺，牵上了一世的姻缘！

那年同窗苦读，英语课上，她在前，他在后

"读研期间，我们俩因缘巧合选修了同一位老师的英语课，每次上课铃响后，总能看到风一般的她冲进教室。有次上课她恰好坐在了我的前桌，课间休息时，我们互留了联系方式。从那时起，每次英语课我跟朋友都会早早地去教室占座，然后打电话叫她赶紧过来。"他笑着回忆道。尽管时隔已久，他还是能清晰地回忆起当时的细节，"她虽然很马虎，总是记不住上课的时间，但是上课时还是很认真的，我当时坐在她的后面，看着她专心听讲的背影，我想这真是一个有趣的女孩。"

不同的兰州牛肉面，同样的人生态度

"英语课下课后，我们三五个朋友约上一起去打乒乓球，去校门口附近吃兰州牛肉面，慢慢地变成我们两个人单独约起去不同的牛肉面馆吃牛肉面，那时我们还打趣说赶毕业之前，要吃遍兰州的所有牛肉面馆。但到目前为止，我们连城关区的牛肉面馆都没吃遍。"杨文亮边笑着说，边给我看拍摄的牛肉面的照片。小小的一碗牛肉面，映射出他和她积极的人生态度，品尝着不同面馆的牛肉面，也品味着多彩多样的美丽人生。在这漫漫人生路上，他和她已经是同行者！

萃英山上的雪花心瓣，他将她牢牢地放在了心上

在一个寒冷的冬天，她从朋友那要到两张兰州剧院话剧演出的票，并邀请他一起去。剧院很冷，她只觉得两腿冻得生疼，他默默地脱下自己的外套，认认真真地裹在了她的腿上。"因为喜欢她，所以有一种要保护她的欲望，不想让她受冻。"杨文亮又笑了起来，笑容带着一丝腼腆，一如当年剧院里认真裹衣服的少年。妻子王熙蓓在一旁拉起他的手，嗔怪道：

"他呀，就是那么傻，那么冷的天还脱衣服，自己冻成了什么样子。"杨文亮也是后来才知道，就是这个小小的举动让她第一次动了心。从那以后，两人的身影总是一起出现在图书馆，一起走遍兰州的大街小巷；一起去榆中校区，他带她走遍校园的角角落落，给她讲校园里的似乎永远也讲不完的趣事；一起去兰太市场品尝他吃过的各种美食……

他们说，印象最深刻的一次就是他带她顶着寒风去翠英山俯瞰冬日兰大的美景。那一次，他依旧脱下身上的棉衣紧紧地裹在她的身上，任自己在寒风中行走；那一次，他悄悄地在萃英山顶的雪地上为她画下了一个美丽的心形，从此便留下了一世的情缘！

那一年, 相隔千里, 他在东, 她在西

时光总是容不得两人去细细地品味在一起的美好时光, 一转眼就到了毕业季。为了工作, 她去了美丽的紫金花城金昌, 而他则去了千年古都西安, 各自开始了人生的又一段旅程。异地的日子充满了煎熬与痛苦, 还有那久久的期待, 他几乎会在每个周末连夜坐上十几个

小时的火车去看她, 跟她待短短几个小时后再坐上十几个小时的硬座赶回去上班。慢慢地, 火车票已经积累了厚厚的一沓。

"有想过放弃吗?"

"那倒没有", 他很快地回答我, "只是会感觉累, 无论是身体上还是心理上, 但每次看见她的时候, 感觉这一切都是值得的。跟她在一起的那仅有的几个小时很开心, 但短暂相聚之后的分离很痛苦。我也知道这不是长久的办法, 深思熟虑之后, 我便辞掉了西安的工作, 去了甘肃金昌。"在提到异地恋的时候, 两人都寥寥数语, 但不难想象这背后他们所承受的万千艰辛。或许经历了分离, 才更能懂得相聚的不易, 才更加珍惜彼此, 他和她紧扣的十指和彼此注视的眼神已然说明了一切!

适逢母校108岁诞辰, 所幸你还在我身边

提到兰大108年校庆婚礼, 两人都非常兴奋, "我们早早地报了名," 她说, "真的非常感谢母校, 给我们举办一次意义重大、终生难忘的婚礼。"采访结束后, 我送这对新人来到场地, 目送他们走上红毯, 挽臂前行。兰州天蓝如洗, 两侧绿树成荫, 红毯一直向前延伸, 前方人影绰绰, 等待着他们的到来。相信人生路不管有多长, 前方无论有什么, 只要他有她, 她有他, 就能一直幸福地走下去!

相守是一种幸福

文 | 鄂国然　王　阳

　　2014 年 3 月的一天晚上，我坐在从哈尔滨往齐齐哈尔市的机场大巴上，这是我第一次来东北，黑龙江的天气还是比较寒冷的，当时大概有零下 10 多度，但想到陽梓的叮嘱"东北天气冷，来的时候多穿点"，我心里不禁流过一股暖流。

　　下车的时候已经凌晨 12 点多了，按照陽梓的嘱托，我打车来到了齐市工人文化宫，经过 2000 多公里的奔波，在这儿我终于如愿以偿地见到了陽梓。"我来了……"曾经幻想过很多久别重逢的场景，但没有一种能形容这次久别的见面。陽梓当时穿着一身黑色的羽绒服，戴着口罩，在昏暗的路灯

下人影有些模糊，但是我还是一眼认出了，这就是我日思夜想的她。

　　还记得一个月前，人们还沉浸在过年的欢喜中，她哭着跟我提出了分手。"我们分手吧。"她没有说为什么，我心领神会意识到了是因为她对未来的迷茫。毕业之后，我去了平凉市煤田地质局，她签了齐齐哈尔市水务局，2 000公里的距离，让曾经的朝夕相处变成了电话线两端的深深惦念。毕业了，不能像在学校时那样每天守在一起，习惯了互相陪伴和照顾，异地工作期间有过不解和烦恼，但相守的信念却从未动摇。"放心吧，我去找你……"在辞掉平凉的工作后，我毅然踏上了去往东北的旅途。

　　也许是一时的冲动，也许是对爱情的执着，"裸辞"是我做出的选择，也是唯一的选择。

我家庭条件并不好，没有了工作意味着没有了收入，虽然两个人在一起是幸福的，但也得考虑以后的生活。对于这个陌生的城市，我尝试着融入进去，但事与愿违，小城市的就业机会还是太少了，来到这里的半个月时间里，我们在网上投了很多简历，一起跑了很多场招聘会，但现实是高不成低不就，期间我还遇到了不少网上的骗子，还有现实中卖保健品的"传销"。在这段时间，我备受打击，阳梓一直在身边鼓励我，在我穷困的时候陪伴着我。"只要两个人在一起，什么困难都不怕。"调整好心态后，我打算从销售慢慢做起，便在58同城做起了电话销售，生活也算有了规律，每天上班的同时也不忘学习，努力提高自己，以求更好的工作岗位。

　　求职的那些天是我们最艰苦的时光，我们相互陪伴，相互鼓励，始终坚信只要付出就能得到回报。可能是沾了陽梓的福气，之前在网上投了一份事业单位的招聘简历，我顺利地通过了面试，如愿以偿地进入了政府机关工作，从此生活也算步入了正轨。我们从刚毕业后的一无所有，没有家人的帮助，只有依靠自己的双手，到2016年，我们买了房，有了自己的小窝。相信通过一起奋斗，我们的生活会越来越美好！

　　我们的爱情，没有娇艳的玫瑰花、没有海誓山盟、没有甜言蜜语，有的只是相伴、相知、相互依靠……

　　2017年9月6日，我们领证了。8年时间，不算短，从第一次在兰大同一个班级相识，自然而然地走到一起，到共同在社会上打拼，为了彼此更好的明天。一路走来，共同成长。今天在母校的见证下组成了一个家庭，我们更加珍惜彼此，珍惜这份来之不易的爱情！

　　在此，祝福母校科研结硕果，桃李满芬芳；祝福异地恋的学弟学妹都能有个美好的未来！

爱在兰大 携手此生路

文 | 李合香

2017 年 10 月，江苏和河南，相隔几百公里；2005 级和 2006 级，差了整整一年；核物理和思想政治教育，就像爱因斯坦和马克思般；热情和温谦，更是冰与火的差距；我们曾无数次感慨，如果不是因为兰大，我们之间或许此生都老死不相往来。我们的家乡甚近，左右不过几百公里，却素未谋面，两人又偏偏同时选择千里之外的兰州，在兰大相识相恋，所以一直固执地认为，这就是我们和兰大的缘分，也是兰大给我们的姻缘，千里姻缘兰大牵。

初初相识，两个人截然不同，一个是"活动家"，一个是学霸；一个热情似火，一个温润如水；一个单纯直爽，一个逻辑严密；一个粗枝大叶，一个细心周到；一个能说会道，一个妙笔生花；一个知识渊博，一个内心丰盈……两个迥异的世界偶然相遇，经历无数次言语争辩、思想碰撞、价值趋同、灵魂相吸，最终走到了一起。曾经也戏称，我们的相识相恋，恰好证明了爱因斯坦的相对论，同时也验证了马克思唯物辩证法中的否定之否定规律。从校园到社会，这种校园爱情十分珍贵，可遇不可求。

2011 年的七夕，汪鹏飞写了一封情书给忙于黄河漂流志愿服务的我，至今还保存这封别样的情书："今天是七夕，是牛郎和织女在鹊桥相会的日子，他们是周期性相会的爱……和弹簧振动一样，恋爱的关系也总是处于左摇右摆之中，愉悦和烦恼周而复始，才使得恋爱有一种苦中有乐、乐在其中的感觉。伴着波折的爱情往往是最动人的，这也是爱的美妙之处……"旁边还勾画了一幅弹簧震动简图和公式，流露出浓浓的理科生气息，偏偏

被笨手笨脚地折叠成粗糙的心形，现在想来还令人不禁莞尔。

但事实却恰如他所说，我们之间走到今日也历经了一些波折。开始恋爱的日子，连空气都是甜蜜的；他向我讲科学，他跟我学人文，为我开展学生工作提供参考；我为他参加各种活动出谋划策，一起学习交流研讨公共课，共享兴趣爱好，你来我往，势均力敌，在学习、生活中逐步碰撞、理解、熟悉、融合。此时，毕业如期到来，一向习惯优秀的我，并未如期找到合适工作，深感受挫，在他的支持、安慰、鼓励、督促下，最终考上了如愿的工作。

2013 年他硕士毕业，为了更广阔的发展平台，我建议他给北京对口单位投简历，鼓励他努力尝试。他如愿以偿，我们却开始了异地恋。距离远了，争执多了，共同生活交流少了，思念更浓了。刚走上工作岗位，我们都努力适应角色转变，认真工作，早出晚归，不断打拼，异地恋成了我们之间的现实考验。我们开始对着手机谈恋爱，各种不适应中问题也接踵而来，也慎重考虑过分开，但最终还是舍不得这份珍贵的爱情。吵吵闹闹中逐渐找到相处之道，共享欢乐，共渡难关，频繁奔波北京—兰州线，多加沟通和理解，感情在平稳中不断加深。

2000 多个日夜，六年相恋，四载异地，辛苦坚持，幸福相依，相互牵挂却彼此独立，相隔两地却又彼此依靠，相互学习，相互支持，共同承担，共同进步，这就是最好的我们。马克思曾在给妻子的信中写道："暂时的别离是有益的，因为经常的接触会显得单调，从而使事物间的差别消失。只要我们一为空间分割，我就立即明白，时间之于我的爱情正如阳光雨露之于植物——使其滋润生长。"确实是如此，好的爱情使人向上，这个过程中，我们克服了种种困难，不断地成长、成熟，对感情、对生活、对工作、对社会都有了更深刻的认识，变得更加独立和强大。

从学校到社会，从学习到工作，一路走来，幸福与艰辛相伴，我们共担寒潮、风雷、霹雳，同享雾霭、流岚、虹霓，虽然没有世俗所关注的车房，但我们决定相伴此生。所爱隔山海，不愿妥协的我们愿意为爱翻山海，相携此生，所以我们参加了母校的第一届集体婚礼。当

我们身着婚纱和西装从红毯走向积石堂，当互相交换戒指，现场的亲友师生都在为我们祝福，万分感谢母校的集体婚礼给了我们的校园爱情一个美好结局。

亲爱的母校，既是我们6年爱情的见证，也是幸福美满生活的起点。感谢母校给我们知识、友谊、思想和眼界，感谢母校教我们正直、进取、担当、踏实，感谢母校助我们成长、成熟、成人、成家。感谢兰大让我们遇见彼此，让我们有幸始于校园，爱在兰大，成家立业，携手此生。

兰大为美，吾校心头爱，吾兰天下美。

有君为幸，得之相伴，终其一生，无怨无悔。

兰大与君，俱吾所爱，真心所属，终生所系。

梦在心中，路在脚下，愿与母校一起，不忘初心，继续前进。

情定兰大 十年风雨修正果

文 | 胡晓洁

　　2017 年 9 月 17 日，全国各地的 108 对兰州大学校友夫妇聚集母校，共同参加了 2017 兰州大学"爱在兰大"校友集体婚礼。这是兰州大学百余年来历史上的第一次校友集体婚礼，同时也为母校 108 岁庆生。婚礼现场有登记不到 10 天的"90 后"夫妻，也有相濡以沫 58 年的耄耋老人。这 108 对新人中，他们很普通，很平凡，10 年相知相伴，平平淡淡中却透露真情，他们就是第 100 对夫妇——徐本花和张鹏。

青涩爱恋

　　在榆中这个小小的县城里，他们在同一所高中里共同奋斗着，那个时候说不出口的"你喜欢我、我喜欢你"成了两个人共同的秘密。

　　他们共同穿行在高中 3 年的时光里。高三那一年，他们为梦想努力着，披星戴月，为 6 月的辉煌奋斗。他们小心翼翼地喜欢着对方，却又青涩地不敢说出口，学长说："那时候，我们俩都有那个意思，但高三嘛，觉得学习是最重要的，就都没说出来。"有多少段感情都是因为这样错过，庆幸他们没有。

　　6 月份到了，他们在高考的战场上驰骋，学长考去了重庆，而学姐却因成绩不理想，复读了一年。如果不是知道他们现在还在一起，我以为他们就会这么错过了。复读的压力很大，本以为脱离炼狱的学姐又一次踏入高三这个熔炉，这时学长的电话鼓励或许就是寒冬里的一丝暖意，炎夏中的一缕清风，很轻微，却异常有用。就这样，青涩单纯的喜欢随着时间日俱加深，终于抑制不住，他们在学姐大一的时候，在兰大校园里确定了关系，没有优美的辞藻，只是一句"我们在一起吧"，就这样他们手牵手地幸福走下去……

四年异地

学姐复读了一年，去了天津，而学长却在重庆，南北方的距离并没有拉大他们之间的距离，要知道异地恋就是在和时间赛跑，坚持住了，就胜利了，被时间打败了，就会一辈子错过那个人。他们就是在和时间赛跑，在这过程中，他们有过争吵，学姐说："有时候吵得厉害了，觉得可能就这么散了。"但不舍与爱恋在这时就会化成一张张从重庆到天津的车票，真情终究大过矛盾，一通通电话，一张张车票，显示了他们之间千丝万缕的联系。他们终究战胜了时间，相约考研兰大，考回共同的家乡，就这样，4 年异地结束，他们并没有分开，在兰大延续他们的情缘。

兰大情缘

一起牵手进入兰大校门，走过林荫小道，经过充满青春荷尔蒙的篮球场，在食堂中有他们低声轻谈的身影，在积石堂中有他们共同奋斗的不懈努力，在毓秀湖旁有他们相互依偎的身影……

5 年在兰大的相守，让兰大的每一个角落都有他们的感情痕迹，兰大的每一个地方都见证了他们争吵又和好，幸福依偎，低声谈笑……

当我问及他们的吵架原因的时候，学姐是这么说的："他为我，我为他，都是为对方，可又吵架，都觉得很委屈。"这种吵架原因，确定不是撒狗粮吗？吵架了，总需要一个人去认错，当然，这个人就是学长啦！像小孩子撒娇般地摇晃学姐的胳膊，没想到学姐这么好哄，这不，又一起手牵手去吃饭了！食堂吃腻了，他们又一起去校园周边觅食。我跟着他们七拐八拐地来到了离校园有一段距离的洋芋片店，他们说了一句让我吃惊的话："我们第一次来的时候，这个小男孩还没出生呢，后来吃着吃着，就看到老板娘的肚子一天天变大，现在小男孩都这么大了。"期间看到他们在饭桌上的互动，学长很自然地拿起学姐的饮料喝起来，他们间都不用问就可以根据对方的口味点菜,这些微小却真实的幸福不停地敲击着我的心,告诉我爱情不就是这个样子的吗?从完全不相交的两个人变成密不可分的一个人!

婚礼现场

我看到了他们给对方5年后的信件,看到上面精心贴着的小贴纸,虽然刚开始不知道呈什么排列,也不知道信里的具体内容,但这让我想到了《恶作剧之吻》中湘琴写给直树的情书,辞藻并不华丽,用心地贴着花花绿绿的小贴纸,高声宣告着"直树,我喜欢你!"电视剧和现实是不一样的,电视剧里轰轰烈烈的爱情激发我的少女心,而现实中的他们却深入人心!

学姐说:"朋友们都纳闷说我们一天到晚说个不停,都能说些什么?"在现场,我也看到他们

不停地用家乡话说着些什么,很幸福,谁都插不进去的那种幸福!

10年风雨终修正果,这场爱情长跑,他们很成功地跑到终点,即使再累也不放开对方的手。学长说:"可能是我们太傻了,认准了,就觉得是一辈子吧!"一生挚爱一个人,在青涩年华里,我喜欢你,你喜欢我,就这样,牵手走过每个冬雪春雨……

跨越两千公里的爱情

文｜白 凡

相遇是最好的安排，而相爱是彼此最美的幸运。

年少相遇，勇敢地去爱

张爱玲曾这样描述相遇的缘分："于千万人之中，遇见你所遇见的人；于千万年之中，时间的无涯荒野里，没有早一步，也没有晚一步，刚巧赶上了。"石孝能和张婷，他们一个来自西南，一个来自西北，2 000多公里的距离，因为在兰大的相遇，成就了两人之间唯美的爱情。他们同为兰州大学法学院2009级的本科生，因为班级比较大，大学头三年，两人仅有的交集就是在课堂上的见面。后来大四搬到了校本部，因同在图书馆学习的

机缘，两人开始了对彼此的了解。共同学习，相互鼓励，一年的时间里他们增进了情意，或许这就是一种陪伴，在陪伴中油然于心底的爱的萌芽。2013 年的毕业季，6 月 8 日，他们决定在一起了，即使毕业去向未定。正如石孝能说的既然选择了牵起她的手，那就义无反顾地陪她走到最后。美好的爱情不一定是感天动地、轰轰烈烈，你爱的那么一个人，他 / 她如山涧清爽的风，如古城温暖的光，从清晨到夜晚，由山野到书房，只要最后是他 / 她，就好。他 / 她冲着你的光芒急匆匆赶来，即使满地荆棘的路上，也温柔且坦然地伸出手，拉着彼此，一起走向更加光亮的地方。

异地不难，初心不改

两个人，两座城，听得到对方的声音，却感受不到对方的情绪，感受不到对方的体温。异地恋最重要的是信任与坚持。在别人看来，异地恋那么地不现实，可真正相爱的两个人，爱情可以跑得赢时差，打得败距离，不会因为距离放下彼此！正如张婷和石孝能的多次异地恋经历，让彼此更加坚定他们的爱情选择。

张婷回忆说："在他刚考上研的时候，我已经研二了，申请了去拉脱维亚大学交流，所以我们面临一年的异地，我们有 5 个小时的时差，每天他睡了我还没睡，他醒了我还没醒，就约定每天每个人睡前给对方发一条长的短信，告诉对方自己一天的生活和心情，就这样，一年的异地恋也很快结束了。"

研三时再次面对着抉择，迷漫和彷徨，压力和痛楚，石孝能对张婷说放开心去吧，无论你到哪，我都会陪着你。最终张婷考上了新疆的公务员，他们又面临着异地，这一年里思念是兰州到乌鲁木齐的往返火车，虽然颠簸了一段旅程，但收获的却是两个人满满的期待。坚持总会有回报，相爱的人终会幸福，石孝能毕业时也被新疆的单位招录了，结束了异地，他们更加坚定地认定彼此就是此生最爱的人。什么都经历过了，有的像故事，有的像梦境，看到的电视里面的桥段甚至可以发生在自己身上，一起走过的坎坷感情会更稳固。

你说异地恋最感动的瞬间是什么，能够坚持下来的异地恋啊，每个瞬间都能让人感动。拥有异地恋的人是幸运的，因为你拥有了一个可以跟你一起坚持的人，你拥有了一颗能和你相同执着和梦想的心，你拥有了一份强烈到可以挑战距离的爱。茫茫人海中，找到这样一个无条件信赖你的人。

最后，他们都嫁给了爱情

熬过了异地恋，就是一生。他们彼此相遇，彼此包容，幸运如她，幸运如他。2017 年9 月 8 日，黄道吉日，他们领了结婚证，也是没车没房没存款，但是有一起奋斗到老的决心。

石孝能说："从相爱的那一刻开始，我们就是奔着结婚去的，一路上的酸甜苦辣我们都一起品尝。有你在，我觉得生活是美好的，未来是可期的。从里加到兰州，再从兰州到乌鲁木齐，距离从来没能阻断我们的思念。如今你成了我生命中最重要的人，未来我会一直陪你到老。"

张婷说："感谢他一路走来的包容和鼓励，和他在一起是我这辈子最正确的决定。你陪伴我一路走来，即使风雨兼程，也要欢声笑语，一路有你，我的世界才会更加精彩。"

当初他们选择了兰大，相识、相知、相恋，如今他们在兰大选择了彼此，相爱、相守、相伴。祝愿他们的校园爱情永远幸福下去。

我们要一直在一起

文 ｜ 吴亚明

　　2017 年 9 月 17 日，正值母校兰州大学 108 周岁生日，学校举行了盛大的纪念活动——108 对校友夫妇参与的"校园集体婚礼"。

　　早在半年前，我们就报名参加了这场婚礼，并充满了期待。后来排序出来，我们是第 107 号夫妻，因为我们刚在 9 月 12 日回老家领取了结婚证，只比第 108 号夫妻早了几个小时。

　　几年前，我们踏进母校的校门，开始"求学"；4 年后，"学成"离开，开始试着"立业"。而这一次，再次回到学校，是为了"成家"。在母校，我们经历了人生最重要的几大事件。

　　母校是我们相识的地方，在这里举行婚礼，是一件浪漫的事。工作人员的精心付出，让这场浪漫、有特色、有意义的婚礼成为我们终生难忘的

记忆。

我们相识于兰大社团活动。2013年初，我们同时报名参加了一个暑期活动。那时，我大三，他大二。有时细细想去，不得不感慨际遇的神奇。重庆大山里长大的女孩和广西海边成长的男生，在西北，在兰州，在榆中校区，在西区操场，相遇、相爱、相知、相守，是一件多么难得的事。后来聊起各自的经历，发现本来有无限多个彼此错过的机会，却恰恰相遇了。那个时间，那个地点，不早不晚，不偏不倚，就像一切本该发生，所以就这么发生了。

说起相识、相爱，我们的故事相当平淡，回想起来，简直没什么可写的。无非就是小女生的那点心思，咦，这个男生长得真高，还不错，于是多看了几眼。男生可能想这个女生长得还不错，也多看了几眼。于是，就这么对上眼了。

校园恋情总是会给人纯洁、美好的印象，事实也是如此。在学校，我们不知道爱情原来可以掺杂一些和感情完全无关的元素，比如金钱、利益、家庭等等。幸好我们那时不知道！在学校，爱情就是爱情，只是原本陌生的男女之间眼神接触那一刹那的害羞、紧张、骄傲、矜持……一切一切，总之，无论什么样的情绪，我们想要靠近对方。因为那一刹那的眼神交织，母校在我们的记忆中，始终是一个温暖、柔情、浪漫的存在。

在我的认知中，爱情从来就不是一件简单的事、轻松的事。伴侣的选择无疑是人生中最重要的事情之一，会影响生活的方方面面，甚至可以说是选择以何种方式度过人生。但是，爱情又是简单的，只要"对上眼"，一切就自然而然地发生了。

"对上眼"是很简单的，爱情的发生也总是简单的、轻松的、美好的、顺其自然的，不需要任何意志的努力。

要想使爱情保持长久，不褪色，不变质，确实需要花费精力和心血。回首我们的爱情道路，曾有过无数的坎坷，但是每一步都安然度过了。如果问我，这一路走来有什么感受，我会说有惊无险，柳暗花明；如果问我先生，我猜他大概会说，啥？我们之间不一直平平淡淡的吗？这大概就是学哲学的神经质女生和学计算机一根筋男生的最大差别吧！同样面对一件事，我心里可能会闪过千万个念头，他可能会完全略过。但是，我要感谢他，恰恰是他的这种笃定和淡然，才让我们爱情坚持下去，让我不再担心爱情的善变和激情的流逝。

如果非要说爱情中最难忘的事，大概是我大四的那个寒假发生的事情。2013年的冬季，我大四，面临着找工作的压力和进入社会的恐慌。而他大三，生活一切如常，优哉游哉。

大学情侣中存在一个"毕业就分手"魔咒，这其实不是一个魔咒，而是"实践出真理"。身边的情侣一对对地分开，用事实一遍又一遍地为我们印证着这个"真理"。

2013年的寒假，我们相恋刚刚一年，爱情基础还不稳固，各自回家的我们用电话和QQ联络。而那年春节刚过，发生了一件始料不及的事情——我的一个大学好友在很短的时间内突然生病离世。这个消息像一个晴天霹雳，打得我六神无主。打电话给远在广西的他，想要寻找一些安慰，可是他那边弥漫着节日的欢乐，心境悬殊，这通电话最后以吵架结束了。为什么事情吵架，现在已经记不起来了，只记得我们说到了分手。那时候，我觉得人生无常，前途难测，似乎一切都是不可期的。临近毕业，爱情也面临着选择，一时间，无比悲观。

过了几天，他打电话给我，说他已经仔细思考过我们的未来，我们以后的生活，并且像做计划一样，一项一项列出了关于工作、关于生活、关于未来的打算。他的坚定和淡然抚平了我的不安。可能就是在那个时候，我认定了他是一个可以共度终生的人。这件事像一个分水岭，翻过这道坎，一切都明朗了，我们开始真正走进对方的人生。不管后来发生

了多少事，在我看来，都是感情生活的调味剂，不足以撼动我们的感情。

后来，我去了上海工作。上海是一个快节奏的城市。每个人都在追逐潮流，追逐改变，追求一些变化莫测的东西。就是在这里，我知道了婚姻是一种可以交换的东西，可以用利

益来交换，可以用金钱来交换，可以用房子、车子来交换。而他对于婚姻和爱情的这份笃定，是我在这个城市最大的心安。尽管身边的很多东西一直在变化，但是我知道，我的爱情不会变。

毕业几年，我们的生活大体按照 2013 年寒假的约定一步一步进行。2017 年，是我们约定的结婚年，刚好在朋友圈看到母校关于筹办集体婚礼的活动，顺理成章地报名了。一切都是刚刚好。

为了完成这篇稿子，我问他，你最想对我说的话是什么？他轻描淡写地说："我们要一直在一起。"

未来还很长，对于明天和未来，我始终保持敬畏之心，不敢轻易去承诺或是预言。但是，在通往明天和未来的道路上，"爱"是我最大的信仰。我想，有了这个信仰，人生之路就是美好的。所以，我最想对他说的话是，我希望爱能贯穿我们的婚姻，我们的人生。

冰冷的心电图,连接了我们炽热的心脏

文 | 徐　静　张晶晶　牛小伟

"于千万人之中,遇见你所要遇见的人;于千万年之中,时间的无涯的荒野里,没有早一步,也没有晚一步,刚巧赶上了。"遇到一个人,需要刚刚好的时间,刚刚好的地点,不早不晚,就是那一秒,彼此看到了对方,记住了对方。既然遇到已是如此难得,相守一生又是多么珍贵与幸运。这份珍贵与幸运,没有预约地降临到了牛小伟和张晶晶的身上,他们不仅恰巧遇到了,并且抓住了这份缘,成为彼此愿意相伴相知相守余生的人。

从相遇到相知

2014年的春天,26岁的牛小伟遇到了24岁的张晶晶。当时牛小伟在兰大读研二,张晶晶读大四,两人恰巧在同一家医院实习,于是他们在同一个科室相遇,　后来科室带教老师请大家一起吃饭,互相加了好友,然后继续下一个科室,亦没有太多的交集。真正让他们结缘的,是心电图。

当时,实习老师要求实习生亲自报心电图,但张晶晶第一次接触心电图,什么也不懂。这时,张晶晶想到了师兄牛小伟,于是便抱着试一试的态度请求他的帮助,牛小伟很爽快地答应了她。

其实,刚刚接触的时候,张晶晶并没有想到这个人会成为自己相伴余生的人,因为她觉得这个男生有点不靠谱,但渐渐地,她发现,这个人其实很博学,自己的许多疑问他好像都能很轻松地解答,也因此渐渐地对他有了好感。

而张晶晶引起牛小伟的关注是因为她的"慢"。他说:"医院那个时候每天都要给病人测血糖,最多的时候每个实习生一天要测 200 多个,她测得特别慢,中午饭都过了还在测,但对病人却很细心,大家还给她起了个外号就叫'慢羊羊',但我倒是觉得'慢工出细活',感觉这个女孩萌萌的,很有意思。"

在心电图学习的过程中,他们慢慢熟悉起来,对彼此有了更多的了解。虽然牛小伟不善于表达,但张晶晶却明白他的心意,于是,没有轰轰烈烈的告白,冰冷的心电图将他们炽热的心紧紧联系到了一起。

从相知到相守

相恋不到一年的他们迎来了毕业的时刻,牛小伟签了外地医院,张晶晶也不得不回到自己的家乡,他们开始了艰难的异地恋。

面对未知的未来,张晶晶心里很迷茫,很害怕,很矛盾。她一方面不相信自己,不相信自己能够让牛小伟回到自己的身边，甚至觉得自己会拖累他，阻碍他实现自己的梦想；但另一方面却舍不得放弃，倔强地坚持着这份感情。异地时的他们经常吵架，有时也会冷战一段时间，但他们并没有提出过分手，他们在不同的城市遥望着彼此，给彼此安慰，有时平淡，有时欢喜，各自投入各自的生活之中。

但牛小伟想要回来的心从来没有变过，他要给她一个家，给她一份安定的生活。于是，一年之后，牛小伟回来了。从那一刻，张晶晶就决定自己一定要和牛小伟相守下去。一年的异地恋，让他们更加明白了对方在自己心里重要的位置，也变得更加珍惜彼此，坚定了他们一起走下去的心。于是，在他们去旅游时，牛小伟叫上自己的好朋友，买了 11 朵鲜花，向张晶晶求婚了。他们于今年 9 月 12 日步入了婚姻的殿堂，开始了人生的新阶段。

畅想未来

在此次兰大 108 年校庆中，牛小伟和张晶晶作为第 108 对夫妇，在庆典上作为代表将自己写给对方"五年后的信"进行封印。在谈到未来五年自己生活的变化时，张晶晶说："刚刚结婚，对自己角色的转变还没有适应，对家庭也没有什么概念，5 年之后，肯定会做一个更好的妻子，应该学会了做几个菜，还可能会有个孩子，使家庭变得更完整。"牛小伟也表示，自己以后会更加注重家庭和家人，也会努力工作，有一个更好的生活。

正如五月天唱的那样："如果我们不曾相遇，我会是在哪里，有着怎样的人生境遇；如果我们不曾相遇，你又会在哪里，意外的雪景与你相依的四季，苍狗又白云，身旁有了你匆匆轮回又有何惧……"总是在迷惘，总是在回头望，总是小心翼翼地游荡于人世间，却不会后悔努力让两颗流浪的心相遇，然后栖息于同一个地方，刚刚好遇见，刚刚好彼此一笑，刚刚好没有放弃。

缘定今生

文 | 毛星圆

孙佳明 2008 年考入兰州大学艺术设计专业，成为艺术学院新的一员，赵梦含 2009 年考入兰州大学艺术学院舞蹈专业，成为了他的学妹。

缘于迎新的爱情

2009 年的夏天，又是一年一次的迎新工作，每年的迎新工作都会有学长学姐热心地帮新生拿行李，帮忙安顿，为新生介绍即将生活四年的学校，这次也不例外。

"当时我下了校车来接我的就是他，他帮我拿着行李、找宿舍，帮忙登记，进宿舍以后又是帮忙铺床铺，又是带我体检，到后市场买生活用品，总之就是一条龙服务，后来就互相留了联系方式。"赵梦含说。谈到当时是怎么在一起的，赵梦含说："他就是各种给我发消息、聊天，聊学校，聊自己、聊各种有趣的事，然后约我一起出去玩，就渐渐产生了好感，周围的朋友也是各种起哄，然后就在一起了。"

就这样一点点地接触，开始了四年的校园恋爱，每天一起去上课，一起去图书馆学习。一起奋斗的日子，使他们互相成为了对方最美好的大学回忆。

毕业后的浪漫

很快大学四年的美好时光就过去了，因为孙佳明毕业了，而赵梦含还要有一年的时间才能毕业，而毕业了的他们就不得不面临分隔两地的现实。坐在校车上准备去走红毯的赵梦含说："当时他毕业以后，我说：如果你特别爱我，就来云南找我吧，要不咱们就各奔

东西，结束我们的爱情。然后特别感动的就是他来了云南找我，那是我大三的假期，他来到云南后行李全部都丢在了大理，里面有毕业证、学位证、笔记本电脑、单反、各种证书，反正毕业四年积累的家当全部都丢了。然后我就安慰他，别担心一定能找到的，咱们想想办法，也不能干等着。"说到这里，孙佳明一脸无奈又幸福地说道："对，我们去打印店去做一个寻物启事，我们去打印传单，然后就像电视里一样，我们就在大街上发传单。"虽然找了两天也没有找到，但也很能够体会到那种同甘共苦的时光。孙佳明就觉得刚好老天想让他留在云南，那就留在云南呗。后来就留在她的故乡和她一起生活，一起拼搏，一直到现在。

赵梦含说"我们当时本来是说要一起坐游轮游洱海，但是他所有的东西都丢了，钱包也丢了，我们就手牵着手一起走着逛洱海，一直走啊走，走了很久。"虽然当时的他们一无所有，但是他们有的是对对方坚定的爱，和生活会越来越好的信念。相信无论时间过去多久，这段回忆都会像烙印一样印在他们的脑海里，无论何时回忆起来，都是一段美好的

过去。

　　问到她再次穿上婚纱什么感觉，赵梦含笑着说："我们还没有举办婚礼呢，这是我第一次穿婚纱，也是我们在一起的第一个婚礼，这个婚礼很有意义，很荣幸能参加在母校的生日上为我们举办婚礼，感谢母校花这多心思在这场婚礼上，母校能惦记着我们这些校友

我也很感动。"作为他们的引导员，我看到了快到他去接新娘时候的一丝紧张，和握住她手的时候的难以遮掩的笑容，我也用手机为他们记录了这些幸福的瞬间。

　　现在的他们已经有了固定的工作，买了车，买了房，接下来的生活，他们还会迎来他们爱情的结晶——孩子。陪伴是最长情的告白，而守护是沉默的告白，希望在以后的日子里他们能互相成为最坚实的依靠，越来越幸福。

04 爱情的小美好 | *Sweet Love*

爱有包容，更是相伴。

我希望在你我年暮时，感谢曾被爱情温柔以待，回想过去，感谢生活的轨迹给了我们相遇的机会，没有太早也没有太晚，相遇就好，是你就好。

平凡岁月 有你足矣

文 | 陈 月 王丽萍 张龙龙

生活很喧嚣，但总有些事情让人沉淀静谧，给人以美好的期许。

生活很枯燥，但总有些事情使人心起波澜，给人以相守的勇气。

她说："我们的生活就是这样，平平淡淡，没有所谓的波澜起伏，也没有戏剧中的人生跌宕，只有相遇相知，相守相伴。每一天，我们在柴米油盐、锅碗瓢盆中度过，虽然生活平淡朴素，但只要彼此理解，我们也倍感幸福。"

结婚 3 年，孩子一岁半，这对平凡夫妻在平淡的岁月里过着属于自己的不平凡的生活。每每谈到在母校兰大的恋爱时光，张龙龙与王丽萍夫妻二人便止不住笑意。两人恋爱至今已有 11 年，回首过往，他们感到更多的是满足与幸福，虽没有深情告白，没有浪漫玫瑰，甚至连婚姻都显得那么平淡自然，但他们的生活却正是大多数人心中永远的憧憬。

缘起兰大知情深

他们是兰州大学第二临床医学院 2006 级的校友，更是临床 11 班的同班同学。谈到相遇相知，王丽萍并没有说太多："因为是同班同学，大家都彼此了解，所以也就没有那些浪漫的告白环节。那时候，我们大一，还在榆中校区，期末复习的时候需要去图书馆占座。所以班上的男生自然而然就扛起了这个重担，我们也就是这样慢慢地熟悉起来，直到走进对方的心里。"自此，以后的每一天，无论是一起上课，还是一起出去吃早餐，

张龙龙都会提前 40 分钟在王丽萍的宿舍楼下等待。耐心和信心让他们走在了一起，从此相伴两不分离。

如果说陪伴是最长情的告白的话，那么张龙龙是用自己的实际行动完美诠释了这个道理。搬到医学校区后，有一天晚上，王丽萍突然身体不适，见此状况，他着急坏了，赶紧背着她赶往医院。最终，她在兰大一院接受医治。"那天本来以为他已经回学校去了，可没想到的是，我一睁眼就看见他趴在床头睡着了。那个时候我真的感动得快要哭了。"王丽萍说道。在他的悉心照顾下，她很快好了起来。回想起当年，他们无比感慨，或许这就是爱情最初最美好的模样吧。

执子之手共终老

5 年的求学生活很快就过去了。2011 年，他们都毕业了。作别了相伴 5 年的母校，踏上了毕业旅行之路，在麦积山下，他们执手共进，在伏羲庙前，他们为彼此衷心祈祷，无论将来结果如何，他们从不曾后悔过。年华或许不再，誓言或已忘记，但他们的心仍紧挨在一起，相伴相依，永不言弃。

面对投出去的第一份简历，面对即将到来的第一个面试，王丽萍精心准备着，她知道，成为一名医生，意味着救死扶伤，意味着担当和责任，意味着独当一面。收到面试通知以后，张龙龙毫不犹豫地决定陪她去西安面试。面试时，戏剧性的事发生了，陪同面试的他因为专业能力强被破格录取，二人就这样在西安开始了别样的工作生活。

结婚已经是工作 3 年后的事了。从 2006 年到 2014 年，对他们来说，结婚是一件水到渠成的事情。"要不咱们结婚吧"，他的这句话将他们俩的后半生紧紧联系在一起。2014年 7 月，张龙龙和王丽萍在家人的祝福下订婚。同年 9 月 9 日，二人领取结婚证。10 月 1 日，二人举行婚礼。"我们没有像别人那样说要在多少岁时结婚，也从来没有提前考虑过什么时候结婚，感觉时间到了，自然也就结婚了。所以，无论是从最开始的恋爱，还是到婚姻，我们都彼此默契。虽然没有那么多的甜言蜜语，但我们都感觉很幸福。"

柴米油盐见真情

"以前的生活可能是琴棋书画诗酒花，现在却是柴米油盐酱醋茶，"张龙龙笑着说道，"我们对对方都没有太多要求，只要双方性情相合，平平淡淡过日子就好。"柴米油盐中，见的是二人的真心，显的是两人的深情。"时间久了，沉淀下来了，两个人的性情也就变

了。在大学时代我们经常也会吵架，但吵吵也就过去了。现在偶尔也有斗嘴，但我们都明白要学会包容对方。爱情的要义就是包容、感恩和信任。我非常感谢她和她的家人对我们婚姻的支持，感谢家人对我们的包容。现在的生活虽然也是平平无奇，但我们非常满足。"张龙龙分享道。

当被问到家庭生活时，他说道："其实对于一个家庭来讲的话，最重要的是要有一根主心骨，也就是要有一个操心的人。我们既然选择了对方，那就要给予对方足够的信任。凡事多为对方着想，这样慢慢有了默契，也会很好地避免争执。"生活或许会有不如意，但凡事多替对方考虑，多一些理解和包容，那离幸福也就不远了。

列夫·托尔斯泰曾说："幸福的家庭都是相似的，不幸的人各有各的不幸。"他们在平凡的岁月里搭建起爱情的殿堂，在平淡之中透露出不平淡的家庭生活。如果说最美好的爱情是相依相守的话，那他们的故事就是美好爱情的典范。在平凡的岁月中遇见你，与你携手共度一生，这大概是爱情最美的样子。

相守永远　不负韶华

文 | 何予原

初　识

应该是在 2014 年的夏天，一次聚会上，初识了那个此前一直喊我师兄却见了面才知道是同一届同学的大大咧咧的女孩。这是我到深圳 4 年后第一次认识新的同学，还是个女孩，她的出现犹如在我的内心荒野里流入了一眼冰泉，一次所见遂成一生所眷。

相　恋

从相识到相恋，是那个叫何予原的男孩死皮赖脸地追逐那个叫杨娟的女孩的故事。约饭、约电影，有计划、有组织、有预谋。

感情的升华源于一次 50 公里的户外徒步，一起走了整整一个晚上，话说得并不多，只是一起走。这次徒步最大的错误就是给她带了一根登山杖，让我没有充足的理由在她累的时候鼓起勇气牵着她的手，与她一起走。

终于，在一次看电影时鼓起勇气牵了手。于是旁边深职院的操场上，很多个依稀有星星照耀的晚上，我们彼此牵着手，走着或坐在草地上，我们假装我们还是学生，在大学的校园里，在还没有逝去的年华里。

后面的日子里，我们也经历了大多数情侣前期的磕磕绊绊，经历了她提出的一次次的分手。而我秉持了"在每一次快要放弃的时候多坚持一分钟"的策略，任尔东南西北风，我自待你闺中。

一个小遗憾是，我们在一起后，对户外渐渐失了热情，或许是因为兴趣和精力都已经转移到维持彼此的紧密。

结 婚

既然在正确的年龄，遇到了正确的彼此，结婚便是水到渠成。

2016 年 9 月 21 日，我们终于步入了婚姻的殿堂，在深圳南山民政局，我们一起领了证，一起宣读了爱情宣言，简单而神圣。在那的半个小时是我人生中最激动最兴奋的时刻，我明白我已经从男孩成为男人，个人成了彼此。任岁月悠悠，我们永葆芳华。

在 2017 年的 5 月 7 日，爱情的结晶，我们的儿子出世了。何明远，名字取明达、致远之意，意思是诸事看得明白，诸路走得长远。

人生的路就是一场远行，重要的不是走得多块，而是走得多远。因为有你，在以后的岁月中，与君同裳，与子偕行。

祝 福

结婚，是双方血缘的结合，是一个双方把爱情升华成亲情的仪式，一个新的家庭的组合，既然选择了，唯有立下誓言，今生今世，永不相负。

对不起，没有在最风华的年龄遇到风华的你，没有了优美的辞藻、浪漫的故事，唯有最真实的我和你。

永远守护你，在那灯火阑珊处。

感　谢

感谢校友会的付出，108 年庆，陈聚 108 对回忆。回归母校，依然少年，相见太晚，重聚太短，回味永远。三棵松下，紫嫣花海，积石堂边，昆仑望远，翠英山高，黄河水长，感恩母校，愿越来越好。

爱情齿轮

文 | 宋书琦　黎金葵　高　龙

爱情的最初也许只是一句简单的话语，但爱情绝不仅仅只是一句简单的问候。

已经同班一个学期了，却只是相识，还没有机会相知，他们之间需要一个契机。她是美丽、善良的女孩黎金葵，他是他们专业最帅的男孩高龙，但他们之间应该不会有太多交集。

解剖课后，听到她说要洗白大褂，他说："顺便帮我也洗一下呗？""嗯？行吧。"她说。他们的相识就是这么的简单。一个简简单单的善良女孩，一个默默注视了她好久的朴实男孩，一次偶然的课后，一件白大褂引发的爱情。

爱恋的萌芽

爱情似乎是一种让人捉摸不透的东西，无法形容，好像是随心所欲、无踪无迹，又好似冥冥中早已注定，注定相遇、注定相识，但相识是如何到相知又如何倾心相守的呢？那可能需要的就是一份心灵的悸动和身体的行动了吧。

是我追的她。"女人，我想你了！"QQ上聊了几次天后就给她发了这样一条短信。遇到好女孩一定要尽快出击，要不然就被别人抢走了！她是个善良有时候有点小调皮的女孩，反正我是看上她了，那就死皮赖脸往上凑，坚持对她好，我相信绝对能攻克她。

他是个很好的人，很让我感动，我是个从小缺爱又缺钙的人，但他给了我所有的爱与感动。记得最让我感动的就是大二时候，我有一次发高烧，大半夜他和我室友陪我去医院输液，他细心地照顾了我一晚上，我头疼他温柔地帮我按摩，一直等到早上烧退才送我回去；当天下午又烧起来，他又赶紧陪我去医院。从这件事情以后，我就知道他就是那个可以托付终生的人。

不可分离的齿轮

有人说，恋爱中的两个人，就像两个齿轮，看似很简单的一组机械，其实复杂着呢。我们每个人都是一个齿轮，都在寻找另一个齿轮一起转动，我们都希望遇到尺寸刻度适宜的对方，但失去了接触、摩擦、碰撞的齿轮是没有意义的，因为齿轮互相磨合、填补缝隙的过程，才是爱情的含义。

我不希望她有太多的心理负担，对她对我都不好，我们就像是一对齿轮经历了磨合期，心里彼此早已认定对方，别人都不会适合自己，只有她会是我的另一半。她是一个有点内向的女孩，那我就话多一点，平时多多逗她开心；她如果生气了，那我就先道歉，然后多多哄哄她，当然啦，我一般不惹她生气；我是真的心疼她……

只有他能懂我，我们曾迫于现实的压力分开过，但是分开的那段时间里，却总是想念他的好，遇到事情，很多时候想到的还是他，我可能真的很依赖他吧。尽管跨越几个省市，尽管隔着遥远的距离，尽管还有种种来自现实的压力，可是我们还是走到了一起。

也许是爱情的力量太伟大，也许是上天也想促成这段美好的姻缘，又或许只是因为我们之间的小运气，我们最终都留在了兰州。一位顺利地留在兰州的一所医院，另一位也顺利地在离对方工作不远的医院找到了工作，定居兰州。2016年的9月，一纸证书，我们终于成了一对被国家、社会、亲朋祝福的恩爱夫妻。如果可以，我想对你说："遇到你，我好幸运，爱你永不变！"

温馨小家

如果说爱情是两个人从相识到相知再到相守，那么一个宝宝的出生便是对爱情最好的诠释吧！

知道她怀孕的那一刻，我差点哭出来，真的很激动。她很辛苦，要注意的事情非常多，

需要更加细心。有时候她不注意，我会说她几句，不过之后还是会给她道歉的，我心疼她。我没有什么太大的期望，我只希望宝宝快快乐乐地成长，而她能好好的，我们一家人就这样一直一直在一起。

有宝宝是一件很幸福的事，感受一个生命从无到有、从弱到强的过程。怀宝宝是一件比我想象中还要辛苦的事，睡不着觉，有时一天也睡不到两小时，但他很照顾我，比我还小心翼翼。下雨下雪天都会送我上班，月份稍微大一点了，更是几乎每天下班都过来接我。在他面前我是比较任性的，但他都包容我；也正是因为他宠着我，在父母面前从不撒娇的我，只有在他面前这才会撒娇。

爱情的模样，大概就是如此吧：我愿意倾尽所有守护着她，守护着我们的家！愿有情人终成眷属，愿每个遇到爱情的齿轮都能得到最美好的结局，愿每一个小家温暖健康，快乐幸福！

人生只愿如初见

文 | 李芯悦　任晓蕾　刘　润

　　2012年夏天，本部齐云楼的自习室里，正在读博的刘润遇到了一个娇小可爱的女孩子——刚刚保送研究生的任晓蕾，两个人偶然相遇，发现对方在一个学院，就此相识。那时，他们只当认识了一个新的朋友，一起自习，偶尔一起吃饭，但谁也不知道这一段在齐云楼发生的缘分悄悄在生活中蔓延开来。相处的时间久了，刘润发觉这个师妹性格很好，跟自己很聊得来，于是萌生了想要在一起的念头，晓蕾却觉得自己还年轻，还可以继续挥霍一下青春。众所周知，师兄师妹模式中，表白的向来是着急的师兄，面对师兄的追求，晓蕾设下层层关卡："能不能吃辣""能不能陪逛街"……刘润凭着一颗真诚的心，最终抱得了美人归。2014年的暑假，相识两周年之际，他们正式在一起。

　　相处的日子总是飞快。2015年，刘润毕业，为了能和晓蕾在一起，考虑到晓蕾的老家在陕西而自己却来自安徽，两个人商量一番之后，最终决定去距陕西和安徽都不远的武汉发展。于是，当年毕业的他，作为"敢死队""先行军"，只身奔赴人生地不熟的武汉，一切从零开始打拼。

　　2016年，晚一年毕业的晓蕾追随着刘润的步伐来到了武汉，大城市的生活节奏让初出象牙塔踏入社会的她压力山大，幸

而她并非孤军奋勇，比她先一年抵达武汉的刘润全力照顾着她，帮她适应，相爱的两个人就此在陌生的城市相互扶持，在柴米油盐中积累感情。最终，这段爱情修成了正果——他们在 2016 年元旦正式结婚，给对方盖戳印章，成为一对甜蜜的新婚夫妇。

求婚，对于晓蕾来说是整个恋爱过程中特别让她感动的一个场景。因为刘润在她心目中其实是个典型的理工男，没有任何浪漫细胞，做事情都是实打实的，求婚这件事却让晓蕾真真切切地感受到了他对于这段感情的用情之深。

两个人的家长当时已经开始在筹办婚礼，晓蕾在内心默默期许着这个准备跟自己共度一生的男人会给自己准备怎样一个求婚仪式……刘润倒是耐着性子硬是拖到了婚礼前的最后两周。那天，他们宴请了现在在武汉工作的兰大校友们来新家，下午大家看着电视聊着天，刘润突然说要去买一些给大家做晚饭的菜，晓蕾说她去吧，刘润却回绝了，与另一个校友一起出了门，"诶？为什么这次这么坚持，明明像买菜做饭这种事情都是我来做，今天怎么这么积极？"晓蕾心里微微一动。

剩下的人在家里等，继续看电视聊天，电视里当时恰好在放《从你的全世界路过》中茅十八向荔枝求婚的桥段，另一个师姐不小心说了句："今天这个电影好应景啊。"晓蕾心里的预想又清晰了一点："啊？不会吧，难道就是今天？"

后来，刘润回来后，大家把晓蕾拉到一个房间里，说外面要布置一下，等她从房间里出来的时候，映入眼帘的是精心布置的鲜花和彩灯以及一个单膝跪地的男人，紧接着，电视上就放起了一段沙画视频，那是他们相遇、相识、相知、相爱、相守的经历，从兰大到武汉，过往的故事伴随着沙画一帧帧展现在大家面前，视频的最后写着：希望这段感情得到校友们的见证。最后，刘润深情款款地对着自己未来的新娘展开了一段内心独白："未来的路也许很长很长，但因有你的陪伴而不再孤单；未来的路也许很平凡很单调，但因有你的陪伴而色彩斑斓；未来的日子也许并不一帆风顺，但因有你的存在而使得坚持变得有意义。和我一起一直走下去，好吗？"听着这些质朴但却句句暖心的求婚话语，晓蕾含着眼泪，点头应许，答应了这一生的邀约。

谈恋爱的时候，刘润问过晓蕾对求婚的期待——需要有人见证，只有两个人的不算；必须要有惊喜，完全想不到的惊喜……最终，刘润完美达成了任晓蕾对求婚的所有要求和期待，给她，或者说是给彼此，留下了一段难忘而珍贵的回忆。

除去求婚这样的大事，充盈在生活中的更多是柴米油盐酱醋茶的小事，做饭、洗碗、洗衣服……两个人并没有明确的分工，我忙的时候就你做一下，你做饭就由我来洗碗等等，相互扶持的生活总是平淡又温馨，琴瑟乐百年。

执子之手 爱在兰大

文｜宋佳琪　胡鹏涛　王丽军

　　有人说，每个人的一生都会遇到 2 920 万人，但两人相爱的概率仅为0.000049。所以，有些人是我们懵懵懂懂地错过，有些人是我们忙忙碌碌地寻找，但有个人却是我们终其一生的守候。那么有多少人会在同一地点，相遇然后擦肩而过？我在最美的年华里走过的那段路，是否也曾经留下你的脚印？

　　如果现实也能如同电影般，男女主角生活的两个画面同时放映，那么就会看到 2013 年在兰州大学这所百年学府里，虽然不曾相逢，但却同样褪去青涩的学生模样的两人：胡鹏涛本科毕业，王丽军研究生毕业，在同一所校园，擦肩而过，如同两条平行线，毫无交集。

　　他们的爱情就像是一个巡回的追逐，他在寻找她的同时，她也在寻找着他，他总是顺着一个方向不停地在转，她也顺着同一个方向在转。他们总是在错过，但终究会相遇。

　　如果不是当时他突发奇想，在西北望 BBS 上发了个题为"2016 年都来了，我的那个她，你啥时候出现？"的帖子，如果不是她的室友恰巧看到，如果不是室友将她的联系方式发给他，那么不知道他们还会在彼此的生活里继续错过多久呢？但一切就如同月老手中的红线，一环紧扣一环，将两人牢牢联系在一起。或许，缘分，本来就是如此妙不可言。一切不早不晚，我来了，并且你刚好在，所有都是来得刚刚好。

　　通过网络进行联系的两个人，因为同为兰大学子这层关系，彼此多了一份信任与亲昵。隔着屏幕，他向她分享一天的喜怒哀乐，她向他诉说生活的点点滴滴。两个手机，将两人的心不断拉近。慢慢地，他们对于彼此，都有了不同的意义。于是见面，便成了一件自然而然的事。

兰州大学，两人曾经错过的地方成了两人第一次见面的地方。或许是当时的阳光太过于明媚，他眯眼，驻足下来抬手遮阳；或许是当时的微风太过于撩人，她将眼前飞舞的发丝撩到耳后；或许是当时的人群太过于温柔，两人就那么面对面站着，莞尔；芝兰苑、毓秀湖、积石堂、体育场都留下了他们的脚步。这次见面，就如同在两人的心海里掷下一枚

石子，激起阵阵涟漪。爱上一个人，有些时候一秒就足够了。本就有好感的两人，一眼便是万年。相遇，相知，相守，一切都是那么顺其自然。

相恋的情侣，总会嬉笑着谈起曾经过往，谁先追的谁，谁最后忍不住告的白，又是谁曾经等着另一人，等他（她）回短信，等他（她）发着无聊、搞笑的表情包，等他（她）述说着生活的点点滴滴、家长里短。

2016年初认识，由于工作关系，他经常出差，两人见面时间少，但她理解他，慢慢地彼此都学会了牵挂，学会了等待，学会了坚守。在一起时，两杯茶，一本书，一个下午就这样过去。所谓深情挚爱，大概就是你中有我，我中有你。你在的时候，你是一切；你不

在的时候，一切是你。

"我如果爱你，绝不像攀援的凌霄花，借你的高枝炫耀自己……我必须是你近旁的一株木棉，作为树的形象和你站在一起。根，紧握在地下；叶，相触在云里。"相互扶持，共同成长，这或许就是爱情最美好的模样。喜欢就是淡淡的爱，爱就是深深地喜欢。一生，有你相伴足矣。

2017 年 9 月 17 日，"爱在兰大"集体婚礼，作为志愿者，我认识了他们，也知晓了这样一份难能可贵的爱情。第一次见面，他们之间就好像有种旁人无法介入的默契，那是一种彼此相吸的磁场。他告诉我："生活中，两个人的交流有时就是一个眼神，一个笑容。"兰州大学，他们爱情萌芽的地方，两人爱的婚纱照是在兰州大学拍摄的。

在新郎从老师手里接过新娘的环节时，她略显紧张。她告诉他："108 个新娘，到时候你可一定要牵对人。"他调侃地回答道："牵错也没办法，就只能带走了！"好的爱情是你通过一个人看到整个世界，而不好的爱情是你为了一个人舍弃世界，他们的爱情无疑是前者。0.5 加 0.5 等于一个完整的他们，找到了她（他），便是找到了真正的自己。这种相处模式，着实令人羡慕！

或许我们都应该明白，老天让你等，是为了让你等到对的人。徐志摩说："一生至少该有一次，为了某个人而忘了自己，不求有结果，不求同行，不求曾经拥有，甚至不求你爱我，只求在我最美的年华里，遇见你。"或许在最美的年华里，他们错过彼此，或许他们的爱情没有那么轰轰烈烈，但就是这样简单的执手相伴，或许才是爱情最美好的初心！

天涯海角，我的思念属于你

文 | 岳政伍　岳子琪

　　大千世界人海茫茫，每一段感情都来之不易，看似不可能的缘分，其实早在不经意间便已冥冥注定。有这样一种缘分，不是一见倾心的浪漫，没有轰轰烈烈的灿烂，有的是用时间去慢慢体会彼此的情感，造就一生的缘分。有些人，来得可能晚一点，但他是那个对的人就好。

陌生人

　　2012年，岳子琪学姐考入了兰州大学口腔医学院攻读硕士，如往常一样，九月份新生报到，随之到来的就是紧张、难忘、充实的研究生生活。她说："在这里让我感受到了不同于大学的生活，同时也学到了更多。并且紧张且充实的研究生学习生活，让我没有恋爱的打算。"

　　2013 年，闫瑞峰学长更是以优异的成绩考入了兰州大学第一临床医学院攻读硕士，研究生的生活也让他无暇再关注其他。

　　那时的他们并不认识，也许只是在校园的某条路上、水房、食堂、图书馆或是学校某次集体活动中见过，但那时的他们只是陌生人。

相　识

　　有的时候缘分真的很重要，它能够让两个原本不相干的人很巧妙地相识。

他们的相识是在一次双方家人的聚会上。在那次聚会上，他们了解到彼此都是兰州大学的校友，并在聊天中，他们又发现彼此之间有很多共同的朋友。这让他们自然地熟悉起来。

学姐说他们的第一次单独约会是一起去看电影，从那次电影以后他们就确立了恋爱关系。

我们听起来，这一切都平平淡淡的，但是从一对陌生人慢慢变成一对恋人，他们有太多的缘分，一次偶然的聚会，一次无意的对话，身份上一次次的接近……这一切都是多么有缘。

他们恋爱的过程也证实这一点。如他们所说，他们的恋爱并没有轰轰烈烈，只是平平淡淡，偶尔穿插着一些小浪漫。他们有共同的爱好，都喜欢在节假日的时候出去走走。他

们一起去了很多很多地方。他们欣赏了云南的人杰地灵，感叹了嘉峪关的一夫当关，感受了山西的古老沧桑，体会了银川的塞上江南……当然了，体验不同的地域文化的同时，也少不了品尝各地的美食。

有人说，检验爱情最好的方法是去旅行，这样可以较为准确地知道两个人的三观是否一致。这对恋人在不断地旅行中慢慢地更加认定了对方，他们的爱情堡垒更加坚不可摧。

走入婚姻的殿堂

2015 年 6 月，岳子琪学姐研究生毕业，并且留在了兰州工作。

2016 年 6 月，闫瑞峰学长研究生毕业，也留在了兰州工作。

从认识开始算起到毕业，大概两年时间，他们都收获了研究生的学历和一份还算不错的工作，只缺一个美满的家庭。

在闫瑞峰学长毕业以后，他们两个人开始计划着结婚了。一切都是水到渠成，这么的自然，这么的舒服。大学校友，牵手走出校门，牵手走进婚姻的殿堂，让多少人羡慕不已。

2017 年 2 月 14 日，是情人节，他们选择在这一天登记结婚。当他们的关系从恋人变成夫妻的那一刻，是多么的神圣，多么的让人羡慕且祝福。在休闲的时光里，他们牵着手漫步在见证他们爱情开花结果的兰大校园里。

有人说，女人就像蛋黄，男人就像蛋清，爱情就像打蛋器，把他们搅在一起。爱，是永久忍耐；爱，是永不休止。无论顺境还是逆境，无论富有还是贫穷，无论健康还是疾病，无论青春还是年老，他们都将风雨同舟，患难与共，同甘共苦，成为终生的伴侣！

从相爱的两个人走进了婚礼殿堂那天起，爱情之花终于在一个美好的季节娇艳地盛开。世界上最浪漫的事，就是一起慢慢变老。和所有相爱的人一样，期待着，这份浪漫，相约永远。

他们的爱情誓言：天涯海角，总有一份思念属于你。四面八方，总有一丝牵挂缠绕你。

爱情不一定是轰轰烈烈的，每个人面对的人和事都不一样，所以爱情分为多种多样。闫瑞峰学长和岳子琪学姐的爱情故事，平平淡淡，但这其中却充满了缘分与爱意。他们的爱情里面充满着对彼此感情的体悟。平平淡淡才是真。这对新人，刚刚结婚半年多，但是能够从他们的笑容里看出来，他们很恩爱，很幸福，我们要以最真挚的话语来祝福他们，希望他们永远幸福快乐！

陪伴是最长情的告白

文 | 张瑞慧

　　韩庆鑫和令晓玲两人很有缘分，最初相识于高中，刚上高中的他们懵懂，或许最初那不经意的一眼，便注定了以后要携手一辈子。他说："在高中时第一次在课堂见到她，就难掩内心的激动，觉得是不是曾在梦中相见……"

　　2008 年 8 月 12 日，他只身拉着行李来到了兰州，坐上了蓝色的校车，来到了榆中校区，他觉得这里与老家还是有很多共同之处，只是好像缺少了那个身影，觉得心里空荡荡的，有些失落。后来，她也考上了兰州的大学，而这所大学离兰大校本部又很近，曾是同班同学的他们，开始有了联系。他带着不熟悉学校情况的她去报道，又带着不熟悉兰州的她去逛，去了解学校周围的环境。她也经常来榆中校区看他，他在她最需要关怀的时候出现，她也在他需要温暖时及时给予，就这样一来二去，两人的感情超越了同学之间最基本的关心，逐渐升温。后来有一天，两人互表真心，最终在一起了。因为大一到大三都在榆中校区学习，他们的见面就显得不是那么容易，要坐上那蓝色的校车，穿过白虎山隧道，去谈谈最近发生的事，一起吃吃饭，便又要分离。这样的生活持续了一年多后，他搬到了校本部，他可以经常牵着她的手一起去上课，去自习，去逛街，去爬山，去游玩。他可以给她的，不仅仅是透过电话显得有点单薄的问候，而是切切实实的肩膀与胸膛。

　　后来，她通过自己的努力获得了学校的保研名额，为了和他离得更近，她选择了兰州大学化学化工学院。这样，她就可以和他一起学习同样的专业，在同一栋化学楼做实验，日后，还可以在同一片领域做出自己的贡献。后来，她经常为早早去做实验的他带去热的爱心早餐，他也经常把热水壶带到她的宿舍。这些看似微不足道的事，却在他们的脑海中都留下了深深的印象。

他生性温和，谦谦君子，温润如玉；她小巧玲珑，喜欢与他斗嘴，喜欢对他抱怨自己的不满。每次她这样的时候，他都笑嘻嘻地看着她，温柔地哄着她，他虽不如文科的男生懂浪漫，但是他会在她不开心的时候，说一些冷笑话逗她，会在情人节为她送上玫瑰。问到他对她做过什么浪漫的事的时候，她笑着说："在我看来，浪漫不是鲜花，也不是生日蛋糕，而是在我需要的时候他就在我身旁，他让我生气的时刻不少，但他让我感动的时刻

也很多。比如有一次，他忙完的时候是晚上12点多了，我随口说了句我想吃玉米，他说他去买，我说不用了，你回宿舍吧，明天再说，因为我知道那个点所有的店门应该都关门了，然而令我没没想到的是，过了差不多一小时，他竟然真的给我送来了玉米……平常我们俩在路上一起走，我开玩笑说你抱我一下，要不你亲我一下，他一本正经地说我们是兰大的学生，要注意影响，然后跟我讲一大堆道理，然后我就假装生气，故意跟他发脾气，但好

多时候我又因为他的一本正经笑了……尽管这样听起来很没趣，但在我看来却是无比美好的。有一次，我肚子疼得厉害，他便一会儿抱着我，一会儿背着我去医院，然后用同样的方法把我送了回来……让我觉得他挺靠谱的，也因为这个，我以裸婚的方式嫁给了他，我现在觉得我很幸福，所以我要好好支持他，我也会跟他一起努力奋斗的。"

都说陪伴是最长情的告白，他们至今已相识 12 年，相恋了 8 年。互相陪伴了这么长时间的他们，决定彼此此生不离不弃，相互扶持，直到白头。今年情人节，他们去了民政局，领到了令人激动的红皮的结婚证。由于他博士尚未毕业，所以打算今年年底等他毕业了之后，再举办婚礼。这次学校的集体婚礼提前让他们感受到了做新郎新娘的感觉，他们看似平静的表情背后，其实掩藏了两颗激动无比的心。他说："这次婚礼，学校会给我们留下许多珍贵的照片，很多年后，我们翻到这些照片，也许会互相打趣，笑着说，那年你 27，我 28，我们把最美好的年华留在了母校。"

谈到对以后生活的期待，他说："我希望我们到了花甲之年，还能互相牵着手逛逛校园，去丹桂苑，去积石堂，去化学楼，累了，就在毓秀湖旁坐下休息，一边看着湖里的鹅和树上的松鼠，一边重复着无休的争辩……"

你是我最美的情书

文 | 吴丽娟

"雾露隐芙蓉，见莲不分明。"一个女子隐约感觉到男子对自己的爱恋。

他说："她是一个老实，让人心疼的女孩子。"

她说："他是一个浪漫的男孩子，每天写一封情书。"

在兴隆山，他牵住她的手，相视一笑，便是一辈子。

嘿，我的前桌，你好！

那是 2013 年的秋天，褪去了夏天的热风，兰州的秋带着微微的凉意。在观云楼的教室里，胡文滕依旧和往常一样早早到教室里，坐在那个他喜欢的座位上，只是那天晚上有一些不一样，因为他熟悉了她——蔡谦谦。

"同学，可以借我那本书吗？"就因这句话，一借一还，在往后的日子里，他们便开始渐渐地多起话来。他在路上，在医院实习时，只要见到蔡谦谦便会大声喊出来，仿佛以为这样就可以打败自己的竞争对手一样。

后来，胡文滕在教室里多了一个同桌，上思想政治课也是这个同桌，再也没有变过……

胡文滕说："自习时，觉得她特别安静，老实，让人心疼。"那是他对一个姑娘的关注。

蔡谦谦说："他也许是对了眼，而我红了脸。"那是她对一个男孩的羞涩。

兰州的秋天很短，还未感受到落叶的萧瑟，便是冬天的寒风，而寒冷的冬天总是让人渴望回家，在屋子里和妈妈聊聊家常，和爸爸讨论时事，和弟弟妹妹们一起享受着冬日里的美味。这一年，蔡谦谦在回家时却有一些不舍，仿佛丢掉了什么东西似的。

在回天水前，胡文滕送她到火车站，离别之际，她给了他一个拥抱。那一年，他24岁，她22岁，正好的年纪，遇见对的你。

给我你的手，就这样牵着

那是2014年的春季，"清明时节雨纷纷"，那时的雨总能带来一些凉意，一个恰好的季节，想起那个给了他一个拥抱的女孩，她是勇敢的，他也必须主动些。

4月6日，回兰大的校车上，谦谦坐在他旁边，他抓住谦谦的手逗趣说："你手怎么那么小？"便再也没有放开的意思。旁边的老乡见状："你们俩啥时候在一起的？"而他们只是微笑面对着老乡，一直没放开对方。

就在第二天，一起吃过晚饭后，胡文滕在送谦谦回宿舍的路上，抱住她，便确定两人要在一起。

和所有刚在一起的情侣一样，还没有适应从朋友一下变成男女朋友，在教室和医院科室，两人甚至尴尬得不知道说什么。

给你我最真诚的浪漫

面对刚在一起的尴尬，在4月12日的周末，想起蔡谦谦喜欢梨花，胡文滕带着蔡谦谦去了什川。那一日在古梨园，他给了谦谦一个承诺："你不是说我没有正式表白就把你骗到手了吗？那在梨花下，我正式向你表白。今后每天都给你写情书。"

要知道写情书容易，每天写一封情书要坚持下去，并且保证让女朋友满意就很难了，这是很多人的疑问。

胡文滕说："刚开始我也以为自己可能做不到，可是后来写着写着也就习惯了，每天从胸外科忙完，写一篇情书，真的蛮享受的。"

是的呀，很多人写情书是为了追女孩子，追到以后便鲜有情书；很多人会偶尔写情书给心爱的女孩，却很少有人会每天写一封情书。

让多少女孩子羡慕的事情，听着就让人觉得很甜，仿佛天空都是粉红色，空气里都是棉花糖的甜蜜。

你就是我要宠爱的那个女孩

胡文滕在校园里拥有一辆自行车，常被谦谦说，这哪是你的"宝马"，自行车都是破的。可是在研究生的几年里，她一直愿意坐在后座，一起去医院值班，一起去教室上课，在一起就好，那是关于单车恋人的一个故事。

谦谦在家里是最大的孩子，可在胡文滕的眼里，她就是那个他要宠爱一辈子的人。蔡谦谦所在科室是心胸外科，经常手术会很晚下班，就算时间再长，永远会有一个男孩子带着他的"宝马"来接她回宿舍。那是无论多久，我都愿意等你，无论你是否勇敢，我都会陪伴你的宠爱。

然而谦谦也是一个粗心的女孩子，也许是因为有了一个依赖，经常迟到。但是胡文滕

没有助长她这个不好的习惯，他宠爱她，但不是纵容她犯错。他建立了一个"爱行基金"，专门督促谦谦不再迟到，即：如果迟到一分钟就罚几块钱，一块、五块、十块，由他保管，直到她不再迟到。

"宠爱"不是一味地服从对方，而是站在对方的角度，为他或她思考利与弊。胡文滕做到了，他爱她，他愿意为了让她更好而受到她的小怨言和责备。

我愿意和你，平平淡淡

2017 年 2 月 22 日，胡文滕和蔡谦谦得到了国家的认证，领取了结婚证。这年，他 28 岁，她 26 岁，正好的年纪，给对方最庄重的承诺。

但在这之前，他们和很多刚毕业的情侣一样，一无所有，谦谦的父母不同意，希望女儿能过得更好。那段日子里，谦谦常会一个人哭，也会和父母吵架，但最终爱情还是让他们走在了一起，步入了婚姻的殿堂，得到了双方父母的祝福。

直到母校 108 周年校庆，他们参加了"爱在兰大"集体婚礼，因为他们爱在兰大，因为他们热爱这里，在母校 108 岁的生日时，他们也举办了自己的婚礼，得到了亲朋好友的祝福。

我们看到他们的故事，不禁感叹，他们好浪漫，也好幸福。

"即使生活有很多压力，即使我们再忙绿，只要身边有一个她，都是幸福的。隔几个月出去转转，去中卫，去黄河边，在黄河边，和你喜欢的人捡捡石头，哪怕放在家里没有什么作用，当我们看到时，记忆会慢慢地浮现在我们面前，那些都是在一起的点点滴滴，见证了我们的爱情。"胡文滕如是说。

生活平淡，而我只要有你就够了，我这辈子写的最美的情书，都是你。

我们的爱是一场旅行，不设终点

文 | 牛森卉

郝强、黄红娟夫妇，在他们各自的眼里，一个是聪明可爱、单纯又有些孩子气的女生；一个是外表成熟、内心可爱的少年。他们年龄相差 4 岁，年级相距 4 级，两人在校期间遗憾地擦肩而过。2014 年侃侃而谈的学长和初出茅庐的学妹在工作中因兰大结缘，2015 年他们在敦煌相恋，开始一场爱的旅行。2017 年，这场旅行迎来幸福的一站，恋人成为家人。在母校的见证下，这场爱的旅行还在继续。

彼时的擦肩而过是为了遇见更好的对方

郝强，2005 年进入兰州大学哲学社会学院社会学专业。大学 4 年，充实而忙碌，他积极参加各种学生工作和实践活动。喜欢足球的他，在学习之余最开心的事就是和哲社男们在绿茵场上思考人生。在校期间，他拿过奖学金，获得过优秀学生干部、优秀社团成员、优秀毕业生党员等荣誉。2009 年，凭借着对专业的兴趣和自身努力，他又考入兰大社会学专业攻读研究生。

也就是在他研究生入学的那一年，黄红娟考入兰州大学新闻与传播学院新闻学专业。"90 后"的她爱笑爱闹也爱宅，4 年的大学生活简单也快乐，除了学习之外，她喜欢和朋友一起参加各种活动，她们去榆中尖山支教，参加创新创业大赛，利用假期到省内外各个报社实习，最远跑到了广州。在母校求学的时光，他们虽然擦肩而过，但却各自安好，努力成长，静静守候，为了今后遇见更好的对方。

母校让他们缘来缘起、相知相许

"我们的爱情不是从校园开始的，但却有一种相见恨晚的感觉。"这不是真正意义上的校园情侣，但却同样深深烙下兰大印记。他们一同考入省直事业单位，一个是笔试成绩第一，一个是面试第一。这是他们的相识。

2015 年 3 月，单位安排他们一起出差。"一路上接触比较多，对她有了近距离的接触和认识，特别欣赏她的工作能力和责任心。"他回忆起当时的情景仍然记忆犹新，在去敦煌的大巴车上聊喜欢的音乐、沿途的风景、兴趣爱好，当然绕不开关于兰大、关于萃英山的点点滴滴。

"我还特意问了她是什么星座，心想我是双鱼她是巨蟹，挺合适的。晚上没事在敦煌的街上散步，从那个时候开始，我就觉得我是对她有好感的。"在这个时候，他还没有意识到，这个他眼中特别的女孩，以后会成为他生命中最美好的风景。

回到兰州之后，这场爱的旅行渐渐萌芽。他表达自己感情的方式很简单，但又简单得让人感动。他宠着这个古灵精怪的姑娘，好像无趣的自己也变得有趣起来。他喜欢陪在她身边，看她工作时的认真样子，看她吃饭时的满足样子，看她"顽皮捣蛋"的淘气样。像那些青春岁月中遇到喜欢女孩的少年一样，送女孩回家以后，自己一个人回家。

"那时候，我一个人租房子住，有一天晚上发烧上吐下泻，晚上 12 点多了，他还带了药过来照顾我，觉得很温暖，然后还给我做饭。"这是令黄红娟很感动的一件事情，没人能拒绝这样真实的温暖。

2015 年 4 月 25 日，

周云蓬在兰州金城剧院小剧场演出，唱了一首《一江水》。周云蓬唱"我和你是河两岸，永隔一江水"，为了不给彼此留遗憾，他们在这首歌的见证下在一起了。

婚姻是最长情的陪伴，最美的时光一直在路上

生活不只眼前的苟且，还要有诗和远方。对他们而言，最美好的时光，就是工作之余一起旅行，他们一起去青海湖看日出，去沙漠看日落，去台湾坐在太平洋的海边听风声，跑到绿岛看海浪拍打沙滩。在一起，他们是彼此最辽阔的世界。

2017年2月24日，他生日当天，她和他领取了结婚证，为这场旅行迎来新的一站。2017年9月，他们参加了母校首届集体婚礼。有母校的教诲和恩师的见证，有无数校友的祝福，这样的幸福没有归期。

"我们俩之间，没有轰轰烈烈浪漫的像童话的爱情。我最开心的事情就是给她拍美美的照片，定格所有关于她的美丽瞬间。"郝强说，无论顺境逆境，有一个人陪伴你左右，无论你做任何决定，她都会无条件支持你，这是相濡以沫的夫妻情分。在黄红娟看来，他是一个值得托付终身的人，无论做什么事情，我都知道他不会离开我。

"谁画下这天地，又画下我和你"，这是他对她的告白，也是他们这场爱情旅行的写照。

执子之手　看细水长流

文 | 夏润洁

　　杨涛师兄 2005 年考取兰大生科院本科，现为博士后；关珊丽师姐于 2014 年考取兰大生科院研究生，现博一在读。两人已经相识相恋 6 年，并于今年 2 月领取结婚证。第一次见到师兄师姐时，他们俩穿着情侣装，准备进行"爱在兰大"集体婚礼的彩排。

未曾相逢先一笑，初会便已许平生

　　师兄和师姐先前相识于老乡群里，第一次见面是在本部的喷泉景观旁。"我当时觉得她的眼睛好大，好漂亮！"师兄略带羞涩地说。见面之后，二人一起逛了逛校园，在食堂吃了顿饭。"那天下午她就变成我女朋友啦，而且她后来和我说她当时紧张得都快麻木了。"就是在那么一个简单而平凡的下午，阳光正好，你我正好，一段专属于他们的爱情故事就此上演。在恋爱初期，超级喜欢美食的两人最频繁的活动就是吃饭。他们周内挑好要去的餐馆，周末便一家一家去品尝。学校附近就没有他们没探索过的美食，只要有新开的地方，师兄师姐都会相约去尝试一番。爱就是我喜欢和你一起吃饭，喜欢和你吃好多好多顿饭。

想送她满山的雏菊，想告诉她你是我的全世界

　　"我送给她的第一件礼物是一对龙凤的玉佩，因为我想把她脖子上戴

的小乌龟换下来。"师兄说到这儿，眼里是止不住的笑意，"她送我的第一份礼物是腰带，大概是想拴住我吧。"说到这里，师兄师姐相视一笑。在家里，师姐有一个零食筐筐，里面装了各种各样的零食。每当师姐筐筐里的零食吃完了，师兄就会自觉地将它填满。"填满筐筐"也成了他俩吵架时师兄道歉的惯用手段之一。"两个吃货"在一起最明显的结果就是，一起变胖。在遇到彼此之前，师兄师姐是两个大瘦子。"我们俩从去年开始一起减肥，结果是我们两个人各减了一斤，"师姐无奈地笑了笑，"结果到这人生中的最重要的时刻——结婚的时候，我们俩都达到了各自体重的巅峰。"以前师姐特别爱吃辣，师兄特别爱吃甜食，两个人的口味相互影响，现在转变成了师姐喜甜食而师兄嗜辣味。

余生，请多指教

今年 2 月，师兄师姐登记结婚了。"6 月份在我家、在她家各举行了一次婚礼，在兰州又办了一次，现在又在学校办一次，我们这个婚结得甚是隆重啊！"师兄笑道。结婚之后自然与之前的相处有些不同，当问到婚后的变化，师姐脱口而出："现在就是相互嫌弃，妈呀原来你有这么多毛病，那咋办呢。"师兄狡黠地接上："那忍了呗！"在采访的过程中，最高频的词汇就是"吃"。如此爱吃的师兄师姐在面对吵架的时候当然也是用美食来解决的。尽管用他们的话来说，吵架的时候"就快要把楼炸了"，但最终只要师兄投降买了好吃的，一切问题都不再是问题。

陪伴是最长情的告白

"以前我在师大，我们俩人也算是异城恋，每周见一次的那种。"师姐回忆起当初的点点滴滴，莞尔一笑，"没有地方约会，我们就一起上自习，他陪我上考研班。后来我大三，他博一，我来兰大陪他一起上他的政治课。"师姐本科毕业后选择考研，但第一年仅1分之差与兰大失之交臂，师兄师姐商量后决定再复习一年。"她当时就坐在图书馆左边窗户下面的座位。她馋呀，我每天早上10点去送个好吃的，她就能复习到12点，下午再去送个好吃的。其实压力也是蛮大的，但就这样我们俩坚持了一年。"研究生考试英语科目考完时，师姐觉得自己发挥得不好，想要放弃。中午，师兄亲自下厨为师姐做了一顿饭，鼓励师姐继续下去。"最担心的是专业考试前一天，她和我说她啥都忘了，不记得了。于是，晚上的时候就把历年的考研题拿出来，一道题一道题过，全过了一遍。"考试结果出来，师姐顺利考取了兰大生科院研究生。"陪你把沿路感想，活出了答案；陪你把独自孤单，变成了勇敢。"正如歌里唱的那般，在你我奋斗的岁月中，陪伴是最长情的告白。

在集体婚礼当天，杨涛师兄从特邀教师程博老师手中接过关珊丽师姐，两人挽着手走向会场。天格外的蓝，阳光格外的灿烂，他们也格外的幸福。108对校友在校庆当天，在众多同门、师长的祝福下执彼此的手见证自己的幸福。正如以前结婚证上所书："看此日桃花灼灼，宜室宜家，卜他年瓜瓞绵绵，尔昌尔炽。谨以白头之约，书向鸿笺，好将红叶之盟，载明鸳谱。此证。"

幸福累积，1+1+1+1……

文 | 李　婷　王俊润

一往深情的兰大

当年在高考志愿上写下"兰州大学"时，他们没有想到，这 4 个字会成为他们青春最温暖的陪伴，生命最闪光的烙印。

她，2006 年考入兰州大学历史文化学院，2010 年保送攻读民族学专业研究生；他，2008 年考入兰州大学核科学与技术学院，2012 年保送攻读核能与核技术工程专业研究生。

看上去相似的经历，却并没有任何交集。在平行的空间里，天山堂的灯光、芝兰苑的饭香、钟灵园的芬芳、积石堂的钟响，伴随着他们各自成长；谆谆教诲的师长、情谊深厚的同窗、7 年的母校滋养，也让他们找到了毕业后的方向——留在学校，为母校做一点事。

一见倾心的相遇

2016 年 6 月 26 日，一场不期而遇的小雨并没有打乱兰州大学工会的活动计划。这一天，来自兰州大学和兰州生物制品研究所的60余名青年职工因缘相聚，他和她也是其中一员。早上沿着泥泞的小路登山，下午在宽阔的草甸上游戏，一个活泼的身影跑进了他的眼里，也住进了他的心里。

"我的第一感觉是，就是她了，是我想娶的人。"原来，真的有一见钟情。

6月相识、7月表白、8月牵手、正月订婚、3月领证，时间在他们看来，过得那么慢，又过得那么快。像是相识已久的老朋友，总有聊不完的话题；又像相依多年的老夫妻，有着想不到的默契。"感恩让我遇到你，体会什么叫幸福满溢。"

一生难忘的婚礼

"你是否愿意与他（她）在神圣的婚约中共同生活，无论疾病或健康、贫穷或富裕、美貌或失色、顺利或失意，你都愿意爱护他（她）、安慰他（她）、尊敬他（她）、保护他（她），对他（她）永远忠心不变？"比誓词更加令人一生难忘的，是母校为他们定制的甜蜜回忆——108周年校庆集体婚礼。

"我的兰大，作为你的孩子，我们是如此幸运！"

一马一鞍的旅行

被雅典的温柔夜景环抱，在伊亚的落日余晖中相拥，穿梭于巴黎的大街小巷，惊叹着巴塞罗那的杰出作品，经他精心设计规划的蜜月旅行完美收官，但共同携手的人生之旅刚刚启程。

唯愿，有风有雨共担待，向阳向暖不离开。

兰大相识 杏林执手

文 | 王智芬　马立斌　梁　莉

　　"等会儿你要是认不出我怎么办？哎，没事，你看里面最二的那个就是我……"一袭白纱，化着精致妆容的美丽新娘还在絮絮叨叨地嘱咐新郎，而穿着正装的新郎则站在一旁，宠溺地看着新娘，时不时点下头。新娘梁莉，甘肃平凉人，2009 年考入基础医学院，并于 2014 年在第一临床医学院读研。新郎马立斌，甘肃金昌人，2012 年进入第一临床医学院读研。4 年前相识于兰州大学医学校区时，她是来实习的小学妹，他是刚读研的学长。而今天，跨越了 4 年光阴，是他们回到母校成婚的日子。这一天，他们再度回到母校，许下爱的承诺，为爱留守，继续书写未来关于爱的童话。

与君初相识，犹似故人归

　　"请问，您是怎么认识新娘的呢？""研一的时候，听说分到我们科室的有一个妹子拿了三年的国奖，我就想看看这个姑娘到底有多厉害，就故意将她分到我们组了……"也许是命中注定，也许是早存了心思，第一次见到这个传说中很厉害的妹子时，仿佛被爱神之箭射中一般，马立斌的心猛然跳了一下，又好像宝玉初见了黛玉似的："这个妹妹我是见过的。"从此，这个爱笑的姑娘再也没有走出过他的心。回忆起第一次的邀约，新郎很是不好意思。"第一次约她一起夜跑，心里很是忐忑，因为害怕被拒绝嘛。谁知道这姑娘回答得这么爽快，我还窃喜了好久。然后两个人就这么约到一起跑步了。"第一次一起夜跑、第一次一起爬山、第一次一起看电影……数不清的第一次让他们之间从相识到相知，马立斌越发对这个美丽的女孩放不下，而梁莉，也渐渐看清了自己的心。终于，两人一同步入了爱情的神圣殿堂。

人生若只如初见

从 2013 年 4 月到 2017 年 4 月，1 400 多个日子，梁莉和马立斌携手走过。这 1 400 多个日子里，没有风花雪月，有的是两个志同道合的青年男女的朝朝暮暮。无论是晴空微云还是落雨刮风，两人都会相约梧桐树下，共同漫步在医学校区宽阔的林荫道上。冬去春来，岁月轮回，那一排排静默的梧桐见证了他们的理想、爱情以及婚姻。

当被问到对新郎的感觉以及对这段爱情的感悟时，新娘这样说道："我觉得我们俩从刚开始的认识到相互熟悉，最终成为亲人，他对我的态度从来没有变过。虽然，我们现在日子过得已经很平淡了，都非常了解对方，但是我们俩依旧能找到刚刚恋爱时的感觉，并没有像有些人说的，得到了就没那么珍惜了。"是的，人生若只如初见。漫长的 4 年里，每一对这对小夫妻来说，都像是在热恋。虽然他们的热恋在很多人看来都太过平淡，平日里没有鲜花，节日里也没有礼物，更没有巴黎热吻，但这并不影响他们对彼此的爱。新娘梁莉说她很幸福。她这一生，嫁给了爱情。

当被问到是什么契机让他们决定走向婚姻时，新郎思索了良久，然后说道："其实原本是打算等到她毕业，我们就结婚。后来觉得时机差不多了，这么好的姑娘，不能再让她等了，结果没等到毕业就结婚了。"说完还自顾自地傻笑。而拿着捧花的新娘在一旁娇嗔地横了他一眼，说道："哎呀，时机到了嘛，很自然地就结婚了呀。"至此，这份跨越了 4 年的爱情终于画上了一个圆满的符号。尔后，被问到对他们来说，什么是幸福时，这对年轻的医生夫妇甜蜜地笑了。他们说，幸福不过是忙完后一起窝在沙发上看一场电影，抑或是好不容易抽出时间一起逛个街。无论做什么，最重要的是，我们在一起，而我的幸福里一定要有你。

爱是天时地利的迷信

正如沈从文先生给张兆和女士的信中写道："我行过很多地方的桥，看过很多次数的云，喝过许多种类的酒，却只爱过一个正当最好年龄的人。"不是所有人都能在茫茫人海中，恰好遇到那个对的人。而马立斌和梁莉无疑是幸运的，没有早一步，也没有晚一步。相遇的那一年，那一天，是最好的时光。幸福于他们，不过是于千山万水人山人海中，发现原来你也在这里，尔后，携手共白头。

关于未来，拙于表达的新郎和新娘表示，愿常回母校，走走看看。因为在这里，在梧桐树下，全是爱情的见证。梧桐树下，正在发生着有关青春、爱情和誓言的美丽故事……

因为我爱你，未来会陪你听风的歌；因为我爱你，未来会陪你走很长的路；因为我爱你，未来会陪你值很多的班。因为我爱你，春风十里不如你。

我走过最长的路是你的"套路"

文 | 徐建磊

　　如果爱情是一艘小船，"套路"恰似这小船的木板，而真心则是划船的桨，离开真心的桨，"套路"的小船说翻就翻。有人说"套路"是心机的表现；也有人说"套路"是一种爱，爱也需要"套路"。在笔者看来，真正的"套路"就是靠着内心的爱来释放的，"套路"的终点便是包着真心的爱情。

初见——甜蜜倾心

　　9月的兰州，微风轻抚着兰大本部高高飘扬的五星红旗，鲜红的旗帜下，我独自站在旗杆下，等待着采访对象的出现。

　　"你是徐建磊吗？"那是一个甜美清脆的女声。我抬起头，看到了一张精致而不失优雅的面庞，她的个子不是很高，却是典型的江南小家碧玉，略施粉黛的唇间挂着一丝羞涩的浅笑，时不时地把目光停留在她身边的男人身上；顺着她的目光望去，一个挺拔的身影就站在她的身侧，那是一个饱经风霜的西北汉子，目光坚毅而深沉，此时他的小臂轻轻地搭在了她的白皙的颈间，动作自然而亲昵。就这样，我认识了这对甜蜜的新婚夫妇——王文斌和杨媛。

套路是学来的，但爱你是真的

　　杨媛来到兰大其实可以说是一个巧合，这份奇妙缘分的起点是她的一个女同学，一个兰州妹子让她陪她一起考兰大的研究生。就这样，她放弃了在武汉工作的打算，来到了兰州。来到兰州大学的第一天，她就后悔了，干燥的空气、粗犷的西北美食、时而的孤独让她想飞也似的回家，好在父亲的劝说让她还是下定了决心留在兰大。

在回忆初识的场景时，杨媛笑着说："我和他并非一见钟情，甚至现在回想起来，我对他的第一印象没什么好感。"之后又说："他是我们班长，我反正就是当同学相处呗，没有什么非分之想。后来开学才两个多月，他就开始了强烈的攻势。"就这样王文斌的"套路"开始了。

"我们之前跟MBA一起上课，我们一个班要做一个课题，然后他就故意安排我一个人上去讲，滥用职权，可烦了。"说到这时，杨媛忍不住笑出了声，"后来他有意地对我好，我就觉得这西北汉子还是挺好的。"

此后，每天晚上王文斌都会找杨媛聊天，聊了半年之后，王文斌迈出了自己爱情之路的第一步。在没有任何浪漫场景，什么都没有的情况下，在QQ上向杨媛表白了，然而却被杨媛拒绝了。但是王文斌不甘心，过了两个月，又为爱情迈出了第二步，但是又"惨遭"拒绝。在一次聊天中王文斌问杨媛说："你喜欢什么样的？"杨媛说："对我好的。"王文斌马上说："我会对你好的。"第二次拒绝他之后，王文斌课也不上了，还整夜去网吧玩游戏。杨媛看到这一切之后，她觉得自己应该给这个深情的男人一个机会，然后两人就在幸福的路上再也没回过头。"现在想想他的套路真的太深了。"杨媛回忆时忍不住笑着说道。

为了爱选择了陪伴

杨媛是一个对感情比较迟钝的人，花了很长时间才接受王文斌，但感情迟钝的人还有一个特点，便是认准了就绝不分开。

毕业时，杨媛想回湖北，王文斌想留在兰州，杨媛心里清楚："湖北他肯定受不了，夏天很热，冬天很冷，还没有暖气。关键还没有他爱吃的面，他可爱吃面了。"于是，为了王文斌，杨媛就选择留在了兰州。

到今年（2017年）的4月刚好是他们恋爱4周年的日子，当然这里还有一个更特殊的意义，他们选择在这个时候领证结婚。提到结婚，杨媛对王文斌有些哭笑不得："结婚之前我带他去看了我们同事的求婚仪式，暗示他一下，结果他没反应。后来我就明示他说结婚之前不应该求个婚嘛？还是没有反应，真是个木头青年，不过没办法还是嫁了。"说到这里，杨媛俏皮地眨了眨眼。

您说学长一点都不浪漫，那他有没有做过比较浪漫的事情？

"我觉得还算浪漫的事情就是，他每次过马路都会牵着我的手，怕我乱跑。我心里就想：每次都把我当成小朋友，我都快三十了。"杨媛笑着回答道。

那有没有最感动的事情呢？

"有啊，有一天晚上，兰州下着很大很大的冰雹，我还在实习，下班之后路上全是冰水。去宿舍的路上全是水坑，我就把鞋脱了，从水里走回去。在回去路上他出现了，怕我脚冻着，就把我背回宿舍了。他对我说，知道要下雨还加班不早点回来。我心里就在想，真的傻得有点'二'，一点浪漫的话都说不出来。但是我

觉得他虽然不浪漫，也不会花言巧语地哄我，但对我好呀，真心实意、一心一意地对我好，让我感觉很踏实。有时候我感觉他跟养了个女儿似的，平时吃饭都会将就我的胃口，然后我不想干什么的时候从来不会强迫我，什么事情都替我考虑得很周到，反正跟他在一起很踏实、很安心。"杨媛说到这里，不停地点头。

最后，杨媛想对王文斌说："以后要对我更好一点哦，我自己的小脾气我也会改，但是还请你对我多一点包容，多一点耐心！"也许这就是真正的爱情吧，没有诗里描写的那般波澜壮阔，春心浪漫，真正的爱情就像一潭清澈的湖水，平平淡淡的水面下有两颗深爱彼此的心。

爱情就是永远做彼此世界里的小孩

文 | 甘侠芳　何建博　范　鑫

　　见到甘侠芳、何建博夫妇时，最深的印象就是自然——举手投足间的亲昵，新婚的甜蜜，还有恋人的默契，都化作流动的情意，在两人之间辗转缠绵。

　　问起甘侠芳有没有想对身旁这位将要陪伴她走过这漫长一生的人说的话，她向着身边人甜甜一笑："老公，此生此世随我一同，朝碧海，暮苍梧；随我一同把酒高歌，看尽这世界风花雪月吧。"

"当年你的身影早已深印心底"

　　甘侠芳和何建博本是大学本科同学，但是此天时地利却没有促成两人的人和。据甘侠芳回忆说，当时一来是因为2009级哲班的男女生交流和聚会的时间并不是很多，因此也就没什么机会了解对方；二来是学习成绩优

异的她在大二的时候去山大交流，缺席了大学里最重要的一年。在最后，甘侠芳还调皮地打趣丈夫，当然最主要的原因还是他经常不怎么好好上课，更没有什么时间彼此了解了。于是，由于种种原因，原是本科同学的两人却没有在大学里彼此陪伴。

而当问起何健博，两人是如何认识时，思维偏理工男的他给出了简洁有效的答案："2009年，兰大昆仑堂，院里的新生大会上。"男生的木讷可爱由此可见一斑。

甘侠芳继续回忆当年对于何建博的最深的印象就是：技术男、愤青、拖鞋男，也许是因为想起丈夫当时上课经常穿拖鞋的场面，甘侠芳不自觉地笑出了声。何建博在一旁看着调笑他的妻子，眼神无奈又宠溺。甘侠芳随后笑着说，第一印象早就记不清了，就是觉得他常给人修电脑，很热心，还有满腔热血，特别血性。

原来，不管怎样，当年你的身影的确是深深印在了我心里，于是爱意悄悄生根发芽。

"爱情的苹果真甜蜜"

大学毕业后，甘侠芳和何建博都留在了兰州。他工作，她则继续在母校读研。当时，何建博工作的地方离兰大并不远，两人有时候会在 QQ 空间上彼此互动。

"那一年的圣诞节，我们一起组织了本科几位同学卖圣诞苹果，在这个过程中，我在她身上看到了一种我自身没有且很渴望的坚韧品质。再加上两人的出身和家庭条件也都比较接近，就动心了，于是开始展开追求，一起吃饭，一起散步，一起看电影，慢慢地深入了解彼此，最后自然而然地在一起了。"当问起何建博当年恋爱是谁先主动之时，他着重回忆了那一年的圣诞节："圣诞节的时候，我负责召集男生，她负责召集女生，我们各自分配了任务，如采购苹果、包装盒等。我们连着摆了两三个晚上，中间被城管和学校保安各种追着撵，但是苹果却没卖出去几个，再加上周边卖圣诞苹果的人也越来越多，于是我就和侠芳商量降价卖吧，卖不掉坏了就浪费了。但是侠芳坚持说不降价，再坚持一下，结果到第二天苹果全部卖掉了，小赚了几百块钱。这件事情让我对侠芳的印象挺深的。"

而同样的问题，甘侠芳却有自己的答案："确定关系之前有了一段时间的亲密互动，对他的印象挺好的，感觉在一起也很舒服，关键是觉得他是一个暖男。记得2013年冬天，我重感冒在社区医院打点滴，他知道后就专门请假来陪着我，细心地照顾我，当时就特别特别感动。当时陪护时，电视里演《小爸爸》里齐大胜的求婚桥段，一屋子的人，就他哭得一塌糊涂，还以为我不知道，偷偷地抹眼泪。就觉得这个男孩子很可爱，很深情。"

原来，爱情就是在彼此的陪伴里慢慢发酵，酿出了一壶浓香的酒，醉了两个人的心和眼。

"愿得一人心，白首不相离"

大家都说，相爱容易，相守却并不简单。

"两人在一起这么多年，磕磕绊绊，吵吵闹闹在所难免。但是大多数的时候都是他来化解矛盾，不需要太多语言，一个眼神，一个拥抱，也就无法生气了。"甘侠芳说起自己的爱情保鲜秘诀，眼含笑意，"坚持、宽容和兴趣。坚持是爱情长久的内在动力，宽容是对彼此相爱相恋的态度，兴趣是能长久在一起的基石。我们在一起的将近 4 年的时光中，就是有着坚持和对彼此的宽容，才让我们一直像在热恋中一般。兴趣让我们有着说不完的话题，都出身哲学专业，我们虽然学术不精，但却对哲学有着执着的爱好。"

听完妻子的秘诀，丈夫何建博也有自己独特的方法，那就是保持纯真。"说出来不要笑话哦！其实就是保持一种比较纯真的状态。无论在外面我们表现得多么成熟稳重，在家里，我们其实都会褪下那层社交规则所必需的皮囊，回归到人的真实状态——小孩。心理学上也有这么一种说法，就说人的心理其实一生都是自己五六岁时心理状态的另一种形式的不断重现。我们俩在一起的时候就是两个孩子，互相撒娇卖萌，互相照顾对方，或者一起偷懒堕落，大多数时候，都是很甜蜜温馨的，毕竟，有几个人不喜欢可爱的小孩子呢？"

就这样，两人由最初的同学，到现在的恋人，爱情在岁月的打磨下，绽发出钻石般璀璨的光芒。情到深处之时，婚约便只是一种仪式，一纸约定，许下一世不离不弃的诺言。正值今年兰大筹办集体婚礼，夫妇两人也想着在母校的见证下，将彼此交付与对方，从此风里雨里，不忘初心。

此生遇见你 余生都是你

文 | 高 洁 王 凯 邵婉婉

　　相识 8 年，相恋 5 年，没有特别轰轰烈烈的爱情故事，只有彼此心安和相濡以沫的默契，这或许就是王凯和邵婉婉爱情故事的最佳诠释。

　　2009 年的秋天，王凯与邵婉婉分别从甘肃民勤和河南洛阳考入兰州大学资源环境学院，起初两人同属地理信息系统专业，后来邵婉婉考入地理学基地班。本以为两人从此会没了交集，却因机缘巧合，邵婉婉被分到地信专业女生宿舍，也正因为这种巧合，邵婉婉虽在基地班，却经常参加王凯他们班的集体活动。而且，同为中共党员的两人又在同一个党支部，又都是支委，每周的党组织生活会让两人加深了认识和了解，或许，这就是

冥冥之中的天意。

大学 3 年很快过去，王凯的大学生活可以说是多姿多彩，他既是班里的团支书，又是学生会的骨干，各大活动总是少不了他的身影；邵婉婉在基地班有条不紊地过着她的大学生活，忙着学习，泡图书馆，拿奖学金，按着自己的规划努力着。谁也不曾想到，这样两个为各自目标奋斗的人，却早已暗生情愫。

2012 年 5 月 3 日，王凯捧着精心准备的玫瑰花在女生宿舍楼下等着邵婉婉的出现，见到邵婉婉的一刹那，他不好意思地挠了挠头，冲着她傻笑，这一天是他们正式在一起的日子。

在婉婉心中，王凯有一种让她心仪的影响力，有责任心、有上进心、善良、孝顺、真诚这样的赞美之词都是婉婉向别人介绍王凯时津津乐道的。而爱说爱笑的王凯总说自己不懂浪漫，只会真心实意地对婉婉好。如果说他们之间的爱情是令人心安平静的，那么这平静里也常有平凡却浪漫的故事点缀着他们的爱情。大三升大四那年的暑假，王凯决定考研，在榆中租了房子，准备专心复习考研。基本确定保研的婉婉则回家过起了她愉快的假期生活，在家待了一段时间后，很是想念王凯，就想回学校看他。于是，她偷偷地买了第二天的火车票，却告诉王凯自己买的是一周后的车票，并跟王凯说要去亲戚家。婉婉到了兰州后，因为假期无法坐上去榆中校区的校车，只能坐榆中县的班车，再转车到学校，几经周折终于到了榆中校区的正门口。下车后婉婉就激动得给王凯打电话，问他在哪儿，结果王凯说他跟好哥们去兰州了，要下午才能回学校。婉婉一听按捺不住自己的情绪，愤怒地说："我在学校门口，大老远过来想给你个惊喜，你不好好复习，

跑兰州干什么？"加之旅途的奔波辛苦令她几乎崩溃，眼泪止不住地流了下来。就在这时，突然有人从身后用双手捂着她的眼睛，还不说话，就知道傻笑。原来，王凯早就察觉到了婉婉的小心思，悄悄登录她的购票网站看好了是哪天的车票，识破了她的计谋，于是将计

就计，反而给她来了个先惊后喜。或许这就是他们之间相处的方式，总是为彼此考虑，平淡中不失小惊喜和小浪漫，期盼彼此为之快乐！

在采访中，王凯说，婉婉就是他心目中另一半的样子，性格好，对人体贴，知书达理，温婉娴雅，他觉得只要两个人在一起，每一天都是浪漫的、开心的。王凯说他是个实在人，不太会做浪漫的事，觉得两个人在一起能平平淡淡地过日子才是真。婉婉也说王凯在感情方面一直是个比较低调和传统的人，不太会制造轰轰烈烈的浪漫，但有一件事让她终生难忘！那是在王凯姐姐的结婚典礼上，他以飞快的脚步和轻盈的身姿，出现在舞台上，抢到了手捧花，露出了标志性的傻笑，给姐姐送完祝福后，在大家好奇的目光之下，王凯朝着婉婉走去，边走边说："今天我女朋友也来到了现场，我想把这捧花送给她……"后面的话婉婉都没有听清楚，因为她完全被这一举动吓到了，呆呆地坐在那里，脑子一片空白。在她紧张无措，不知道该怎么办的时候，王凯已经来到她的身边，将花举到她的面前，冲着她笑了起来，婉婉不知所措地站了起来，紧张地接过手捧花。王凯张开双臂，示意婉婉要给她一个爱的拥抱，婉婉羞答答地拥向王凯，虽然只是一束小小的手捧花和一个简单的拥抱，却承载着王凯想要和邵婉婉携手相伴一生的坚定信念和在众人面前做出的对爱的承诺。

王凯说他们的恋爱过程算是平淡无奇的，没有太多记忆深刻的事情，也没有太多浪漫的回忆，但当他们诉说着恋爱过程中点点滴滴的时候，脸上所绽放的笑容，那是他们对彼此最真切的爱意——此生遇见你，余生都是你。

王凯和邵婉婉相识、相知、相爱在美丽的兰大校园，经历了漫长的爱情长跑后终于修成正果，步入了婚姻的殿堂。现在邵婉婉在兰州大学读博，王凯是长安大学的一名老师，希望他们在今后的短暂的异地生活中相互理解、相互帮助，共同营造美好的幸福生活，在今后更加漫长的婚姻生活中扶掖而行，互慰互勉；也希望他们能够像集体婚礼上婚龄较长的、幸福到老的前辈们一样，相濡以沫，白头偕老！

缘起兰大 情定兰大

文 | 苏晓燕　林炳鹏　钟　梅

　　相识 4 年,终于等来了那句"我爱你"。携手 5 年,礼堂上,他西装革履,她一席婚纱,一枚戒指将彼此锁在心里。神父问:"你是否愿意无论是顺境或逆境,富裕或贫穷,健康或疾病,快乐或忧愁,都将毫无保留地爱他(她),对他(她)忠诚直到永远?"他们答:"我愿意。"自此,时间定格,幸福永存。

——题记

　　2017 年 5 月 22 日,一张专属于林炳鹏和钟梅的结婚证诞生了,来自广西北海玉树临风的林与来自甘肃天水温婉可人的钟,结发为夫妻。2017 年 10 月 5 日,在北海的见证下,西装笔挺的林携手婚纱圣洁的钟,踩着通往幸福道路的红毯,伴着欢乐温馨的音乐,在亲朋好友满怀祝福的微笑与掌声中,在执子之手共白头的誓言里,彼此交换锁住心房的戒指,将对方铭刻于心。这一刻,时间仿佛又回到最初羞涩告白的那一幕。

　　同为口腔医学学生的他们,本科时期曾在学生会共事一年,那时候两个人之间只有浅浅的了解,不知什么时候突然心动,眼神为彼此停留,心也渐渐因对方沦陷。日复一日的美好相处,二人发觉他们不仅志趣相投,彼此性格也是十分相合,再也忍不住悸动的心,就这样,2011 年 11 月 11 日,在兰州瑞德摩尔电影院的约会后,情愫绽放,对彼此心仪已久的二人终于告白牵手。在决定了一起走下去

后，就再也不打算分开。

在一起的那几年，小打小闹免不了，但从来没有动摇过要守在彼此身边不离不弃的心。一起寻找美食，一起旅游各地，一起增长学识，还一起站在了国奖台上接受殊荣，开

始让更多人羡慕这对模范情侣……两个人在一起做过太多太多快乐的事，一页页翻阅珍藏于心底的记忆时，目光突然在此处停留，回忆如同浪潮涌来，那天……

"你……我家楼下……居然来了……"

"是啊，我来了。"

大概当时偶然下楼看到林时的钟，已经开心并且惊讶得有点语无伦次了吧，林给予钟温柔一笑，将钟拥入怀抱，轻轻地说："情人节，我来见你了呢。"

远在广西北海的林，不知道钟确切的地址，没有告诉钟自己要去见她的事，还是无所顾忌地在情人节那天飞向了心爱的人。当两人在钟家楼下相遇那一瞬间，心脏都漏了一拍，因为惊喜，因为感动，情人节，意外地变得更加刻骨铭心。

作为恋人的林、钟二人，在一同学习的那几年，是学习上的最佳拍档，是生活中的心灵伴侣，一起努力，一起进步，直到毕业，两个人选择了广州的同一家医院，做着天使般的工作，祛除病痛，带给病人希望，最终也在广州牵手定终生。

林和钟，在兰大学习，在兰大恋爱，在兰大度过了快乐的8年时光，在兰大留下了永不会磨灭的美好记忆。在母校兰大108年校庆时，108对夫妇集体婚礼上，作为其中一对新人的他们，面对母校，互换兰大纪念版戒指，完成了一次意义非凡的盛大婚礼！

缘聚兰大，爱在兰大，二人的爱情故事在兰大画下美丽篇章，也将伴随着百年兰大的祝福，继续走下去。

为你我什么都愿意

文 | 宋芳芳

"玲珑骰子安红豆，入骨相思知不知。"温庭钧的这句诗真是让人感触颇深，爱情大概是最美好的一个字眼了吧。爱情大概就是卓文君的"愿得一人心，白首不分离"，是白居易的"在天愿作比翼鸟，在地愿为连理枝"。古人觉得最好的爱情不过如此。但我们（杨俊、贾英英）拥有的彼此大概才是最珍贵的。

与你相遇，好幸运

要不是那场比赛，我大概就会错过这么好的一个你了，同在临床医学院，甚至有些课经常在一起上的我们，却在此之前不曾相遇，就像几米漫画的那个《向左走，向右走》，同在一个城市，却不曾有交集。终于，在这场比赛，我们相遇了。"当时比赛的时候啊，我抽到了8号，他是9号。"

就这样同在一个区域候场，参加活动的时候，我们俩一组入场，有一组台词（女）我聪明伶俐，（男）我见利忘义，（女）我善解人意，（男）我见色起意。这样一组有趣的台词让我们忍俊不禁，就是这样一组有趣的段子让台下的我们从刚开始的三言两语的问候聊到热火朝天，这场口才比赛给我们的不只是遇见，更是我们以后故事的起源。

遇见你以后的一切都变了

互相留了对方的联系方式，然后我们的故事就开始了，天天在手机上发好多好多微信给我，天天发来发去的微信的字里行间都写着满满的关心："早呀！""吃饭了没有？""晚上不要熬夜了，早点休息。""你今天怎么没来上课呀？""收拾好了直接来图书馆吧，我帮你留了位置。"总之，他没上课我就无心听讲。他呀，让我觉得我和他在一起都不用自己想事情，所有的一切都会安排好，大概我就是被他无微不至的关心所打动的吧。和他在一起，让我觉得有种归属感，和他在一起的感觉很舒服。

为了你，我可以

他啊，你猜啊，我们差点就没能继续在一起，本以为只是因为各种事情让我们差点分开，但却不是这样普通的理由。我是一个地地道道的东北人，家里吃的大部分都是猪肉，他呢，是个内蒙古汉子，但却也不是跟我同一个民族，他是回族人，和他在一起后，大概之前最爱吃的锅包肉，糖醋排骨都不能再吃了吧，可是啊，我为了跟他在一起，什么都可以放弃，什么都可以包容，就算我们不是同一个民族，就算风俗习惯和饮食会有特别大的差异，我都愿意选择接受，爱他，就是可以为了他做一切自己以前觉得不可能的事情。当然爱情绝对不是一个人的付出就可以维持的，他为了跟我在一起，在家庭与家庭的不理解中依旧爱我如初，家里人的反对与不支持并没有让他对我的爱减弱一分，犹如磐石无转移，时间和爱总会证明一切。虽然是不同的民族，虽然他在一直努力想让我得到认可，家里的态度从刚开始的反对到现在的接受，这些他为我做的一切都让我记在心里。让我更加坚定了我们之间爱情的决心。两个人的共同努力得到了双方家庭的支持。让我们的爱情得到最大的支持与祝福。虽然是不同的民族，但是我们却成了最坚持最恩爱的那一对，可能爱情真的比什么都重要吧。

和你一起吃遍大街小巷

吃货间最美好的字眼大概就是："走吧，我带你去吃好吃的。"在兰大的这 3 年里，我陪你走过兰州的大街小巷，逛过大大小小的夜市，不管哪条街哪条小巷，只要是和你在一起，去哪里我都愿意，陪你吃过兰州所有的清真美食，陪你喝过甜甜的鸡蛋牛奶醪糟，陪你吃过的烧烤，陪你一起看过的黄河夜景，陪你爬过的五泉山、白塔山。最幸运的事就是遇到你，和你互相看着对方，跟你在一起，看着自己宠溺地带对方吃遍所有好吃的，成功喂胖了对方。不管你变成怎样，我依旧爱你如初。

爱你，就是要和你同甘共苦

时间总是过得太快，3 年的兰大研究生生活转眼就过去了。3 年里，你我的点点滴滴历历在目，不得不面临的就是找工作，而我们却还没有丝毫头绪，不知从何下手。和你一起找工作的这段时间，我们两个人甚至有种流落街头的感觉，没有地方住，没有工作，甚至

同一个场景不同身份的我们。望向你的那一刻，眼里大概只剩下温柔。

没有面试通知的我们在街头不知所措。但是和你一起找工作的这段时间却让我更加坚定了对你的认可，流落在街头更像是一对儿同甘共苦的夫妻，有种在一起同甘共苦过日子的感受，但是我却从未向你说过，我已经拿到了留在兰大二院的通知书，我可以留在兰州了，留在

我们兰大的医院里工作，留在我们最熟悉的兰州，这个承载了我们爱情见证的城市，可能留在这里的我大概会有一个更好的发展前景。而你却依旧不知要去哪里工作。可我知道我不想你难过，也不想你为难，为了我们的爱情，为了我们能在一起的机会，为你，我第一次有所隐瞒，却不想放弃两个人在一起的可能，假装什么事情都没有发生过一样，还是和往常一样一起去找工作，一起去面试，却从未有过一丝怨言。陪伴，大概就是最长情的告白。终于，皇天不负有心人，我们一起收到了宁夏人民医院的同时录用的通知，我们可以一起工作，一起生活。"我"这个称呼开始变成了"我们"。

我只喜欢你

我们以后会在一起生活，在一起工作，以后会有属于自己的温暖小窝，以后生活的点点滴滴都渗透进彼此的生活，成为对方的一部分。我们在兰大相知相遇，相知相惜，同甘共苦。

在亲朋好友的见证下，在家庭的支持下，我们终于成为合法夫妻，其实在一起吃什么穿什么不重要，而是跟谁在一起最重要。为你放弃的那些，我们的未来肯定比那些还要值得，借着108年校庆让我们的母校给我们的爱情做一个见证。我们从兰大相识并且拥有彼此这本身就是最大的幸运，谢谢你出现在兰大的这些年，从此以后让我们继续我们爱的故事，让我们一起祝福母校越来越好。

嗨！黑！

文 | 孙欣欣

他来自山东烟台，她来自湖北宜昌；他是个纯正的山东爷们，高大俊朗，她完全就是水乡的软萌妹，娇小温婉。2011 年，两辆向西驶来的火车拽着夏日的尾巴，把两颗青涩的心送到了相爱的起始点。

兰大——他们爱相遇的地方，他们梦起航的地方。

黑——爱情的标志。初见徐青霖、苏冉夫妇前，问起我该如何在人群中找他们时，一个柔柔的声音说："你就找人群中最黑的两个人就可以了。"伴随着一个爽朗的哈哈笑声。初见时男生高大女生娇小，构成了很萌的身高差。可我完全看不出这对十分契合的夫妻哪里黑了？女生肤质细腻，休闲服牛仔裤看着就像一个刚参加完高考的大一学生，男生有着健康的小麦肤色，不白但绝对不黑。当问起为何要自"黑"时，才明白这是属于他们的爱情。

黑——爱情的萌动。徐青霖、苏冉夫妇是 2011 级核科学与技术学院核化工与核燃料专业的本科生，他们的第一次相遇是在军训完了之后的班级见面会上。刚军训完的新生基本上都有一个共同的特征：黑！"第一次见她，比现在还瘦还小，军训的时候没有休息好眼眶深陷，加之晒得特别黑，我当时就想怎么会有这么黑的姑娘呢？"这时一个爱的小拳拳捶在了徐青霖的胳膊上"哪有，他才黑呢，第一次见他时他奇黑无比，感觉他整个人充满了喜感。当时不知道为什么我就特别想笑，甚至笑得从椅子上摔了下去。"或许这一刻两颗火热的心里都泛起了一丝涟漪。

黑——爱情的告白。当谈起是谁先追的对方，"当然是他先追的我"，苏冉毫不犹豫地说。两人相视一笑，苏冉女王般地扬了扬下巴，而身边的这个山东爷们儿却羞涩地低下了头。这一刻就像背景进行了虚化处理满世界都是粉红色的泡泡。"我们上学的时候，图书馆的自习座位特别紧张，不知他从哪了解到我喜欢去图书馆就每天去给我占座，然后给我发消息让我去。他的行为我看在眼里，就觉得这个男生还蛮不错。"青涩的学生时代，没有太多物质和利益纷扰，喜欢着你却没有勇气去告白，就想着先默默地对对方好，做对方最想做的事，在慢慢地相处中让对方明白自己的爱。"大二第一个学期末，在我生日的时候他对我告白了，我对他还蛮有好感的就接受了。""你那么黑，只有我才会接受嘛！""你

才黑。"俗话说，不是冤家不聚头，爱情就是嘴上损着她（他）心里爱着她（他），一边相互拌嘴一边携手走向未来。

黑——爱情的转角。转角遇到爱，一生中总会有那么几件不如意的事，可是，这不如意是否是那转角，为的是让你走向爱情，走向成功。"大一刚入学的时候我们两个之间还不太熟悉，全班同学恰巧只有我们俩报考了别的院的基地班。只是跨院考难度大些，我们俩都没考上。当时挺难过，现在想想觉得还是很庆幸，如果当初分开了，就不会有我们现在的故事了。一切都是缘分吧！"夫妻二人相视一笑，那种幸好我的世界有你参与的浓浓爱意弥漫在四周。

黑——爱情的抉择。大四的最后一个学期是痛苦的，要完成毕业论文；也是迷茫的，

不知自己该如何选择将来的路。很多同学都戏称大四既是毕业季又是分手季，有的情侣因为选择不同而分手，有的则因为接受不了异地而分手。徐青霖想要毕业后就工作，努力赚钱给苏冉一个家，苏冉学习成绩十分优异，能够拿到保研的资格。为了爱情，夫妻俩决定共同进退找同一家单位任职。最终苏冉放弃了读研，徐青霖放弃了比现在更优异的工作，两人携手扎根在了大西北。没有抱怨，没有不满，有的只是创建一个幸福家庭的心。

嗨——爱情的未来。毕业后两人都去了404，为祖国核事业的发展奉献着自己的一分力量。2017年5月，两人结束了爱情的长跑，正式步入婚姻的殿堂。关于未来，夫妻二人有着自己的想法，他们决心共同度过金婚，携手走进钻石婚。在兰州大学108周年校庆的时刻，在他们爱情开始的地方，我们共同祝福他们婚姻幸福美满。

嗨！黑！

相遇实习期　平淡却甜蜜

文│于　靖

　　淡淡的幸福——跟相爱的人一同分享生活的幸福是一种恩赐，只要你坚信平淡生活之中也有爱情，那么这份爱情就能让你的生命因此而光彩照人；只要你从这份爱里得到的是快乐而不是忧伤，那么你就得到了一份适合你的爱。

相遇是种缘分

　　一个是成熟稳重帅气的外科大夫，一个是温柔贤惠漂亮的妇产科医生，都说相遇是一种缘分，那么他们的缘分从何开始，又是如何续写的呢？

　　魏蒙是一个温柔恬静的西安女孩，声音听起来总是很温柔、很舒服。陈伟是一个成熟稳重的帅学长，他说："他们科室有一个师兄，跟她同级却比她大了很多，他把我们叫出来介绍给我们认识。"

　　两人在研究生期间，于2014年3月份同时在妇产科实习时相遇。"她以为我是他们的老师。"陈伟这样说道，一个小小的误会便是他们缘分的开始。之后魏蒙的师兄把两人叫出来，互相介绍，两人都以为是单纯地介绍朋友，后来才知道是要介绍男女朋友。两人并不算是一见钟情，是在后期的了解中爱情的种子才慢慢萌发出，之后找到个机会，陈伟向魏蒙表达了爱慕之情。

宠你一辈子

两个人的默契慢慢将两颗心的距离缩短，在无意识中渐渐靠近彼此。从好朋友到爱人，真正的感情是用不了多久的。从你喜欢上他的那一刻起，也许她在那一刻也喜欢上了你，

同节奏的爱情往往能奏出最和谐、最动听的乐章。真正的爱情需要什么？需要两个人在一起时轻松快乐，没有压力。

两人在上学期间经常会一起去图书馆学习，然后逛逛校园，走遍学校的每一个角落，累了坐在草坪上，说些悄悄话，谈谈过去，畅想未来，做着每一对情侣都会做的事。两人都说："我们两个都是不太会表达的人，我们都是很平淡的那种，但是感情却非常非常好。"

在实习期间，魏蒙每次上夜班时陈伟都去看望她，给她带一些零食或者爱心便当。"我是个吃货，"魏蒙说，"我们两个在一起大部分时间都在吃各种好吃的。"言语间透露着小幸福。在他们看来，爱情并不一定要轰轰烈烈，有时浪漫会穿插在生活的每个小细节中。两人会时不时给对方一些小惊喜，一次陈伟在魏蒙生日时没有告诉她，而是默默地记在了心里，然后去花店买了束花送给了魏蒙。这件小事让两人记忆犹新，爱人之间偶尔需要些小惊喜来调节一下气氛。

我懂你，足矣

有一个懂你的人，那是最大的幸福。这个人，不一定十全十美，但他能读懂你，能走进你的心灵深处，能看懂你心里的一切，一直在你身边，默默守护你，真正爱你的人不会说许多爱你的话，却会做许多爱你的事。

两人曾因为毕业后的工作地点问题冷战过，甚至曾经因为一点小误会吵翻过。陈伟回忆说："就因为一点小误会，我们差点分手，但是后来慢慢地，觉得关系比以前更好了，可能是她能理解我的良苦用心吧！最后我们两个相互理解，所以我们两个关系越来越好，

平时我说话不太多，但是都比较走心。"性格不合适可以磨合，习惯不一样可以适应，只要都有一颗想一直走下去的决心。一段感情经过了美丽的磨合，将会变得更加平稳和幸福，爱情给我们的感悟，往往也叫我们读懂了人生！

两人领证后依旧甜蜜，家务方面分工合作，白天各自上班，晚上在一起看看电影，聊聊天，小日子过得平淡又幸福。两人说，领证之后最大的变化就是陈伟的厨艺越来越好。陈伟曾经对魏蒙说："我会学着做很多好吃的饭菜，给你做一辈子好吃的，我要宠你、爱你、惯你一辈子！"

两人从没有因为工作吵过架。两人都是医生，因为工作性质的原因，在工作上的很多想法都基本一致，也能够相互理解，从不会过多地干涉对方。因为放不下对方，所以两人选择留在兰州，留在兰大一院，可以说，兰大见证了他们的爱情，见证了他们的点点滴滴、喜怒哀乐。

两人在今年6月份刚刚领证，准备在10月份举办自己的婚礼。他们说："这次能在兰大108岁生日时参加集体婚礼，真的很值得纪念。我们两个又不是特别浪漫的人，尤其是这个写给5年后对方的信，对我们来说非常有意义。"

陪伴是最长情的告白，祝这对新人和和美美，白头偕老！

三生有幸,在兰大遇见你

文｜李丹凤　周文珍　吕宗豪

20 岁生日那天,在兰大医学校区的梧桐树下,你牵起我的手,说:"我喜欢你。"

26 岁的时候,我们一起走进河南省三门峡市民政局。

7 年的时间,我已经不再是你眼中的邻家小妹了,你也不再是那个有点二有点书生气的男孩子了,幸好的是,当年那些信誓旦旦的诺言,在我们相伴度过 7 年的青葱岁月后,都成为现实。

那时候的兰大榆中没有花海,萃英山上也没有这么多树,昆仑堂是陪我们最久的地方。都说学医是最苦的,但是因为有你,再苦也变成了甜。

我遇见了你,也终于明白了怦然心动的滋味,好像又重新点亮了生活的意义。就像小怪兽瞥见同类,嗷嗷叫着逆行人海。

哪有那么多的荡气回肠,柴米油盐酱醋茶,上班喝酒和晚归,吵架难过全都有,只是因为是你,所以更多的是烟火之气,温情脉脉。

大二得了肺炎,高烧不退,你细心照料我一周。

大姨妈来的时候我肚子好痛,你一口气背我上 7 楼。趴在你的背上,我突然想起了王菲的那句歌词:纵使你壮阔胸膛不敌天气,两鬓斑白都可认得你。

毕业的时候想早些经济独立不再依靠父母,也怕考研考不到一起,走着走着走散了,所以我们一起毕业,一起工作,一起生活,直到现在。

在一起,我们俩都很快乐,一起学习进步,一起规划未来,彼此成为最亲近的人，一起一辈子不是坚持一件苦事，而是享受一种幸福。

　　她走路不算优雅，声音不算美妙，甚至长得不算惊艳，就是一个邻家小妹一样的女生。但她就是可以走进我心里。

　　没有想过这段感情要坚持，恋爱不是任务，好像许下海誓山盟就真的可以在一起似的。我哪有那么多的豪情壮志，尽力对她好就是我正在做并且要永远做的。

　　她把自己的一生交给了我，我不可能只给她一个承诺。

　　她开心我陪着，她难过我陪着，她病了我陪着，她活蹦乱跳地耍宝我也跟着。

　　我喝醉了，她气得半死，可还是会照顾我到深夜。生气是暂时的，爱你是永远的，这样的她，我怎么可能不爱。

　　她胆小如鼠，温柔又暴力，小心眼但很细心，敢爱敢恨。

　　我们毕业了，在那个大多数人选择分手的季节里，我们一起找工作，规划未来。

　　这就是周文珍师姐和吕宗豪师哥的故事。师姐说她喜欢听水木年华的《一生有你》：

多少人曾爱慕你年轻时的容颜，可是谁能承受岁月无情的变迁，多少人曾在你生命中来了又还，可这一生有你我都陪在你身边。

师哥说：我喜欢听大话西游主题曲《一生有你》：苦海翻起爱恨，在世间难逃避命运，相亲竟不可接近，或我应该相信是缘分。

师姐说，我们俩都爱睡觉呀，都喜欢听音乐，都喜欢古诗词：新月曲如眉，未有团圆意。红豆不堪看，满眼相思泪。终日擘桃穰，人在心儿里。两朵隔墙花，早晚成连理。

他喜欢打篮球，所以我闲的时候也会拍两下，也会看球赛，也会为了科比的退役而难过，为了 24 号球衣而尖叫。

她打羽毛球，我觉得把一个球拍来拍去无聊且无趣，可是因为是她，我爱上了这项运动。

他在我生日的时候说：周文珍，我喜欢你，我们在一起吧！没别的情话，却让我觉得格外动人。

师哥说：母校 108 岁了。而且入选了国家双一流大学 A 类，她当得起，祝贺兰大，母校生日快乐！

师姐说：兰大给我一种精神上的信仰，自强不息，勤奋，求是，进取，希望母校越来越好！

其实我这一生要得很少，不过是能有人将我放在心尖，想我所想，求我所求。睁眼第一件事是你，闭眼前最后一件事也是你就够了。

要得很少，却也太难。毕竟五彩的世界，有那么多可以让人纷乱的东西。驻足不难，难的是留下，难的是再也不走。

幸好，师哥师姐告诉了我：真的有一种爱情，再也不走。

刚好遇见你，在这最好的年华里

文 | 马锐锐　马　恩　赵瑞芳

　　马恩和赵瑞芳相遇是在4年前的那个夏天，那个值得他一生铭记的夏天。怀揣梦想，伴着一些好奇和些许不安，他只身来到这座屹立在祖国西北陇原大地上的悠久学府——兰州大学。认识她，是在一个明媚的清晨，学院组织2013级新生户外素质拓展训练，领队老师按专业清点人数，当点到他的专业时，后排角落一串银铃般的声音引起了他的注意。她出现了，花格子衬衣，深蓝色牛仔裤，个头不高，落落大方却又不失俊俏，她便是他的研究生同门女孩，一个别致淡雅的西北女孩，那一瞬间的美好让他想起王童语一首歌——《丫头》。第一次偶遇对她来说或许只是一次普通的邂逅，但对于他来说却像一场暴风雨，瞬时便已席卷了他的整个心房，咆哮着激起心中阵阵涟漪的梦。他竟一下被她迷住，从此踏上风雨无阻的寻"芳"路。

他是一个喜静之人，心动初始，只想静静守护，默默为她做些什么，可最后他还是没有按捺住自己内心的汹涌，以实际行动来表达自己的爱慕之意。对于他稍显冒昧的追求，她保持着与他的距离，像对待普通朋友一般。但他并不气馁，依然坚信能在千里之外的金城遇到让自己心动的女孩，分明是上天的安排。假装偶遇是很多追求者惯用的"伎俩"，他也不例外。去医学校区上课的路上，他总是提前躲在1号宿舍楼一楼楼道的角落，待她出现在视线里，他便满心欢喜地赶紧出去，假装碰巧路过。和她打过招呼之后，他便很绅士地接过她手中的暖瓶，然后有一句没一句地聊着什么。他现在已然不记得聊天的内容，只记得当时自己会很开心。不久，他便能在楼下众多暖瓶中一眼认出那个属于她的独特的暖瓶，默默地提走，接满热水，再悄悄放回。就这样他"碰巧"帮她提了3年的热水，他们之间的关系也由最初的冷淡到最后的温暖，就像暖水瓶由空瓶的冰冷到装水的暖和。1号楼到开水房的这段路啊，承载了太多最初的那段美好回忆。

一开始，她对他的殷勤表现显得有些无动于衷，甚至有些警惕、抵触，数条写满屏幕的短信也难换寥寥数言的回复。转机来自于相识的半年后。那时候，她开始临床实习，赶上任务繁重的科室，总是要工作到很晚才能从医院回校。于是，"挑水工"之外，他便顺理成章地充当起护花使者的角色，理所应当地开始陪伴在她的身边，那些陌生与排斥，在微暗的夜色中逐渐淡去。终于，不知哪一天起，她对他的努力不再排斥，并逐渐习惯下班路上有他的陪伴。他也终于鼓足勇气写下许多个日夜想说给丫头听的——爱的告白。莺莺细语流淌在粉红色信纸间，那是丫头喜欢的颜色。自此，兰大美丽校园中，婆娑树影下，草地阡陌间，又多了一对牵手并肩前行的身影。

一起吃苦、一起欢笑、一起戴上流苏帽。3 年转眼间便已流逝，他们毕业了。当两人牵手踏上离开兰州开往另一座陌生城市的列车时，他思绪万千，心头五味杂陈，人生总是充满离别，可他得学着习惯。母校故土总是难以割舍，可伴君路万里，终须有一别。这块西北的大地，承载了他的奋斗历程和梦想轨迹，也是在这里，他收获了爱情，找到了相伴永远的另一半。所以，你好，母校；再见，兰大。

人生莫大的幸福，便是在这最好的年华里，刚好遇见你。他坚信他将与他的丫头牵手共度未来，无论贫穷、疾病、困苦，皆不离不弃，相濡以沫，相伴到老。一辈子很长，一定要跟喜欢的人在一起，而他的心上人，就在眼前。母校兰大，就像故乡静谧夜空里闪亮的星星，也将永远亮在他的心头。

这就是马恩和赵瑞芳的爱情故事。

丁香枝上 豆蔻梢头

文 | 许紫岩

太多的人早已不相信爱情，太多人说婚姻是爱情的坟墓。直到校庆日上认识了他们，才明白什么是爱情。

有美人兮，见之不忘

这对伉俪相识于兰州大学。"研究生新生会上她穿一袭粉色连衣裙，落落大方地做自我介绍，一下子就吸引了我的目光。去食堂吃饭时碰到好几个同学，其中就有她，不由一阵窃喜，没想到这么快就又见面了。我们同桌而食，就趁机留下了她的联系方式。不知道这算不算我们第一次共进晚餐。"谈起初次见面，赵兵坤笑容满面，满满的全是爱。

几天之后，经济学院开始筹办迎新晚会。她邀请他参演《大话西游》的小品，一个演唐僧，一个演女儿国国王的侍女。一个多月的时间让他们渐渐熟悉起来。迎新晚会当天，赵兵坤主动邀请李晶参加"猪八戒背媳妇"的游戏，他们才开始剧本以外的交谈。她每天跟舍友们一起吃饭，一起上课，一起玩耍，由于经常碰面，慢慢地他也加入到她们的队伍中，每次吃完饭再帮她们打水也成为他的习惯，她们经常调侃他为"妇女之友"。那时候，他们一块聊天，而她跟在后面偶尔插两句话。

缘分使然，他们又选了同一班次的英语课，校外兼职辅导员也被分到同一所学校，还同时进了经济学院研究生会文体部，这样他们的接触自然而然就多了起来。在闲聊、游玩、唱歌、吃饭、组织活动中，他们爱情的火苗悄然燃起。他总能被她俏皮的话语逗得哈哈大笑，而她欣赏他"腹有诗书"的气质。

有一次同学相约爬五泉山，因为各种原因，最后只剩下他们俩。那天，他给她讲历史、名著、电影，后来又聊到做饭、修水管等生活小事。就这样，她彻底被这个可俗可雅、爱读书、爱生活的男人吸引了。他善于用行动去证明自己，而羞于用言语去表达，但她从字里行间，从那充满爱意的眼神中，读懂了他的心思。过了几天在看完电影回来的路上他终于鼓足勇气去拉她的手。这么多天以来他带给她的安全感以及浑身散发的"墨香味"，让她没法去拒绝那只悄悄放在她手心里的手。 那天是他们永远都不会忘的日子——2013 年 11 月 24 日。

之后，两人回宿舍后接着聊 QQ，有两次甚至聊到凌晨四五点。他们谈对生活的感悟，聊对爱情的观点，讨论对未来的憧憬……李晶那俏皮又偶尔深刻的话语，让赵兵坤舍不得说晚安，更不舍得删除任何一句话。直到现在，他的电脑里还保存着当时的聊天记录。回想起那段美好的时光，这对幸福的夫妻总是难掩嘴角的笑意。

一日不见兮，思之如狂

甜蜜、平凡而又难忘的恋爱时光就这样开始了，中间有平平淡淡，也有让人难以忘怀、印象深刻的故事。

他经常比较忙，但无论多晚回去，都要跟她见一面才回宿舍，而他宿舍就在校门口。还有段时间他每天都忙研会的事情，忙到脚后跟都走烂了，早上一瘸一拐地来接她，还执意像往常一样送她到雁滩去兼职。从学校走到雁滩至少得半小时，她心疼他，不让送，他却像个小孩一样说："不，我要送，这会儿一点都不疼。"

赵兵坤还被同院的女生称作"男神"。当时，他在研究生公寓 11 号楼住（最西边），她在 2 号楼住（最东边），他们一东一西中间隔着整座校园，但是他依然每天从西边跑到东边去接她，然后再从东边漫步到西边吃早餐、上自习。一个同院的女生连续几天看到一只白色的小猫团成一个小球，亲热地贴在他的脚边，陪着他等她，同学对舍友说最多两周，他就不会来了……两周之后，几个女生又打赌说最多半年……事实是，接送女友的事一直到毕业都未曾间断。最后同学"知难而退"懒得接着打赌了。"同院的女生因此封我为'男神'，兰大校史上身材最圆润、皮肤最黑、颜值最低的'男神'由此诞生！"谈起自己"男神"的称号，赵兵坤觉得有些名不符实，但是

在我看来，却真的是当之无愧。

执子之手，与子偕老

欢欢笑笑，吵吵闹闹，他们一起走过了4年，说来其实很平淡，平淡得就像是一本流水账。可是平平淡淡才是真，爱情的真谛就蕴含在这些平淡的日子里。结婚之后，他们的幸福还在继续。她依然崇拜他，而他一如既往地呵护着她。

就拿吃西瓜来说，赵兵坤每次只吃贴近瓜皮的部分，而把中间最红最甜的瓜瓤留给妻子。哪怕妻子不在，也要放在冰箱里存好；出去逛街她总是可以放心大胆地穿高跟鞋，因为她累了他会提着拖鞋去地铁接他，也会当街为她揉脚，更会脱下自己的鞋子让她穿，自己却光着脚，手提她的鞋子走在大马路上。

她是宁夏人，他是河南人，摆在他们面前最大的考验就是毕业后去哪的问题。她毫不犹豫地选择一切随他，即便同学们都陆续找到满意的工作，而她却连一个笔试通知都没收到，

也丝毫没动摇过。许多朋友特别佩服她，赞叹她有勇气，觉得她小小的躯体下藏着一颗坚定的心。但她却觉得自己简直赚翻了，因为跟随他是心之所向，找工作的煎熬也只是暂时的，而同他生活却是一辈子的幸福。

我欲与君相知，长命无绝衰。冬雷震震夏雨雪，山无陵，天地合，乃敢与君绝。

也许，这才是最适合他们的爱情之道，没有火焰般的可以瞬间燃烧掉余生的猛烈，没有轰轰烈烈感天动地的生死相依，有的是平平淡淡又不乏激情的点点滴滴，有的是细水长流令人回味的时光荏苒！别人的爱情也许是杯烈酒，浓烈火热，适合一口下肚追求瞬间的难忘；他们的爱情更像是一杯咖啡，香醇绵长，适合在静谧的午后细细品尝……

关于兰大的独家记忆

文 | 唐世杰　刘　文

写在前面

回望兰大 7 年：迎新时熙熙攘攘，走在校园不知所措；军训时酸甜苦辣，迈着正步汗流浃背；运动会时激情澎湃，期待运动健儿大展英姿的同时，默默观望着运动方阵的举牌人（和管理学院的运动帅哥）；毕业时潇洒再见，却发现此去一别，便是山高水远。还记得百看不厌、百爬不腻的萃英山，即使毕业多年，"萃英山下好读书"仍萦绕在耳，西区教学楼的萧瑟以及旁边的医学实验楼带来的恐惧仍历历在目；还记得郁郁葱葱、书声琅琅的将军院；也还记得十里飘香、琳琅满目的宛川源。我们还经历过一些关于兰大的特别记忆：四本五块哥悠扬动听的叫卖，昆仑堂堂主气定神闲的踱步，毓秀湖里金鱼悠游自在的嬉闹，芝兰玉树两苑锅碗瓢盆的协奏，大礼堂里仅售三块的电影，视野小广场的热闹非凡……

兰大 7 年，说来不易，今天再来一一细数，却发现可以说个三天三夜，大一报到时，一下校车，满目荒凉，从长沙到兰州颠簸 26 个小时的火车，却只有荒山为伴，只身一人，凄凄惨惨戚戚。没过两天，和室友熟悉了，一起打开水，一起吃后市场，一起逛校园外的小街，一起军训，生活滋味倒也不赖。如果说生活一直是一个小女生的小确幸，那么大学总是那么不圆满吧，他，还是出现了。

初　见

我和他相识于2010年5月28日，起因是我很缺根筋地在闺蜜的鼓动下注册了某望账号，然后在某版"广交好友"。现在想来，18岁的小姑娘啊，真是too naive, too simple，大部分朋友都是进个空间看看照片或者聊聊天互相消遣。就这么着，和他交换了QQ，一进空间先看照片（那时候的我们，苦心经营着空间，小情绪、小兴奋、小沮丧都会在说说里面体现得淋漓尽致），那时候的他长得非常，嗯，"很可口"。话说男人看漂亮女人那是审美，女人看帅哥那是好色。请大家原谅那时的我，才19岁，许多十八九岁女生的通病——花痴，在那时的我身上特别明显。

正如相亲一样，一见钟情太重要，我们最开始自然看不到别人的内在、别人的本质，没有任何恋爱经验、社会阅历的我，也不会去在乎对方是不是有钱有车有房有工作，只要看上去喜欢就好。

就这样，持续了将近一个月的网聊和短信联系，算是相互有一些了解了。6月末某天他生日，说请我吃饭，我因为学生会要开例会没去成。巧的是，这一开会我把手机直接落教室了，后来有个好心妹子看了下最近联系人，联系上了他，然后我们就见面了。那天晚上，他是生日聚会后过来我宿舍楼下给我送手机的，喝了些酒，迷迷糊糊。初见时，觉得这孩子果然是南方男孩，有些稚气，还有点帅。

岁月是神偷，偷走的不光是时间，还有初见时的稚嫩和瘦削，这是后话。

沦　陷

此后，在QQ聊天和短信的基础上，他开始接我下自习，之后逛逛校园聊聊天。

印象比较深的是有次下小雨，两人撑一把伞，那时还不是很熟，彼此还是有心墙，你不敢碰我我更不敢碰你的那种。榆中校区的路灯朦朦胧胧，昏黄暗淡，是一段感情最好的催化剂，两人有一搭没一搭地聊着天慢慢走着，暧昧丛生。

还有一次是我们坐在回音阶，他给我唱林俊杰，他声线不高，有点温柔的嗓音我承认沦陷得不行。

套 路

接下来的事情便没什么好说的了，所有情人之间的分分合合，你侬我侬，吵吵闹闹，抱头痛哭，分手—复合—分手—复合的电视剧套路，我们都走了一遭。过程太精彩太揪心，甚至有点虐心，不便细说。不过还是有值得庆幸的，我们的争吵从来不和另外的第三个人相关，我们短暂的分手后的"空窗期"，也没有和第三个人有支线发展。

走到现在，数数时间，已经走过7年多了。为了避免七年之痒，我们扯了证，买了房，扯证日期是7月1号，房号也是17，谐音"一起"。他对我的称呼也从最开始的腻腻歪歪，变得稀松平常，刘老师，老刘，然后新称呼"老婆"。

感情虽然没有之前的浓烈如酒，现在的波澜不惊，平平淡淡倒也舒畅。

剧 终

都说世间的感情变得太快，曾经的山盟海誓，除却巫山都会烟消云散。至少，只要我很确定地牵着他的手一起生活，我就相信爱情。

现在在四川某高校给学生上课，讲到当代的一些对西北这块土地大书特书的作家例如

贾平凹、陈忠实、路遥、张承志、张贤亮等人的作品时，万般柔情，总会涌上心头：会给学生分享曾经植过树、浇过水、捡过垃圾、举办过各种活动的萃英山；会给他们说说，天苍苍，野茫茫的萃英山顶那对以天地为背景相依在一起的背影；也会跟他们分享黄河的日落、晚霞和晚风，正宁路的烤串、牛大和醪糟。对于没去过西北的大多数学生而言，这就像一幅瑰丽而神秘的异域风景图，让他们神往不已。

以张承志《北方的河》里面的一句话作结：肉体可以衰老，心灵可以残缺，而青春——连青春的错误都是充满魅力的，浸润着曾经青春与爱情的兰大，大概就是这样充满魅力而言之不尽吧！

海誓山盟石枯烂 缘定三生一线牵

文 | 高路阳

在这鸟语花香的 9 月里，在这兰州大学 108 年华诞之日，108 对新人喜结连理之时，男方曹建，女方高正波，也在庄严的积石堂前定下了他们海誓山盟白头偕老的誓言。

相逢兰大

"我们是朋友介绍认识的。"学姐在接受采访的时候如是说道。学长和学姐一个在理科院，一个在文科院，没有参与同样的校园工作，却能相遇相知。可谓是应了那句老话"有缘千里来相会，无缘对面手难牵"。

据学姐所说，她是在与朋友聊天时听说有一个人"本来地矿院的，后来转入资环，考研的时候又报入化学专业"。学姐一听，还有此等人物？便想与其相识一番。俗话说得好"好奇害死猫"，这一认识不要紧，学姐这下把自己的后半生都交了出去。

曹建学长是一个比较稳重的人，并且踏实，有安全感。而高正波学姐却是古灵精怪，喜欢接触新的事物，十分活泼开朗。两人是标准的理科男和文科女类型。学长也是在与高正波学姐接触后，被她的性格所感染，一发不可收拾地陷了进去。

相知兰大

学姐与学长认识以后，两个人就经常在课余时间一起游玩。感情日益加深。

慢慢到了后来，学姐给学长洗衣服，学长给学姐做早餐。但是学长的厨艺不甚好，不小心差点把炉子给点着。学长学姐没有透露那顿饭到底吃上没有，但这却成了两个人怎么也忘不掉的记忆。

学长和学姐的大学生活慢慢地消逝着，可是对方的影子却像是一场春雨一样悄悄地、深深地走进了对方的心底，不可磨灭，无法替代。

相爱兰大

"是我追的他。"当被问到是谁追的谁后，学姐和学长如是回答道。也许是心有灵犀，也许是相爱已久的默契，两人的回答是那么的精准和出人意料。但随着后面的问答，这样的答案也让人心有所感。

在曹建学长被问到"是谁先表白"的时候，曹建学长却说不记得了；而当高正波学姐被问到同样的问题时，却也是同样回答。后经两人一番回忆，却是没有表过白。两个人的结合是那么的自然而然，水到渠成。

"学长学姐记忆中最深刻的一次情人节是什么样的呢？"学长学姐却也只道不记得了。

"都老夫老妻了，怎么还会记得这些。"曹建学长这么说。如此一来倒是可以理解了。也许在学长和学姐眼里，他们在一起的每一天都是情人节，若是要把每一天都记下，那实在是太强人所难了。

学姐学长在一起已经有两个年头了，两人一起有恩爱，也有争吵，有欢乐，当然也有苦涩。但不管风风雨雨，学长学姐都陪着对方一起走过，也许曾经没有夸下海口，许下永生永世的誓言，但依旧会陪着对方默默白头到老。

曹建学长和高正波学姐因为都在攻读博士，所以二人的日常生活都比较繁忙，这次集体婚礼是学长学姐的第一次婚礼。"以后应该也不会再办了。"曹建学长说。继承了兰州大学一贯的裸婚风俗，当然也会继承兰大人一贯的情比金坚。

爱情背后

文|邵 炀 邵 敏 丁克传

爱情是情人之间的一层面纱

——纪伯伦

起笔之时，夜深人静。

很有幸以志愿者的身份参加了"爱在兰大"108 对校友夫妻的集体婚礼，朋友问我为什么想参加这个活动呢？因为弱冠之年的我，爱情观太躁了，身边的同学所谓的爱情保质期大多不过半年，而这 108 对校友夫妻，或新婚燕尔，或相伴多年，我想亲眼看一看我期待的爱情是如何相濡以沫的，我希望活动之后，自己能多一些感悟——关于爱情，关于婚姻。

2017 年 9 月 16 日，星期六下午，轻云闲适，阳光正好，这是次日活动

前的彩排。我见到了我负责引导、服务的校友邵炀、邵敏夫妻，称呼学长学姐更合适，与我同院系，2014届的学长与2015届学姐，气质相近，举止相宜。早些时候，人们把结婚前的男女朋友叫作对象，成双成对，像而相近，这一对校友夫妻让我真正体会到什么是对象——学长文质彬彬、诗书之气，学姐温婉清新、巧笑倩兮；沉静时候，相伴而思，一个眼神，心领神会。今年的七夕节时，学长学姐正式结为连理，而相识是两年之前的事。

没有一见钟情，也算不上日久生情。在校时期，虽然在一个学院，隔着年级也不认识；同为江苏老乡，也只在地理区域划分上存在联系，毕业之后先后进入一家单位工作，然后相识、相知、相恋、相伴，这种巧合，我愿意相信是缘。

我问，能不能分享一下你们的爱情故事啊？他和她相视一笑，学长回答，故事很简单，就是认识之后发现很合拍，无论是兴趣、爱好，还是品位、三观，都有种知音的感觉。这让我想到曾经听到的所谓关于爱情的说法——因为爱所以努力去适应。

这听起来很有道理，只是我有一点疑惑，不断地改变自己，去适应对方，我不清楚这种是爱还是痴。古人对嫁娶之事讲求门当户对，我认为是有道理的。一个人的气质里藏着过往的经历，家境经历差别太大，想法也大有不同，交流可能都存在着障碍，相守一生的期许，就很难有立足之地了。真正的爱情是真实而自然的，你们都在里面做真实的自己，不需要刻意隐藏和假装，你们不需要故意去制造一个话题出来，很平常的一句话就带出来

很多话题，两个人一直聊得兴致勃勃，你说不厌，他听不倦。

曾听学姐说，爱情是两颗心的交流和相伴，不能遇到完全相契合的另一半，能一言即合、相见恨晚，就是幸运了。

那一年，她 18 岁，他 19 岁。她在挑灯夜战为高考，刷题模考；他刚刚迈入大学校门，请教学长学姐，开始了大学生活。

那一年，她 19 岁，他 20 岁。同为江苏同乡、兰大学生，他听说了她，她听说了他，耳闻未曾谋面。

那一年，她毕业，进入了他工作一年的单位，两人相遇、相识、相恋。

2017 年 10 月 10 号，他和她举办了婚礼，那天，两个人都笑得像找回丢了很久玩具的孩子。

我当这一对学长学姐的引导员时，听到的他们之间的沟通话语很简洁，多数时候都是用眼神回答与交流，幸福感盈盈四目。我犹记得，校友夫妻排队彩排流程时候，学长学姐同时安静，望着积石堂的画面——细柳轻抚发端，两个可爱的人认真地默默相伴。

这让我想到了一个爱情小故事：他有次去出差，走了一个月。她想他，就给他发消息：夜阑卧听风吹雨，铁马是你，冰河也是你。对方很快就回复了一句：晓看天色暮看云，行也思君，坐也思君。两个人即使隔着数千里也像在一起一样，没有距离。爱的最好表达，就是懂你说的，陪你说话。如果有这样一个人出现在你生命里，用说话陪你对抗这乏味又无聊的人生，让你还对世界心存一点温柔和好奇，也不会担心他会离去。那无疑，他就是对的人了。

威廉姆斯说：我曾以为生命中最糟糕的事，就是孤独终老，其实不是，最糟糕的是与那些让你感到孤独的人一起终老。孤独并不可怕，最可怕的是两个人在一起后的孤独。爱情的珍贵，在于它让你不孤独。

大二时候我尝试过一次恋爱，起初的热情在 3 个月后变得消沉，想法相差，从开始的刻意粉饰，到后来的积攒，开门见山，安静结束。

36 周年、56 周年、60 周年，108 对夫妻里的长者们赠言：爱有包容，更是相伴。我希望在你我年暮时，感谢曾被爱情温柔以待，回想过去，感谢生活的轨迹给了我们相遇的机会，没有太早也没有太晚，相遇就好，是你就好。

爱的背后，是情。

我在哪,他就在哪

文｜张安澎　胡光蕾　徐晨蕾

"一直想说，无论走到哪里，最想去的是你的身边。"

那一年，汶川地震，北京奥运会；

那一年，张安澎和胡光蕾他们满怀着憧憬与希冀踏入了兰州大学的校门；

那一年，他们在最美好的年纪遇到彼此。

这一年他们结婚啦！

缘分就是这么的奇妙，不知不觉拉近彼此。

2008年，19岁的张安澎和18岁的胡光蕾考入兰州大学本科临床医学院。

"我很幸运地和她分在一个班，但榆中校区的校园很广阔，男女生宿舍离得也很远，刚开始大家都不太熟悉。我是团支书，一次偶然的机会，

她把短信错发到了我这里，也就是这个意外，让我们彼此多了一些了解的机会。"

胡光蕾笑着说："因为共同的兴趣爱好，我们都加入了兰大绿队，在野外部里，每周都参加训练。一起参加活动中，彼此聊的话题逐渐多起来，后来他跟我表白，就顺理成章地逐渐走在了一起，那时的我们都比较青涩，不敢公开地拉手、拥抱。我们俩的第一张合照，还是他骑车带着我去兴隆山的时候拍的，回来以后，他的腿都抽筋了。"

不管闹多久别扭，最后还是会因为舍不得而和好如初，这种感觉真好。

"大二以后我们学业开始比较紧张，对于这份懵懵懂懂的感情也不懂得去珍惜，不断争吵，也曾分开了一段时间，冷静以后，我们慢慢发现，彼此还是最合适的人。经过这段坎坷以后，我们对于彼此的感情更加珍惜。"

有你在我什么都不怕了

"因为学业压力比较重，我们去过的地方不多，印象最深的还是去兴隆山滑雪，那是我第一次去滑雪，我其实很怕，而且在那里摔了很多跤，但是始终有他在身边保护我，我感觉很放心。"

为你我放弃保研，只为你的一个诺言。

"渐渐到了大四，就业及考研的问题便摆在了我们面前。我家是甘肃的，而他是山东的，同时也是独子，不想离家太远，而那时我已经得到兰大的保研资格。他给了我一个承诺，最终我放弃了兰大的保研资格，和他一起准备考研，综合各方面情况，选择了西安这座城市，选择了西交这所大学。"胡光蕾说道。

为了兑现诺言，我不会放弃

"考研的日子非常辛苦，每天早起去图书馆占座，中午轮流拿着抱枕趴在桌子上睡觉，晚上学习到闭馆。但天不遂人愿，在临近考研的时候，他得了急性支气管炎，我陪着他打了 3 天的吊瓶，上考场时都没有完全康复，成绩下来后，他落榜了，不过他的成绩仍然可以调剂到其他 211 学校，但为了那个承诺，他决定再考一年。"胡光蕾补充道。

"虽然考研的结果不如意，但也没有太影响我们毕业的心情，当时我们全班坐着火车

去了榆中拍毕业照，因为我们对榆中的感情很深，到了那里不由地有一种归属感，那熟悉的宿舍楼、将军院、食堂、图书馆、翠英山、教学楼，还有那我们牵手走过的每一寸土地。"张安澎笑着说。

你在，我在，就是海枯石烂。

张安澎说："之后的毕业旅行我们去了九寨沟，在那里我见识到了真正的青山绿水，和我们同行的是我们班另外一对情侣，两人在一起也有 5 年多了，他们比我们幸运的是他们考上了同一所大学，我们约好了一起办婚礼的，但是他们在上研一年后分手了，这让我感到很惋惜，也让我们觉得爱情的不易，让我们更加包容彼此。"

生活就像是包饺子，不管你是什么馅，我都会紧紧地把你包在我心里，任生活的沸水怎样煮，都磨不掉我对你的爱！

爱成就更好的彼此

"令人高兴的是功夫不负有心人，我们又在同一座城市，同一所学校了。我们共同学习，共同进步，在各自的领域奋发图强，当然西安也留下了我们的足迹，也见证了我们在兰大的故事和承诺。"

没有过多的华丽，只有一句："余生请让我对你负责。"

"最高兴的事就是能参加母校的 108 周年校庆，报上名以后，我们都感到非常高兴，结婚的事情也就提上了日程。他在研究生期间得过国奖，发过文章，一直都很优秀。最后我继续攻读博士学位，他放弃了考博，准备参加工作，负担起养家的责任，并给我策划了一场求婚。"胡光蕾幸福地说着。

有波澜不惊的爱情，我陪你看流年的风景。

张安澎说："今年她毕业了，我们去登记结婚，没有太多的波澜起伏，我们的日子很平淡充实，蜜月旅行我们去了云南和越南。"

我能想到最浪漫的事，就是和你一起慢慢变老，然后带你去参加兰大校友集体婚礼。

"从相识到相爱都是在母校，能在母校参加这次集体婚礼，让母校见证我们8年的爱情，这对于我们来说意义重大，我们以后准备以9月17日作为我们的结婚纪念日，约好60年后继续一起报名母校的集体婚礼。"

我们因为害怕时间的流逝，一直在聊些有的没的，说话的内容是什么都无所谓，他只是想一直听着她的声音，永远，永远……

一生只做一件事，一生只爱一个人

文 | 刘鑫艺　强进前　张静丽

　　校友强进前与校友张静丽都是甘肃省平凉市人，二人是师兄与师妹的关系，但他们的爱情故事不是发生在校园，而是开始于职场。张静丽于2007年入校，在校时间为2007年至2014年，本硕都在兰州大学经济学院；强进前则是在2009年至2012年于兰州大学历史学院读硕士。学生时代，他们人生的坐标系重合的2009至2012年间，两人也许在积石堂借阅过同一本书，也许都曾在飞云楼下的草坪与友人漫步闲谈，也许在丹桂苑前的梧桐树下一次次地擦肩而过……但却未曾相识，只是共同聆听着浑厚嘹亮的兰大钟声，在各自的学术领域上钻研学习。

　　2012年，张静丽硕士毕业回到平凉的一所党校任教。虽在学业上苦修多年已变得游刃有余，但踏出无比熟悉的校园到了一个陌生环境则又变成了无所适从的职场新人。初入职场，张静丽面临的第一个挑战就是要上好自己教学生涯的第一堂课。第一堂课的意义对一个新教师而言非常重要，若是把课讲好便能在新的环境中顺利立足，若是效果欠佳则可能会在很长一段时间给人留下"水平差"的印象。"我当时觉得校园之外人与人的关系不如校园里那般坦诚、纯粹，别人知道你是兰州大学毕业的是会等着看你的表现，如果表现不好还会笑话你，而不是会一步一步地指导你该怎么做。"周围的压力，孤立无援的状态，对自身的要求使得张静丽陷入恐慌与茫然。这时，已在党校任教两年，同为兰州大学毕业生的强进前向这个低自己两届的师妹伸出援手。悉心教导、安慰鼓励，使得张静丽感到"心中找到了方向"。试讲课那一天，张静丽坐着校车到达单位，下车时看到强进前身穿白色T恤，怀抱一本书从宿舍走出来，笑容谦和地与每一位下车的同事打招呼，那一刻，张静丽觉得这个师兄人真的很不错，太阳温柔地照在他的脸庞上，仿佛阳光是从师兄身上散发出来的……

初入职场的仗义相助，同为兰大学子的关系，使得二人自然而然地熟络起来。平日里他们以"大师兄"与"小师妹"相称，关系比旁人更为亲近与信任。这或许，就是对的时间遇见了对的人。漂亮聪慧的小师妹自然令大师兄感到怦然心动。2014年9月10日，在小师妹生平的第一个教师节里，强进前鼓足勇气约张静丽共进晚餐，两人共叙兰大的一花

一草、一师一友，甚是投机。餐后，伴着蒙蒙细雨，大师兄打着伞送小师妹回家。强进前回忆当时的场景，说道："我出门回家时，她让我带了她的雨伞，恭敬不如从命，我带上伞，心想，此情此景与传说中的许仙与白娘子的相遇、相知、相爱何曾相似。"阴雨蒙蒙的天气带来的寒冷会让人想和身边的人更为靠近来感受温暖，这样的气氛同样适合上演许仙与白娘子断桥相遇共撑油纸伞从此互不相忘那般深情的故事。"从那时起我下定决心，希望她能成为我今后的爱人。"

从那之后，大师兄以各种理由邀请小师妹吃饭，一次次被拒绝，一次又一次邀请。生活与工作上也竭尽所能提供帮助，展现出一个典型"文科男"的细腻与温柔。因为她不喜欢吃面，从此他为她放弃了自己喜欢的面食；因为一次做饭没接到她的电话，从此手机跟他走进厨房；因为她吃饭慢怕她吃不饱，从此他吃饭吃到一半停下等她吃饱自己再吃"残羹剩饭"；因为她生病需要喝中药，他便每日悉心熬药照顾；有时候她的心思不用说，一个眼神他就懂；还有好多时候，他们会不约而同地说出同一句话……"我是一个性格比较'粗'的人，但也能感受到他的细腻。"长久的坚持与体贴入微的关怀终于打动了小师妹的芳心。普通人的生活没有太多的轰轰烈烈，"早间的粥、午间的汤、午后的甜品、晚间的香锅，

以及偶尔打翻的醋坛子"便是生活的全部滋味。因为冬日里他经常买来的一袋热乎乎的毛栗子，她便从此感受到的全是冬的温暖。打动人心的时刻也许就只是发生在不特别的日子、不特别的场合、不特别的言语，只是那一刻的温柔流淌进了你的心里。这样的爱情扎根于朴实的生活土壤，生长在普通人家的炊烟里，虽平凡却茁壮。

自此以后，大师兄与小师妹相知、相恋、相爱。小师妹总说自己是上天派来拯救大师兄的使者，大师兄总是笑笑，内心中却是满满的幸福，他们相约以"一生只做一件事，一生只爱一个人"共勉。在生活中，两人也难免会有意见不一的时候，年长两届的大师兄更多时候会主动退让，大师兄用他细水长流般的细心呵护，让任性好强的小师妹发觉自己内心中也有一汪静水。"我觉得在感情中他付出的一直比我多。"大师兄内敛，小师妹外向，性格互补的两人在感情中相处得"很舒服"。

2017年，张静丽与强进前看到了母校要举行集体婚礼的消息，相恋3年的两人决定"我们结婚吧"。8月28日，张静丽与强进前收获了共同生活的承诺书——结婚证。9月17日，他们回到母校与其他107对夫妇一起让母校见证他们的爱情。彩排时，两人感慨，兰州大学100年校庆的时候他们都是志愿者，转眼间8年过去二人换了一种身份参加校庆。8年前，同为学生的两人浑身充满了青春的朝气，虽不相识却都以同样的热情参与同一个重大活动；8年后，褪去稚气变得成熟的他们携手归来，在度过自己青春，追逐过梦想的地方许下执子之手、与子偕老的诺言。这些人生中微妙的关联，我们喜欢把它们称之为——缘分。

婚礼上有一个新郎对新娘说出爱的环节，强进前对张静丽说的是属于他们的爱情宣言——"爱才有故事，情系有缘人。兰大两相约，相伴度一生。"

伴随着母校兰大的足迹，大师兄与小师妹的人生将继续书写……

专属理工男的浪漫

文 | 宫晓东

　　刘聪学长与陈燕学姐相识在大一冬天回家的路上。他们都是新疆人，学长的大学同学是陈燕学姐的高中同学，他们相伴一起回家，在火车上他们相识，并逐渐走在了一起。经过 8 年的爱情长跑，他们终于在 2017 年 7 月 28 日举办婚礼，成为夫妻，并借着兰州大学 108 年校庆集体婚礼再一次见证了他们纯真而又美好的爱情。

　　兰州大学是他们相识相爱的地方，这里有他们很多最美好的回忆。兰州大学榆中校区的萃英山上，有着他们亲手种下的一棵小树，由于兰州的气候原因，树苗很难成活，很多与他们的小树一起种下的树苗都因为缺水枯萎死亡，只有他们的树苗至今还在萃英山上迎接着风沙的洗礼。每到周末，在别的情侣都去吃饭看电影的时候，只有他们提着两桶水，爬上萃英山为他们的树苗浇水。这棵树就是他们爱情的见证。

　　刘聪学长向陈燕学姐求婚是在学长的实验室，学长买了99朵玫瑰花，并且还让他的师兄弟们帮忙每人又拿一朵玫瑰，从实验楼大门到实验室门口排好了队，在学姐来了之后依次把花递给学姐，然后学长将学姐哄了过来，开始了他的求婚计划。学长在求婚之前想了很多想要对学姐说的话，但是在求婚的时候激动到一个字都说不来，最后千言万语都凝聚在了"你愿意嫁给我吗"这句话中。这句话饱含着学长想要将学姐娶到家中的渴望，饱含着他们8年爱情长跑中经历的点点滴滴的感动，一句简单的话语蕴含着他们不简单的爱情。学姐一直都是一个渴望浪漫的人，总是说学长求婚的方式太没有创意了，但是在讲述的时候脸上的那满满的幸福却出卖了她。

　　学长学姐大学毕业之后面临着今后何去何从的迷茫，学长选择了继续读研，而学姐则选择了工作。由于他们的家境都不是很富裕，两人都不愿再向家里伸手要钱，他们大学毕业之后一直都是独立地生活，或许艰苦，但是爱情，让所有的艰苦都变得风轻云淡。为了两人的爱情，学姐坚持在兰州工作，错过了很多工作的机会，学姐说："如果爱情和面包只能选一个，我选择爱情。"最后学姐留在兰大后勤部工作，住在集体宿舍，每天还要给忙于科研的学长送饭。但是艰苦的生活不能击败心中满含爱情的人，学姐两年之后也考上了兰大的硕士，学长的科研也有了起色，他们成功度过了人生中最艰难的时期，爱情让他们相互扶持，共渡难关，爱情让他们互相关爱，砥砺前行。

　　在问及学长他认为自己说过的话中最令学姐感动的是哪一句时，学长说："应该就是，

就算我找遍整个星球，我也要找到你。"当时，学长学姐一起外出游玩，由于景区人非常多，他们走散了，学长苦苦寻找，在找到学姐的时候，说了这句话。谁说理工男不懂浪漫，只是人们都不懂理工男的世界。

学长学姐一共办了两次婚礼，一次是在天山脚下，一次是在家乡。学姐一直都想要举办一场户外的草地上的婚礼，学长为了满足学姐的愿望，在天山脚下布置了很久，从县里买了300朵鲜花，举办了一场只属于他们自己的婚礼。在家乡的婚礼上，他们一直都有着新娘脚不能挨地，由新郎抱着或背着的习俗。但是学姐怕学长累到，知道抱着自己不是很轻松，就跟学长说你就背着我吧，别抱了，但是学长说："别人都抱着，我为什么不抱。"结果学长抱完之后手都在发抖。这件事让学姐十分地感动。学姐开始的时候虽然一直在说学长不够浪漫，但是在讲述这一件件他们爱情路上的小事之后，学姐说："他还是挺浪漫的。"其实生活中的点点滴滴，只要心中有爱，何处不是浪漫。

如今，学长已经博士毕业，留在了兰大当老师，学姐也研究生毕业，找到了工作。他们的生活走上了正轨，艰难时期已经度过，迎接他们的将是爱情、面包都能拥有的最美好的时光。

相遇爱在兰大 相守家在兰州

文 | 张 彤 李海元 陈雪萍

作为研究生的李海元，曾为这位美丽姑娘放下矜持；同为研究生的陈雪萍，今向此位俊俏才子倾心以待。4 年前的承诺，换今日完美实现，他们说："昨日相遇爱在兰大，今日相守家在兰州，对的时间遇到了对的人就是幸福！"

相遇爱在兰大，眼里只有你我

当问到李海元是怎么认识陈雪萍的时候，他深情地说："当时在一个班嘛，第一次见到就感觉这姑娘长得特别漂亮。所以就经常以各种名义邀请她出去玩，慢慢就变成很好的朋友。只能说，生平第一次我放下矜持，相信自己真的可以深深去爱你！"

"他当时经常约我出去玩。但我是学医的嘛，课挺多的，所以并不是每次都能赴约，不过还是一有时间就带着室友一起出去玩。还记得当时我们两人的宿舍楼离得很远，不过当时却一直没感觉有多远，现在想想还是挺让人怀念的。"陈雪萍说。

而问起当时怎么有勇气在相识相爱仅仅一年就报名了这场 4 年后才举行的

爱在兰大集体婚礼呢？陈雪萍这样说："当时也没有想太多就拉着宿舍另两位姐妹一起报名了，只是想能和他在母校举行一次这神圣的仪式，让我们今后的回忆里多出这特殊的一次婚礼。同时能在几年后和闺蜜她们有一次不一样的聚会，这将会是我人生不可多得的一次承诺，爱情和友情，我都无比期待。当然，也没有你们现在这样经常分手的事情，和海元在一起让我很有安全感，有时觉得和他在就起是人生最幸福的事了。"

相守家在兰州，为你长情告白

到目前为止李海元和陈雪萍已经在兰州生活5年了，也在这所西北城市有了固定的工作；同样的，这5年也让他们身上留下了这所城市独有的烙印。

"还记得当时刚刚进入兰州火车站的时候正是春天，哈哈，3月份兰州正是起风的时候呀，所以在火车上看到的只有一片黄沙。当时还担心需要在这所城市待4年之久，我到底能不能坚持下来。但后来发现自己想多了，现在兰州环境越来越好了，我们也很习惯这里，喜欢这里了。海元是在石河子大学读的本科，所以刚开始他就习惯在这边读书。认识之后

还给我说了许多在西北这边生活的技巧呢。"陈雪萍这样说起她对兰州的印象。

"刚读完研究生也有过犹豫的，因为我的闺蜜她们都去了外地，海元也有过这样的考虑。不过最后我们还是决定留在兰州了。

"现在在医院工作确实挺忙的，不过有时间我们还是会出去在兰州转一转，喜欢初夏百花盛开的时候，我们会去各个公园玩玩，或者只是单纯地在街上走一走，也是很有滋味。而且母校就在这里，有许多老同学时不时回来看母校的时候可以来我家住，我也很喜欢每次相聚的感动。"

"学医太辛苦了，真的。"李海元这样对我说。

"本科的时候感觉医学的内容还好一点，但读到研究生就不同了。课程会有许多，每天都在为各种知识储备和实验忙碌着，真的，我觉得对雪萍亏欠了太多陪伴。当时读研究

生时候，每周末还能和她一起聚聚玩玩，但我觉得还是没有特别多时间陪过她。我一直想，等毕业了一定要好好陪她。

"但自从到医院工作，我发现可利用的时间更少了。每天病人都会有许多，我只能在自己岗位上尽力做到最好，而这样，却再没时间能好好陪她。有时候，会和她一起出去走走，给她拍照是我觉得最快乐的事了。或者有时候会有朋友来兰州这边，一起出去玩一玩，

但回头就又会有很多工作要做了。"

"不过我们都是医学生，现在已经是医生了，我们知道必须这样做。所以，我也为雪萍骄傲，为自己骄傲。"

"明年我们要在兰州买一个房子！"这是李海元对陈雪萍的承诺，从不同地方来的两位兰大人将在兰州定居下来，期待他们更加美好的将来。

今夕何夕 见此良人

文 | 何 影

　　你说你喜欢上他的那一刻是在第一次见面，那个酒桌上，他喝下三杯酒的那一刻。

　　爱情需要一辈子来经营，而喜欢却只需要那一秒就够了。人生匆匆，我们身边的人来来去去，有些人在你身边很多年你也不会注意，有些人哪怕是不说一句话也会一眼让你就挪不开。没有原因，没有理由，就这样被你迷恋。

　　"你好，于老师，我叫陈毅，08级的，你呢？"

　　"是吗？我也是08级的……"

　　距离2008年已过去了7年的时间，尽管彼此擦肩而过匆匆7年，但是月老却仍不愿剪断他们之间的红线。从榆中校区到本部校区，从本科到研究生，他们有着共同的朋友，有着共同的课程，甚至是在她硕士毕业拍摄的校园纪念照片中，都惊奇地发现了同一个师门的同学……但命运就是这么的神奇，兜兜转转，他们还是遇见了。

我们一生里有可能遇到很多人，有时正好同路，就会在一起走一段，直到我们遇到了真正想要共度余生的那个人，才会把余下的旅途全部交给这个人，结伴一起到终点。

他们的相遇经历了 7 年，而决定在一起一辈子只用了两年的时间。也许是上苍想要给他们足够多的时间把自己雕琢成为更适合对方的那个人，然后才把爱情和婚姻的帷幕打开，让他们彼此相遇，相恋，相知，相守到终老……

2017 年 9 月 15 日，他们在老家举行了婚礼。

16 日早晨 7 点，奔赴兰州。

17 日，在兰州大学 108 周年校庆日举办的 108 对兰大校友集体婚礼后，他深切地感慨道："今天，我才感受到婚礼的那种紧张，我才感受到我牵着你的手走在红毯上那一步步的庄重。老家的婚礼上多少有些忙碌与疲惫，今天对我们来说意义更加深刻！"

作为他们的婚礼引导员，这两天的时间里我关注着他们的一言一行。当第一次见面时，他们手牵着手向我走过来，两人都是满脸笑意。我知道他们很幸福，我由衷祝福他们能幸福一辈子。

他总是温柔地对她说话，望着她的眼神如泓泉般细腻温暖。他无限地宠溺着她，有时候她一句稍显委屈的话，就让他没有了自己的想法。她踩着高跟鞋穿着婚纱，他一步一步小心地跟着，生怕下一刻会绊着她。

有人问："你觉得你们最浪漫的一件事是什么？"

他回答："我们之间好像没有什么很浪漫的事，可能我们每一天都很浪漫。"

每个人都希望爱情是那么的轰轰烈烈，也许他们也曾这样。可他们却让人敬佩，因为婚姻不再是爱情那么简单，不再需要那么多的热烈，他们把每一天都经营得那么温暖。都说平平淡淡才是真，他们做到了，但又不同，在平淡的日子里他们又多加了一些调料，那么的有滋有味。

他在忙，我陪着她，她笑着跟我说："我们婚礼的前一天停水，后一天停电，刚好婚礼那天什么都是好的。"当时我就很感慨，这正如他们历经 7 年的等待终于走到了一起，那一刻是最合适的时候，那一刻也是命中注定的时刻，他们终会携手相伴，未来的日子还有很多风和雨，但没关系，他们手牵着手，一定能够共度此生。

都说人生是一场修行：前半生有父母为我们遮风挡雨，而今后要靠彼此相依为伴，为彼此拂去额头的汗、眼角的泪。每个人都不会一直是个巨人，我希望你们在彼此无助的时候不抛弃不放弃，我希望你们能永远真诚感恩地对待彼此，幸福来之不易，更要对得起对方为你付出的韶华时光和满满的爱。

他们笑着说，如果能够回到 2008 年，他们一定要早一点相遇，然后对彼此说一句：

"你好！我是兰州大学 2008 级地质工程的陈毅，你以后会是我的老婆。"

"你好！我是兰州大学 2008 级材料化学的于明汇，我以后会是你的老师哦。"

我不怕等待，就怕你不来

文 | 徐显朝　黄　妍　尚　静

　　金秋十月，塞外江南，牛羊随处可见的伊犁大地，赛里木湖日出升起，醉人的不是美景，而是猝不及防跌入我心的姑娘。

　　西北望推出了表白墙的栏目，我暗喜，斟酌来斟酌去，码了200字，要发送，又怕惊吓到，内心挣扎斗争无数轮回，一咬牙发了，心想着"死"也要"死"得轰轰烈烈，果真，"死"得壮烈，追姑娘不成，还火了一把。

　　沈从文说，我这一辈子，走过许多地方的路，行过许多地方的桥，看过许多次数的云，喝过许多种类的酒，却只爱过一个正当年龄的人。在此前20几岁的人生里，多次任性"出走"，只身骑行陇蜀，只因向往新疆的辽阔而毅然离家千里，此刻，站在乌鲁木齐的大雪地里，从前自诩独行客的我却前所未有地思念兰州。

　　大半年而已，却觉阔别已久，凌晨0点，乌鲁木齐飞往兰州的航班落地，

重新踏上兰州的土地，满是心安。深夜的母校静谧祥和，仿佛等待游子归来的慈母，这是我一生的烙印，培育之恩永不敢忘，馈赠佳缘更是不敢辜负。有人问，为什么不让你来新疆，我说，你留在甘肃已是不易，我怎么舍得再让你来这么远的远方，你也有家，我也有家，总不能让你永远感觉在流浪。

初春的湖南，夹带些许寒意，奔赴千里只为第一个属于我们的情人节，南方的寒潮湿冷湿冷的，心却是热的。承诺要陪我去吃超级正宗的邵阳米粉的小丫头，直至今日都未兑现，拉着我吃了顿的确算不上好吃的盗版。

和所有的恋人一样，我们也会有摩擦，会有争吵，会有相看两厌恨得牙痒痒的时候，但更多的是吵闹过后的豁然与包容。与有情人，做快乐事。披荆斩棘之后，愿我们仍保初心。

人生很长，世界很大，没遇到你之前，我不知道谁会来，遇到你之后，我不想再放开。我曾说，感情不在期许，在于经营。你的过去我来不及参与，但你的未来我一定都在，唯愿宜言饮酒，与子偕老；琴瑟在御，莫不静好。

这就是我与爱人黄妍的爱情故事。

白衣天使 爱在兰大

文|邓 凯

男主人公：蔡龙彪，1991 年出生于河北邢台，2009 年进入兰州大学公共卫生学院开始本科学习生涯，是一个积极、活泼、乐观的小伙子。

女主人公：曹雄晶，1990 年出生于甘肃，同样于 2009 年进入兰州大公共卫生学院开始本科学习生涯，是一个温柔体贴的女孩子。

更巧的是，他们俩还被分到了一个班，这更拉近了二人的距离。

恋爱之路

说起他们二人的恋爱之路，真是让人称羡不已。蔡龙彪校友告诉我，他们俩第一次正式交谈是在他们大一的英语课堂上，当时老师要求他们这

个英语小组表演"威尼斯商人",正是这堂课,让这两个原本生活并没有太多交集的青年男女慢慢地走进彼此的生活,自此,二人打破了原本的淡漠,两个人之间的交流渐渐地多了起来。

然而,让二人情感快速升温的却是他们大一的一次同学聚会和一次爬山,因为二人是医学生,大二便要搬至医学校区学习,所以,大一的那次聚会给他们都留下了深刻的印象。而在这次聚会上,蔡龙彪为曹雄晶挡酒更是给曹雄晶留下了不可抹去的印象,曹雄晶告诉我,她当时就认为蔡龙彪是个可靠的好男人,二人更是越走越近,这次聚会成了他们爱情之路上的一个"助推器"。

而他们爱情之路上的另一个"助推器"则是他们那次的爬山之旅。那天,他们一起去兴隆山游玩,因为爬山,身为女生的曹雄晶有些体力不支,于是,蔡龙彪就拉起了她的手,帮助喜欢的她一起爬山,而曹雄晶也感受到了他对自己的关爱。自此,二人情感更是有很大的提升,渐渐地,二人之间的约会便多了起来,这两件事大大地促进了二人的交往,使他们在爱情之路上迈出了一大步。

虽然二人已确立了恋爱关系,但他们却并没有大肆宣扬,他们很少在网上秀恩爱,他们之间的事也只是跟二人的好朋友说说,他们说平平淡淡就好,这才是生活。

二人在大学阶段并没有告诉父母谈恋爱的事,一方面,二人家乡距离远,害怕家人反对,另一方面,前路有太多未知,他们怕不能走到最后,反倒让父母操心。而对女方来说,最重要的是家人不许她大学谈恋爱,所以,更不能告诉家人,虽然回家时家人也会问有没有谈恋爱,但他们一直说没有,直至二人大学毕业,二人才告诉家人他们的事。

曹雄晶说爱情是学习的调节剂,二人在恋爱的同时,并没有放松学习,他们一起散步,一起学习,一起走过了美好的大学时光。

大学毕业后,蔡龙彪考上了武汉大学研究生,曹雄晶则在甘肃工作了一年。期间,曹雄晶为了进一步提升自己,更为了爱人,努力学习,也成功地考上了武汉大学研究生,二人再一次进入了同一所校园,同时,这也是最让蔡龙彪感动的。而对曹雄晶而言,蔡龙彪就如同自己人生的指路明灯,人生的关键时刻,蔡龙彪都陪在她的身边。

现在,他们都有了工作,也有了良好的条件,水到渠成,于是,今年9月二人登记结婚了。现在他们都在医院工作,生活得很幸福,他们过着典型的上班族的生活,朝九晚五,蔡龙彪的工作更为辛苦，但蔡龙彪告诉我这样也挺好的，有一个人可以对家里照顾多一些，这样也挺不错的。

活动感受

蔡龙彪告诉我，他们是在旅行途中看见兰州大学"爱在兰大"的活动宣传，在报名最后一天才报名的，其他材料也是事后补交的，能参加此次活动他觉得很幸运，也很值得怀念。

曹雄晶也说自己很感动，学校准备很充分，符合她对婚礼的期望，并且，蔡龙彪说有几次曹雄晶感动得快哭了。

作为婚礼引导员，我在一旁也一直看见二人脸上幸福的笑容，那么甜蜜，那样迷人，处处体现出他们对彼此的爱，对兰大的爱，正体现"爱在兰大，爱我兰大"的主题。

因为二人工作比较忙，当晚他们就赶回去了，没法参加在榆中举办的活动，他们也很遗憾，他们表示，三四十年后，如果兰大还举办这样的活动，他们还会参加。

他们更是发出"感恩母校，感动未来"的感慨，他们说："那些婚龄长的老夫妻激励着我们，我们会向他们学习的。"同时，他们也祝兰大越来越好。

校友寄语

当问及有没有什么要对还没有脱单的学弟学妹们说时，曹雄晶说："该主动就主动，该表现就表现，加油吧！你们会找到的。"然而，蔡龙彪却说："对此不必强求，走好每一步，过好每一天，要对自己负责。"

感情是不可强求的，我们不能只想着感情，也不能忽略感情，要寻求学业和情感等方面的平衡。

一往情，方得始终初心伴

文 | 窦旭强　麻爱娣　陈　钊

在最美好的年华上演他们的爱情故事，不忘初心方得始终。

2016 相识相爱，2017 相守相伴。伴随这对恋人的爱情是一系列的数字：510、77、99、108。

因介绍相识相知

一个是土木工程与力学学院力学专业，一个是基础医学院临床专业，本身毫无交集，他们是怎样牵手走到一起的呢？

2016 年，窦旭强的高中同学，也是麻爱娣的同门师姐，撮合两人认识。阴差阳错，两人约了几次都没有成功见面。好事多磨，经过不断调整，二人终于在兰州大学附近的餐馆见面。就像张爱玲曾说过：于千万人之中，遇见你所遇见的人；于千万年之中，时间的无涯的荒野里，没有早一步，也没有晚一步。刚巧赶上了，那也没有别的话可说，唯有轻轻地问一声："噢，你也在这里吗？"窦旭强没有多余的话语，以行动默默地显示那绅士风度。他把所有的餐具用餐巾纸擦拭了一遍，倒水。所有的交流只是目光。"目光交流中，我发现他的眼睛长得很好看，瞬间产生心动的感觉。"麻爱娣回忆道。

想继续交往下去。

就这样，这一对恋人相识了，爱情也在他们中间生根发芽。

"510"告白

经过一段时间的了解，这对恋人的心已经紧紧靠在一起，但的确缺少一个有仪式感的告白。

2016 年 5 月 10 日下午，二人吃完饭在学校散步，有一搭没一搭地聊天。而此时的窦旭强在深思该如何开口，走过了积石堂，绕过了毓秀湖，直到走到紫藤长廊的时候，窦旭强停下脚步，鼓起勇气说："可以当我的女朋友吗？"麻爱娣静静地看着他，没有说话。

"经过这么长时间，我觉得我满脑子都是你，我喜欢和你待在一起的感觉，而且我也希望以后可以一直和你一起……所以你能做我女朋友吗？"窦旭强说完之后也静静地看着她，麻爱娣轻轻地点了一下头。

"在那个瞬间，我突然觉得在迷雾中看到了灯塔，也仿佛看见了刺破黑暗中的一道光，虽然当时天已经黑了，但我觉得世界都亮了。"窦旭强回忆道。

妻子麻爱娣回忆道："互相了解了 3 个月后，2016 年 5 月 10 日他向我表白了，当时一头雾水，一点准备都没有，心情紧张、激动、担心。总觉得有点快。"但是窦旭强说过："他说了解一个人 3 个月就足够了，不合适的话，了解再长时间都不合适。"这一高度凝练的概述打消了麻爱娣的担心，两人终于确立了恋人关系。

日常生活平淡是真

在那天之后，窦旭强、麻爱娣两人基本每天都在一起吃饭。麻爱娣在医院实习，下班的时间不一定，因此，想要一起吃饭就必须经过漫长的等待。在等待中，窦旭强慢慢体味甜蜜。晚饭后，在校园里漫步，是他们二人一天最幸福的时刻，她说说白天医院发生的事情，他讲讲在科研上的烦恼和快乐，彼此给对方加油鼓励。

由于课业繁忙，窦旭强一周只有一天休息，而正是这一周一天，二人去了安宁湿地公园，走遍了兰山白塔山，逛了石佛沟，看了理工大银杏林，感受了金昌薰衣草……麻爱娣对每次出去游玩印象最深的就是窦旭强的幽默，一路上讲些幽默的话题，一路上两人笑声不断。两个人在一起总感觉有说不完的话。

不仅如此，一起练字，一起锻炼身体……很多的一起渐渐成为二人的共同记忆。"在一起的日子总是充满了新鲜感，从来不会觉得腻，因为我们培养了共同的爱好，比如一起去学滑雪，学游泳，一起去挑战半程马拉松……"窦旭强说道。

日常生活中还有窦旭强每天按时送到的早餐，之后就去操场跑步，一天天就这样充实地过去。"他就是我喜欢的积极上进的阳光少年。我每天都能感受到他带给我平淡又不平凡的幸福。"麻爱娣说道。

"77"结婚

2017年8月28日清晨，绵绵细雨给兰州带来丝丝凉意，但这并没有影响新人们在七夕领证的热情。登记大厅中，一位手捧鲜花的女士格外引人注目，身旁的男士一手搂着她，一手拿着结婚纪念照笑得合不拢嘴，这二位就是窦旭强麻爱娣夫妇。

提前订好了一捧粉色的鲜花，各项事务都安排妥当，这就是窦旭强的做事风格。七夕节，一捧鲜花，一对鲜红的结婚证，两个高颜值高学历的新人，这个场景的确是无数人所羡慕的。窦旭强麻爱娣夫妇都拥有了，他们真的好幸运。

窦旭强说道："鲜花提前几天就定好了，选的是她最喜欢的粉色，前一天晚上兴奋得睡不着觉。"

麻爱娣也笑着说道："早上看到他捧着花等我，特别惊喜，特别幸福。"

兰大校庆, 99/108

转眼间，已经是2017年9月17日——兰州大学108年校庆的日子。本次校庆有个与往年不同的活动——"爱在兰大"校友集体婚礼，学校为108对校友夫妇举行集体婚礼。麻爱娣夫妇在108人中的编号是99号，而99本身就与"长长久久"中的"久久"谐音，更体现了这对新人的幸运以及未来婚姻的美好。

婚礼过程中，采访二位新人。窦旭强说："择一城终老，遇一人白首！对的时间遇到对的人，'从兹缔结良缘，订成佳偶，赤绳早系，白首永偕，花好月圆，欣燕尔之，将泳

海枯石烂，指鸳侣而先盟'这是以前写在新婚夫妻结婚证上的文字，我觉得特别喜欢。钱锺书先生将婚姻比作围城，但他自己却和杨绛先生在围城里欣欣然不亦乐乎，他们的爱情令人羡慕！适逢兰大建校108周年，我们的爱情也要向前迈出一步，我和妻亦要步入婚姻的殿堂，以爱情为基础的婚姻是牢靠的，让百年兰大为我们见证，我将爱妻如爱生命。"

麻爱娣说："他老是爱给我讲钱锺书和杨绛先生的爱情故事，讲《我们仨》，借用'最贤的妻，最才的女'来说我！我总是告诉他，我才不是你的妻！但是经过一年多的交往接触，我相信这个男人，一定会待我如窗前白月光，心口的朱砂痣！趁着这次集体婚礼，就让百年兰大，巍巍学府，见证我们俩的爱情。这将是我们未来生活中最有意义最浪漫的回忆。我们将不忘初心，一起携手，奔向属于我们的幸福生活，一起相守，相伴一生。"

这次能在兰大108岁华诞时参加集体婚礼，确实值得一生去追忆和怀念。

支教邂逅爱情　恋人终成眷属

文 | 武永明　莫欣岳　李　欢

　　坊间都传"女博士难嫁"，可你能想象出"学霸女博士"牵着"学术男神"的手步入婚礼殿堂那幸福的一幕吗？就在 2017 年 9 月 17 日举行的"爱在兰大"校友集体婚礼上，出现了一对年龄和婚龄都很"新鲜"的兰大在读博士夫妇，他们虽然刚满 26 岁，但都在各自的事业上取得了硕果，如今又迎来了爱情上的丰收。今天就让我们走进这对博士夫妇的生活，去看看他们的爱情是怎样炼成的。

　　莫欣岳，一个热情开朗的兰州小伙；李欢，一个文静老实的民勤姑娘。两人均于 2009 年分别考入兰州大学大气科学学院和信息科学与工程学院，2013 年本科毕业后志愿加入团中央西部计划暨兰州大学第十五届研究生支

教团，2014 年至今双双保送本校硕博连读。

支教期间邂逅爱情

　　两人本科毕业后，光荣地成为中国青年志愿者的一份子，并于 2013 年

7月至2014年7月期间在榆中县恩玲高级中学支教。当时，因为学校师资紧张，莫欣岳负责高一4个班的物理教学，李欢负责高二5个班的生物教学。同时，因为是寄宿制学校，两人还主动承担了学校的晚自习辅导和夜间值周管理工作。李欢还发挥自身特长担任了学校国旗护卫队的指导老师。工作虽然辛苦，但两人互相鼓励、帮助，工作之余一起讨论教学，加上有学校和其他老师的关心、照顾，生活过得忙碌而充实。特别是看到所带班级取得优异成绩时那种满足感足以抵消一切的辛劳。两人的感情也在相互扶持、帮助中逐渐升温。

支教期间一个冬天的晚上，莫欣岳正在辅导晚自习，突然发现一个女生身体不适表情痛苦地捂着肚子，莫欣岳急忙去询问并初步怀疑是食物中毒，于是一边联系班主任一边搀扶着女生赶赴县医院，诊疗开药再到送女生回到宿舍后已经是深夜了。告别时，女生噙着眼泪连连鞠躬，莫欣岳急忙扶起说："这是我应该做的。"支教结束前的最后一节课上，孩子们把准备送给莫欣岳的礼物藏在教室的窗帘背后，齐声唱歌欢送。直到现在，每年教师节时支教时所带的学生还会给他发祝福短信。"用一年不长的时间，做一件终生难忘的事情。"莫欣岳和李欢在实际行动中领会了这句话的深刻含义。

两人相识于研究生支教团，在研究生学习中相互扶持、彼此包容，是一种水到渠成的爱。没有轰轰烈烈、惊天动地，更多的是平平淡淡、从从容容。

学霸恋人也拼实力

据李欢介绍，她从大一进校后，经过四轮严格选拔（身高、形象、信念等），成功入选了由40多人组成的兰州大学国旗班，这一待就是四年。在校期间，不论刮风下雨，每个周日都要安排训练，周日晚上还要加练，为的是周一的升旗仪式。同宿舍的其他女孩子很不解地问："训练太辛苦了，你到底是为什么？别人赶在周日休息时还能到兰州市区逛街购物，你倒好，把自己全奉献给了国旗班！"对此李欢从不后悔，虽然这是个极大的考验和挑战，但用4年的时间坚持做了一件很有意义的事情，这对她有着深远的影响，连续四年被评为兰大国旗班优秀队员也是对她付出最好的肯定。

看到女友如此拼命，莫欣岳丝毫不敢懈怠，在学术科研、团学工作、社会服务等方面也都兢兢业业。两个人互相帮助、共同提高，先后获得了兰州大学三好研究生、兰州大学优秀研究生干部等几十项荣誉，也担任过研究生会主席等主要学生干部。但他们认为这些只代表过去，奋斗却永不停止。如今莫欣岳担任学院博士生党支部书记，李欢也担任学院博士班班长，两个人依旧在学生干部的岗位上，为学校和广大研究生服务。今年暑假，经过严苛的选拔，两人双双入选首届北京大学—哈佛大学气候和大气环境变化联合暑期学校，在京接受两所名校顶尖教授的学术指点。

理工博士婚恋也浪漫

很多人认为，理工科博士的生活往往是三点一线（实验室、食堂、宿舍），如此枯燥规律的生活，他们的恋爱沉闷不浪漫。其实不然，理工科博士一旦浪漫起来，一点儿也不比文科男差。虽然通过生活、学习等各方面的磨炼，莫欣岳的性格已变得安静、稳重不少，

但对浪漫生活的追求从不停止，内心的激情从未磨灭。有一次李欢卧病在床，莫欣岳送药送饭，而且跑了好几条街好多花店买来蓝色玫瑰花，并在窗户上用便利贴贴出了心形图案，每一张便利贴上都是浪漫的话语。知道李欢是"吃货"，莫欣岳带着她吃遍了兰州的大街小巷。不仅如此，莫欣岳会记住李欢任何不经意间表露出的喜好，然后默默去实现，时不时给她惊喜。

两人出生于不同的环境，拥有不同的性格，但共同的求学目标让两条平行的人生轨迹

相交、相融，4年的恋爱历程有欢笑有泪水，有理解有坚持，不离不弃，相偎相依。

再浪漫的婚姻都要经历现实的考验。李欢的家人从女方的角度出发，一直希望李欢硕士毕业后就去工作，不太赞成她读博，因为担心读博会延误结婚、生育等人生的重要环节。恰恰在李欢2017年读硕士期间收到兰州一家大型国企的录用通知，其家人更是坚定了之前的想法。可莫欣岳还要继续读博，这让李欢左右为难、内心煎熬。为了不让这段相守多年的恋情演变成一场聚少离多的异地恋，她最终还是顶住家人的压力，拒绝了那份薪金丰厚的工作，选择通过继续读博的方式陪在莫欣岳身边。这些莫欣岳都看在眼里，甚是感动。于是两人既冷静地分析了现状，又充分考虑了双方父母的意愿，决定调整人生规划，在读博期间结婚且在不影响学业的情况下，如果条件允许就迎接他们爱情的结晶——孩子。

莫欣岳和李欢表示，他们在2009年入校时正赶上兰大百年校庆，这次能在兰大108岁华诞时参加集体婚礼，值得一生去珍藏与回忆。

爱情在兰大成长

文 | 姬展

　　两心自有脚一双，隔山隔水能相逢。这大概是很多人心中爱情最美好的模样！2017 年 9 月 17 日举行的"爱在兰大"校友集体婚礼上，有这样一对夫妻，一个是湖南邵阳的南方伢子，一个是山东济南的北方女汉子；一个是读管理学的文科男，一个是读化工的工科女。2017 年 9 月 9 日领证的这对才子佳人，就是佘峰和王倩校友。

最美不过初相遇

　　2012 年，佘峰和王倩同时考入兰州大学法学院，成为兰州大学 2012 级法律硕士专业学生。

　　"那时候刚考入兰大法学院学习，因为自己原本学的是化工，关于法学没有完整的知识构架。然后我就和班里面一群志同道合的小伙伴泡图书馆。也因此，熟悉了这个阳光大男孩儿。"王倩回忆着当时的情况，仿佛又回到了那个每天一起去图书馆，相约打球，一起看电影爬山的时候。

　　佘峰笑着说："她是班上的党支部书记，知名度比我高多了。所以最开始一起去图书馆的时候，我可是什么想法都没有的。"

　　当然，在小伙伴们一起学习娱乐中，佘峰和王倩的交集也逐渐变得多了起来。图书馆里读书，辩论赛上交锋，毓秀湖旁聊专业课知识。两个人在知识的殿堂里互相学习，互相进步。

　　说起两个人真正的红娘，还应该是：羽毛球。"第一次一起打羽毛球的时候，自己还想着要让着女孩子。但真正上场打起来，就觉得这个女孩子打球技术很棒，所以当时就注意她了。"佘峰说。这时佘峰被王倩打趣道："原来你那时候对我就有'企图'啊！"

革命友谊是在战斗中逐渐培养的！两个人相爱过程看似简单，一起学习，一起运动，但却是平凡中又不失温馨。

爱情就像咖啡，刚入口时虽有苦涩，但又滴滴香甜。

在佘峰和王倩还在兰州共同攻读硕士的时候，两个人的爱情不断成长。他们一起度过

了司法考试的时光。在准备司法考试的过程中，王倩是典型的勤奋考生，每天都是自习室、宿舍循环往复。而佘峰却是技巧型，玩游戏、打羽毛球、看电影、复习考试，一样都不能少。王倩说，复习考试的那段时间是最快乐充实的。佘先生为了让他们的复习少一点枯燥，每天都会拉着她在学校操场上散步，还为她准备一些小礼物，给她惊喜。同时，她会监督佘先生复习，因为佘先生经常复习一半就溜回宿舍打游戏。

除此之外，两个人还有很多甜蜜的回忆。佘峰说，有一次放寒假他回家，王倩在车站送他，给了他一袋栗子。到车上他才发现，那是一整袋剥好的栗子。当时佘峰心里就想这辈子就是她了！王倩说，有一次郊外踏青，一条小溪挡住去路。她本想蹚水过河，但佘先生主动要背她过河，第一次享受了被人背着过河。王倩说，当时心里超开心的，第一次有人背她。

当然爱情不是总是甜蜜的，也有苦涩的时候。在两个人硕士毕业之前，王倩一直在回家工作和去外地工作间纠结。而佘峰决定留在外面工作。两个人因为这件事情讨论了很久，

又综合了各方的意见，最终决定共同前往北京工作。在刚到北京的时候，两个人的工资并不是很高。在北京这个高消费的地方，他们为了站稳脚跟都拼尽全力。当然，结果自然都是蛮好的。佘峰找到了一家基金公司的工作，王倩则去了法院工作。

余生还请多指教

两个人都在北京稳定下来之后，他们的甜蜜生活就开始了。佘峰求婚是 2017 年 1 月 1 日零点零分，在哈尔滨的冰雪大世界，烟花在夜空中绽开的那一刻，佘峰手持钻戒求婚成功。王倩说，当时在烟花的映衬下，她觉得他仿佛满身披着星光，就觉得自己能够遇到他，似乎是花光了自己这辈子所有的运气。

而佘峰回忆当时的情况，只觉得外面很冷，自己内心却非常火热忐忑，因为在担心她会不会答应。在求婚成功后，两个人因为工作原因，一直没有办婚礼。在他们看到兰州大学 108 周年校庆的集体婚礼时，两个人瞬间达成共识，回母校举行婚礼！在集体婚礼上，佘峰对王倩："你为我们的家的每一滴付出，我都会铭记于心，余生还请多多指教！"

从 2012 年相识以来，3 年的硕士生活让他们相识相爱；之后两年的共同打拼让他们更加了解对方；现在，他们终于走进了婚姻的殿堂。他们说，把自己的婚礼和兰州大学 108 周年华诞融合在一起，会是他们一辈子也不会后悔的决定！

我想和你做的66件小事

文│王 孟 陈 磊

她和他

一南一北，一文一理

兰大 BBS 上一个"修电脑"的帖子让他们偶然相识

十天后，就牵手开始了这一路恋爱之旅

兰州，北京，广州，珠海，深圳

无论异地还是在身边相伴

因为你一直在

所以有恃无恐

走过甜如初恋的前两年

走过争执不断的冲突期

走过认识自己、理解对方的成长期

转眼到现在，已悄然六七年

我们越来越明白

爱一个人最好的方式是经营好自己

给对方一个优质的爱人

关于过去，她曾写过一系列的《关于他的66件小事》作为赠他的生日礼物，点滴美好都在记忆中。

关于未来，有爱的生活不会平淡，他们还有很多很多期待……

一、我想和你做的66件小事
（2018年·王孟版）

1. 经常手牵手，还有拥抱。

2. 改掉晚睡的不良习惯，规律作息。

3. 一起吃早餐。

4. 学会管理情绪，更加包容。

5. 吵架不隔夜，当天的问题当天解决！（这点非常重要，我们努力做到，好吗？）

6. 好好说话，用心表达和倾听，不吵架多好啊。

7. 庆祝每一年的纪念日。

8. 每年至少去一次海边，在海边散步、拍照、谈心、住宿。

9. 共同度过跨年夜。

10. 下雨天窝在家里看电影。

11. 帮我们的狗狗找男朋友，一起看她生小狗。

12. 去乌镇，在人少的淡季。

13. 一块儿做好吃的，你洗碗。

14. 逛超市，我喜欢的你就放进购物车。

15. 一起玩益智游戏。

16. 给你按摩眼睛。

17. 看你工作时的样子。

18. 每个月带大白出去放风，自由放逐。

19. 和你慢慢走遍中国34个省市区。

20. 偶尔给你小惊喜。

21. 晚上给你读我喜欢的文章。

22. 一起堆个超大超可爱的雪人。

23. 在草原上骑马

24. 在沙漠里行走。

25. 看一场大规模的流星雨。

26. 天气好的日子，悠闲地晒太阳。

27. 为你画画。

28. 听你大声说"我爱你"。

29. 一起做手工。

30. 给你敷面膜。

31. 你当摄影师，给我拍很多很多好看的照片。

32. 去图书馆安静看书。

33. 一起健身，暗暗比赛运动时长。

34. 睡前两人都把手机扔一边，用心地聊天。

35. 一起骑车，骑很远很远的路。

36. 回广州我们生活过的地方看看。

37. 做一部关于我们俩故事的视频短片。

38. 一起构思、筹备婚礼事项。

39. 举办有仪式感的、有感人内容的、好看的、细节讲究的婚礼。

40. 在KTV，我们两个人唱通宵。

41. 等你减肥健身成功，给你大肆庆祝。

42. 给你选好看的、合适的衣服。

43. 夏天吹着空调吃西瓜，你一半我一半。

44. 每年一起看几场演出。

45. 陪我一起生宝宝。

46. 在我们奋斗的城市买下属于我们的房子，一起做装修。

47. 逛宜家，喜欢的家具可以买回家。

48. 给你和孩子拍照片。

49. 听你给孩子绘声绘色地讲故事。

50. 带双方家长出去旅游。

51. 沟通不畅时，给对方写邮件。

52. 自驾游，带上我们的孩子和狗。

53. 让我给你剪一次头发。

54. 你病了陪你去医院看医生。

55. 但是你不可以生大病或者病太久啊。

56. Happy wife, happy life. 你要以"让我开心"为己任，这样大家就都很开心了~

57. 深更半夜去买烧烤吃。

58. 双休不宅家，要出门走走，不管远近。

59. 认识更多你的朋友。

60. 每年带狗狗打疫苗。

61. 为你工作上的成绩点赞喝彩，像你对我一样。

62. 在你遇到低谷的时候，抚慰你，鼓励你，像你对我一样。

63. 等孩子长大了，带ta一起回兰大看看。

64. 给你拔白头发。

65. 督促你运动健身，保持身材不发胖，因为健康第一。

66. 做一个说话有趣，内心开阔，见识高明，眼神清澈的人。

二、我想和你做的66件小事
（2018年·陈磊版）

1. 我想和你一起学会各自中意的乐器，你学陶笛我学口琴，一起吹奏一曲。

2. 我想和你一起去乌镇旅行，了却你心

心念念的乌镇情结，也想一起去看看那向往已久的风景。

3. 我想和你一起开一家面包店，我和面，你拿捏造型，店里出售着各式各样自己喜欢的造型的糕点。

4. 我想和你一起在海边放飞风筝，追逐着，欢笑着，对，我还是那个追风筝的人。

5. 我想和你一起看日出，相依相偎等待早晨的太阳一点点升起，慢慢地照亮整个大地。

6. 我想和你一起打一场羽毛球赛，大学时知道你会打羽毛球，但一直没有机会也没有想起一起来一场比赛。

7. 我想和你一起重走我们经历过的路程，从榆中到本部，到北京看你，到广州工作过的地方，到你在广州租住过的小屋。

8. 我想和你一起游玩以前没有好好游玩过的地方，广州的华南植物园，沙面。

9. 我想和你一起去滑雪，我家乡每年冬天雪都好大，却从没有一起来一场滑雪。

10. 我想和你一起在盛夏时候去我家乡的河里捞鱼钓鱼，分享我小时候成长经历的乐趣。

11. 我想和你一起吃遍我家乡的美食，去摘吐鲁番的葡萄，去若羌打枣，去库尔勒摘梨。

12. 我想和你一起逛巴扎，尝尽特色小吃，看一看风土民情。

13. 我想和你一起去看六七月的伊犁薰衣草，满目紫色是那么的浪漫甜美。

14. 我想和你一起信马由缰在那拉提大草原上，一路闲谈，忘却时间流逝，忘却生活琐事。

15. 我想和你一起来一次出国旅行，去看看异国风情，穿梭在小巷中间，寻找属于我们的惊喜。

16. 我想和你一起整理收集我们的回忆，短信、照片、文字、邮件，将这些永久保存，永久珍藏。

17. 我想和你一起再摆一次地摊，也许卖焰火，也许卖鲜花，或者任何我们喜欢做的生意。

18. 我想和你一起再来一场露营，望着浩瀚的夜空，寂静的旷野里我们随意聊着过去未来。

19. 我想和你一起再跳上最后一班公交，

去兰州小吃街牵手吃遍喜欢吃的小吃。

20. 我想和你一起牵手走过瑞德摩尔的音乐喷泉，享受当年的自由欢快。

21. 我想和你一起读完一本书，一起分享彼此的读后感。

22. 我想和你一起海下潜水，去看看珊瑚，看看鱼群在身边游来游去。

23. 我想和你一起做一件手工艺品，比如一套温馨的小房间。

24. 我想和你一起去一趟青城，弥补我们相识后你第一次独自出去游玩我没有陪伴的遗憾。

25. 我想和你一起打一场雪仗，南方待久了一直没有机会遇到大雪。

26. 我想和你一起泡一次温泉，巽寮湾公司旅游你仓促回去，错过了泡温泉。

27. 我想和你一起去看一看海底海洋世界，看看海洋世界的多姿多彩。

28. 我想和你一起过彼此的每一次生日，纪念彼此长大的每一年。

29. 我想和你一起骑着自行车在大学校园里，你搂着我的腰。

30. 我想和你一起去银川的西部影城，你去过，我也去过，只是我们没有一起去过。

31. 我想和你一起开一家网店，卖你最中意的小白鞋，以及白色系的衣裙，名字就叫早就想好的"唯白"。

32. 我想和你一起看一场电影，每一场你喜欢的风格的新电影。

33. 我想和你一起来一次自驾游，不用太远，带着食物来一次野炊。

34. 我想和你一起去一次南极和一次北极，走遍这地球的端点。

35. 我想和你一起划船，悠闲地晃在湖面之上，随便地聊聊天儿。

36. 我想和你一起开辟一片田园，种上你爱吃的菜的种子，为它浇水施肥，守望它们成长，等待收获的惊喜。

37. 我想和你一起做一道复杂的菜，享受美味也享受成功。

38. 我想和你一起打扫一次房间，打扮出整洁理想的空间。

39. 我想和你一起为属于我们自己的房子刷一次漆，刷上我们喜欢的绿色、白色。

40. 我想和你一起逛家具城，一件件选出我们都中意的家具。

41. 我想和你一起逛珠宝首饰店，分享点评各自喜欢的设计款式。

42. 我想和你一起去爱琴海海边吹吹风，轻轻撩开你的头发，牵手漫步在海滩。

43. 我想和你一起包饺子，一起和面切菜，擀面皮儿，包我们都爱吃的韭菜鸡蛋馅儿饺子。

44. 我想和你一起数夜空中的星星，在

我的家乡夏秋夜晚的星空，长长的银带，数不尽的星星。

45. 我想和你一起学会一种舞蹈，比如拉丁或者探戈。

46. 我想和你一起跑步，一起锻炼身体，拥有健康的身体，我们也会走得更久。

47. 我想和你一起爬山，你累的时候我牵着你坚定地走下去。

48. 我想和你一起学游泳，教会你各种泳姿。

49. 我想和你一起导演一场话剧，你最爱看话剧，我希望我们也能站在舞台，而不仅仅每次只是做一名观众。

50. 我想和你一起拍摄我们回忆的影音记录，记录我们从开始到现在所经历过的地方，以及你我没有共同生活过的地方。

51. 我想和你一起KTV，属于我们两人的包间，我们放声唱喜欢的歌曲。

52. 我想和你一起学会画画，笔下描绘喜欢的彼此的样子。

53. 我想和你一起考研，做回学生的样子，真正地回到校园，甚至带着我们的孩子一起上课做笔记学习。

54. 我想和你一起支教一次，关注生活贫苦的孩子，教他们树立起信心和希望。

55. 我想和你一起设计出一款发明，比如你那带风扇的安全帽。

56. 我想和你一起蹦极，像电影《开往春天的地铁》里建斌和小慧那样。

57. 我想和你一起看一场周杰伦或者刘若英的演唱会，他们都是你喜欢的歌手和演员。

58. 我想和你一起来一次说走就走的旅行，放下工作的包袱，释放心中的激情。

59. 我想和你一起为我们喜爱的影视配一段音，有趣而特别。

60. 我想和你一起为大白接生，看着它做妈妈的样子。

61. 我想和你一起陪伴我们的大白老去，陪着它生子、成长、老去，短暂的十多年时间却是它的一生，一辈子快乐无忧，有时候很羡慕它。

62. 我想和你一起生养我们的子女，陪伴他们长大、上学、工作、恋爱、结婚、生子，也互相陪伴老去。

63. 我想和你一起实现各自的梦想，有一天财务自由了，放下工作包袱去学去做自己想做的领域。

64. 我想和你一起赡养双方的父母，如同自己的亲生父母，不论发生什么，我们都一起面对，相互依靠。

65. 我想和你一起共筑我们的婚姻、生活，从开始到终点。

66. 我想和你一起白头到老！

此生，"羽"你同行

文 | 顿洪超　王　璐　周文彬

相　见

走过许多路，途经许多风景，直到2013年的春天，时间定格在大学校园的体育馆。

那天男孩约了同伴去打羽毛球，排队，进门，热身，单打，同伴怒气冲冲奋力练球誓雪被虐之辱，男孩却看着周围深黄色的地板上各种生硬的动作难有兴趣，青春的荷尔蒙也被这陈旧的色调包得严严实实，透不过气来。

中间休息，日常发呆，一抹白色冲开了男孩的眼睛——那是一个气质独特的女孩儿。白色高领秋衣和黑色运动裤的组合并不扎眼却让人印象深刻。不同于其他人的挥汗如雨，女孩儿打球动作洒脱中带着几分锐利，看似散漫却不时打出令人拍案叫绝的球路，同为羽毛球爱好者，男孩发出了钦佩的感叹。

"她一定非常聪明！跟她一起打球会非常有意思！"

正如高中时第一次看羽毛球比赛就被深深吸引的情景，当时男孩的心愿就是大学时代能与女朋友一起像那样打羽毛球。谁知几年后这个不经意的下午，心动猝不及防地漫过心岸，他为她驻足，目光停在了她矫健的身影里，停在了她阳光的笑容里，爱情，就这样静悄悄地在这个春天盛开在男孩的心里。

从此，球馆的背景色由地板的深黄色上升到了墙壁的乳白色，年轻的心也被粉刷上了灵动与愉悦。男孩愈发热爱打球，希望有一天能够跟女孩同场竞技，实现多年前期许的那个美好画面，一旁不知所以然的同伴却显得更加兴奋。

相　识

一个普通的周末，男孩与同伴在边角的球场练球，远远地瞟见女孩正在向这边走来，她过来找我打球吗？可是我还很菜啊。男孩担心起来。

"你好，你们准备打到什么时候？"女孩声音很好听。

看来她没占到球场，要来跟我们一起玩啊。男孩很高兴。但是现在一起玩的话就露底了啊，那样太没面子了。男孩又开始担心起来。

"我们才刚来，早着呢！"同伴很不耐烦地说。

"不好意思，是这样，院里组织了一次羽毛球比赛，但是现在我们只有三块场地，能不能借你们的场地用用啊？非常感谢！"女孩说话挺严肃，又带着几分羞涩，看来是她组织的比赛，而且没什么经验。

"好的，没问题！"男孩答应得十分爽快，一脸开心地转过头，却发现了对他怒目而视的同伴……

女孩很高兴，不住称谢。这时男孩才能近距离观察她，中等身高，体型偏瘦，难怪能把球打得这么好，扎着一个丸子头，戴着黑框眼镜却盖不住那双大眼睛，干练又让人觉得亲切。

慢慢地，在打球的间隙，两人开始有更多交流，甚至偶尔会上场搭档打打球，现在男孩进步很快已经不用担心拖后腿了，却依然开心不起来。

与严肃的初次交谈相反，女孩性格非常活泼，经常整个球场都回荡着她爽朗的笑声，人缘也非常好，以至于她身边总是围绕着一群男生……

可男孩觉得自己并不突出，甚至可能都觉得自己没什么机会了。

这还要从研究生羽毛球协会说起。

一群很要好的球友里面有两个能力很强的女生把大家整合到一起，创立了研究生羽毛球协会。由于组织出色，宣传到位，队伍不断壮大。

随着会长临近毕业，选举新会长提上了日程，大家都各显能力跃跃欲试，有的打球好，有的组织强，经过激烈竞争，女孩当上了副会长，而男孩当上了吃瓜群众。

据传有不少男生要追求副会长！男孩的心冰到了极点，只能刻苦训练，多多打球，暗中观察……

某个晚上大家相约一起打球，女孩展现了几个精彩的网前小球和推球之后下场休息，仍然兴高采烈地在和人讨论战术，一旁的男孩听得正入神，"啊！！！我的手机丢了！"女孩突然反应过来，眼看就要急哭了。

最近球馆确实有丢手机的，我怎么就没想起来防备一下呢，太差劲了，男孩开始自责起来。

"你们谁的手机借我一下，给家里打个电话。"女孩眼里含着泪花说。

周围一圈的男生都掏出了手机，女孩看了一圈开始犹豫要用谁的。

"用我的吧！"男孩很干脆地说。

女孩略微想了一下，接过了男孩的诺基亚小板砖，分别给家里几个亲人都去了电话。

"果然非常聪明，能记得这么多电话号码，我的眼光果然不错。"男孩又得意起来。

今晚的球馆格外的亮堂。

相 恋

每年的端午都是学生们最开心的日子之一，然而像男孩这样的宅男并不在其中，幸好这次有同伴相约一起看电影，才能些许缓解尴尬。

男孩在电影院看着多年前的老片子，正在苦思其中的笑点，突然手机响了起来。

个头不大响声倒不小，男孩十分尴尬地跑出去。

"你好。" 男孩声音里透着一丝不悦。

"你好，你在哪呢，现在忙吗？"是女孩的电话。

"啊！没事没事，不忙不忙，哈哈。"男孩有些语无伦次。

"那你来我楼下吧，我买了些粽子，给你送两个。"

"啊……啊，好啊，我马上过来。"男孩喜出望外。

惨遭同伴的怒火打击后，开心地跑到了女孩楼下。

男孩吃到了最好吃的粽子……

又是一个周末，场边的男孩日常注视着场上的女孩。

女孩中场准备封网，搭档后场平高球进攻，但是对手早有防备点杀边线，女孩反应迅速高质量挡网。对手只能挑直线后场，女孩并步后退准备杀球，搭档也靠前站位准备封网，但这时女孩很聪明地依靠出色的动作一致性来了个劈吊斜线网前。对手很顽强，勉强够到挑起了直线半场高球，女孩很自然地斜线跟进准备杀球，同伴觉得球并不高也向后移动准备杀球……

电火石光之间，两支球拍撞到了一起！

有没有受伤？！男孩蹭地站了起来。

"幸好没受伤，可惜我的球拍撞坏了。"女孩拿着自己粉红色的球拍，悻悻地说。

男孩为女孩没有受伤高兴，却又替她失去了心爱的球拍而难过。男孩突然想到女孩曾经说他的球拍手感很不错，不觉喜上眉头。

"我这支球拍送你了。"男孩对独自坐在一旁难过的女孩说。

"啊？？？！！！可……可这是你唯一的球拍啊！"女孩很惊讶。

"没事，这个我早就想换了，反正不用了，就送给你吧。"男孩很傲娇。

"那……那好吧，改天请你吃饭。"女孩害羞并高兴着。

回去后，男孩赶紧拿着手里不多的预算去网上找球拍，旁边站着的同伴不住地冷嘲热讽："当时一起买的球拍，你竟然这么轻易就送人啦？我的可是能用到毕业呢，哼！"

作为感谢，女孩请男孩吃了顿饭，那天话不多的他说了很多话，超过4年间对同伴说的所有话了吧。

作为感谢，男孩请女孩看了场电影，等待入场的时候，两人用女孩新买的手机玩起了跳棋，差点错过了电影。

作为感谢，女孩也请男孩看了场电影……

作为感谢，男孩又……

…………

2013 年 6 月 14 日，本来是一个普普通通的羽毛球之夜，球友都散去之后，男孩单独约女孩到假山上谈心，两个大球包尴尬地立在旁边，男孩也尴尬地牵起了女孩的手……

后来，女孩每次提起这件事都很感动，因为男孩很用心地挑选的这个日子代表着"爱你一生又一世"，男孩只能尴尬又真诚地说："是啊……"

相　知

一开始，男孩非常的笨拙。

恋爱之后，男孩带着女孩请朋友们吃饭，大家都很开心。

席间，同伴不时地给他自己的女朋友夹菜，非常贴心得体，简直就是模范男友。

然而，这边的男孩只顾自己在一旁谈天说地，全然没有顾及旁边独自吃饭的女孩。

这边的欢乐更衬托出那边的孤独。

终于，女孩再也忍不住这尴尬的情况跑出去号啕大哭，只留下不知所措的男孩和"无辜"的同伴。

从此，男孩学会了给女孩夹菜。

恋爱之后，两人都是跟各自的同伴在同一个食堂吃饭，只是偶尔在一起聊聊天，散散步，也没觉得有什么不正常。

一次，男孩去食堂正好碰到女孩和她的同伴，打了个招呼就去自己吃饭了……这让女孩的同伴很不解。

这时，两人才意识到应该一起吃饭。

有一次周末，女孩晚上做实验，很晚才能回学校，提前"通知"了男孩一声。

到了时间女孩给男孩打电话："你在干嘛呢？"

"额……额……"男孩拿着手中的鼠标，不知道应不应该关掉刚开的 DOTA。

"你是不是在'忙'啊？那我自己回去吧。"女孩冷冰冰地说。

"好啊！"男孩如释重负，终于可以"两全其美"了……

那晚，女孩的眼泪让男孩学会了关心。

女孩性格开朗，却也容易急躁，经常因为一点小事生气不理男孩。男孩每次都非常着急，后来男孩提出，生气不能隔夜，理由是对身体不好……

女孩总是不喜欢正点吃饭，男孩就每天盯住她的三餐，还以身作则演示规律的三餐，结果自己吃成了胖子……

快乐的时光总是短暂的，4 年的寒来暑往，不只送走了时间，也送走了同伴和朋友。

唯有爱情像陈年的老酒，经历时间的沉淀才愈发的香醇。

现在两人斗嘴越来越多，却越斗越开心。

就像羽毛球一样，每一次与球拍的撞击都会使它飞翔出更绚丽的轨迹。

愿在人生路上，一直"羽你同行"。

一眼万年 一生情长

文 | 芈 雪 王晓磊 蒋忆文

2017年9月17日，兰州大学在盘旋路校区举办了"爱在兰大"校友集体婚礼。值此迎接兰州大学建校108周年之际，于西北偏北、春华秋实的兰大相遇、相知、相恋的108对夫妇用他们最美好的爱情为母校献上了最特别的生日礼物。在这108对夫妇中，有一对编号为106结婚只有不到一周的新婚夫妻，他们经历了7年的爱情长跑。最终，在兰大，在他们相识的地方，开启了属于他们的未来崭新而美好的生活。

一切都如命运一般，让我在兰大遇见你

王晓磊，河北邯郸人，2009年考入兰州大学资源环境学院地理信息系统专业，2013年本科毕业后又在兰大攻读硕士研究生。他的爱人蒋忆文是广西桂林人，

2009 年考入兰州大学资源环境学院就读水文学及水资源工程专业,2013 年本科毕业后和他一样考入兰大继续攻读硕士研究生。研究生毕业后双双在南宁工作至今。

从本科算起,王晓磊和蒋忆文在兰大待了整整 7 年,两人将人生中最美好年华和爱情的回忆留在了兰大这片黄澄澄的土地上。

"我们俩相识于 2009 年,大一开学的时候,大学社团招收新人,机缘巧合下,我们都加入了资源环境学院青年志愿者协会实践部。2009 年寒假,那时还是按键机的天下,在噼里啪啦的按键声中,通过 QQ 聊了整整一个寒假,发现彼此之间有很多的共同话题,聊得非常投机,也很自然,就好像认识了很久的朋友一样。2010 年上半年,我们就经常相约在榆中体育场上一起散步谈心,聊聊各自的学习、生活,两人的感情也在每天的交谈和关心中逐渐升温。2010 年 5 月份我们就在一起了,没有轰轰烈烈的追求,就是很自然而然地在一起了。"王晓磊回忆说。

蒋忆文笑着回忆道:"学生会的初见,他给我留下了很好的印象,同学有什么事情他都会主动帮忙,人也特别热情,每次一见面都会对我笑得特别灿烂,也让我每次一见他心情就会变得特别好。"

学生会初见,网上聊天,田径场相约。热情的北方小伙和温柔的南方姑娘就像磁铁的两极一样,从最初自然而然地互相吸引,到最后如命运般在一起。一路走来,两人始终彼此包容,互相扶持,没有轰轰烈烈的誓言,更多的是在平凡生活中的点滴守候。

爱情让我们成长

在兰大读硕士研究生的过程中，王晓磊和蒋忆文两人互相鼓励，为了他们梦想中的未来生活不断努力。两人每天早出晚归，不仅一边充实着自己的专业知识，还不断积累工作实习经验。本部校区的图书馆积石堂也成为两人常常约会的地方。

王晓磊和蒋忆文两人都是彼此的初恋，恋爱甜蜜的背后，也会有小吵小闹、矛盾的发生。7 年的恋爱历程，有欢笑有泪水，有理解有坚持，两人都守住了彼此最开始决定要在一起的初心，相依相偎，走向了婚姻的殿堂。

爱情让我有了软肋，也有了盔甲

蒋忆文回忆说："王晓磊在这段感情中一直都很照顾我，他在家中也是被父母呵护关心长大的，可在我们第一次一起过马路时，就会让我在马路里面走，会拉着我，护着我，他这看似平常又微小的举动，让我一下就对他有了信任和依赖的感觉。"

2016 年王晓磊和蒋忆文一起从兰大硕士研究生毕业，毕业分别的浪潮并没有拆散他们，毕业后，他们在南宁找到了同一家工作单位，同时也定居在了南宁。北方小伙为了爱情，为了心爱的姑娘，留在了南方，为他们今后的生活创造更好的条件。

"结婚后，我觉得在我身上发生的最大的改变，就是责任心变得更强了。从前我是家人的掌中宝，现在我变成了一家之主，我有责任去保护和照顾我的妻子和我们未来的孩子，他们需要我。"

7 年的相依相伴，让王晓磊和蒋忆文从最初的少男少女变成了如今成熟独立的年轻人。7 年的时光，让他们从同学、朋友变成了相敬相爱的一家人，感谢有你，感恩有你，也让他们更加懂得了生命与爱情的真谛。

"恰逢母校建校 108 周年，我们很荣幸也很高兴参加这次兰大的集体婚礼，在我们爱情开始的地方，和 108 对校友一起为母校庆祝生日，这值得我们一生去回忆和怀念。"王晓磊笑着说。

一生看过最好的风景，也爱过最好的你。没有轰轰烈烈的爱情誓言，却有七年相知相伴的平淡真心。平淡之中有彼此一生难忘的回忆，这也许就是爱情最好的模样。

附 录

Appendix

"108 对夫妇"在兰州大学学习、工作简历

1.王流芳&何凤英	王流芳, 1955—1959年, 兰州大学化学系无机化学专业(本科); 1959年毕业留校工作 何凤英, 1955—1959年, 兰州大学化学系有机化学专业(本科)
2.白礼春&刘翠英	白礼春, 1954年支援大西北来兰州大学 刘翠英, 1973年调到兰州大学工作
3.高　礼&高桂琴	高　礼, 1976—1998年, 在兰州大学组织部工作 高桂琴, 1976—1997年, 在兰州大学数学系工作
4.乔晨生&朱　超	乔晨生, 1973—1976年, 兰州大学化学系物理化学专业(本科) 朱　超, 1973—1976年, 兰州大学化学系物理化学专业(本科)
5.罗祥云&徐春英	罗祥云, 1978—1982年, 兰州大学生物系植物学专业(77级本科, 恢复高考后第一届校友, 入学时间为1978年); 1993—1996年, 兰州大学西北文化研究中心中国现当代文学专业(硕士) 徐春英, 1986—1989年, 兰州大学新闻系新闻学专业(专科); 1984—2012年, 在兰州大学工作
6.杨永建&徐丽娜	杨永建, 1971—1974年, 兰州大学药学院药学专业(原兰州医学院药学系, 本科) 徐丽娜, 1976年进入兰州大学工作
7.张虎元&王锦芳	张虎元, 1980—1984年, 兰州大学地质系水文地质工程地质专业(本科); 1984—1987年, 兰州大学地质系工程地质专业(硕士) 王锦芳, 1983—1987年, 兰州大学化学系金属有机化学专业(本科)
8.陈建恩&郝冬梅	陈建恩, 1991—1995年, 兰州大学大气科学系大气物理与大气环境专业(本科) 郝冬梅, 1990—1994年, 兰州大学管理科学系行政管理专业(本科); 1997—2000年, 兰州大学经济管理学院企业管理专业(硕士)
9.孙立国&黄金艳	孙立国, 1992—1996年, 兰州大学历史系历史学专业(本科); 2002—2005年, 兰州大学政治与行政学院思想政治教育专业(硕士) 黄金艳, 1992—1996年, 兰州大学历史系历史学专业(本科); 1998—2001年, 兰州大学历史系中国古代文化史专业(硕士); 2011—2017年, 兰州大学马克思主义学院专业思想政治教育(博士)

10. 冯　磊&马洪菊	冯　磊，1999—2003年，兰州大学资源环境学院大气科学专业（本科）；2007—2010年，兰州大学管理学院公共管理专业（硕士） 马洪菊，2001—2005年，兰州大学历史文化学院历史学基地班（本科）；2005—2011年，兰州大学历史文化学院历史文献学专业（硕士、博士）
11. 余　恩&徐　争	余　恩，2001—2005年，兰州大学法学院法学专业（本科）；2011—2014年，兰州大学历史文化学院考古学专业（硕士） 徐　争，2001—2005年，兰州大学新闻与传播学院网络新闻专业（本科）；2007—2010年，兰州大学法学院国际经济法专业（硕士）
12. 栗军帅&李亚丽	栗军帅，1999—2003年，兰州大学物理科学与技术学院物理学专业（本科）；2003—2008年，兰州大学物理科学与技术学院凝聚态物理专业（博士） 李亚丽，1996—2000年，兰州大学物理科学与技术学院物理学专业（本科）；2000—2003年，兰州大学物理科学与技术学院凝聚态物理专业（硕士）
13. 方开洪&阳　琴	方开洪，2001—2005年，兰州大学物理科学与技术学院应用物理学专业（本科）；2005—2011年，兰州大学核科学与技术学院粒子物理与原子核物理专业（博士） 阳　琴，2006年至今，在兰州大学第一附属医院特需外科工作
14. 洪建平&张彩霞	洪建平，1996—2001年，兰州大学医学院临床医学专业（原兰州医学院，本科）；2003—2006年，兰州大学基础医学院人体解剖学与组织胚胎学专业（硕士） 张彩霞，2006—2009年，兰州大学医学院护理专业（本科）；2011—2015年，兰州大学基础医学院人体解剖学与组织胚胎学专业（硕士）
15. 赵国强&蔡　雍	赵国强，1999—2003年，兰州大学外国语学院英语语言文学专业（本科）；2008—2011年，兰州大学管理学院公共管理专业（硕士） 蔡　雍，1999—2003年，兰州大学外国语学院英语语言文学专业（本科）；2006—2009年，兰州大学外国语学院英语语言文学专业（硕士）
16. 杨永波&高修娟	杨永波，2001—2005年，兰州大学管理学院市场营销专业（本科） 高修娟，2001—2005年，兰州大学生命科学学院生物技术专业（本科）
17. 周陈焱&王俊玲	周陈焱，2001—2005年，兰州大学数学系数学基地班（本科）；2005—2008年，兰州大学数学与统计学院半群组合及其应用专业（硕士） 王俊玲，2005—2008年，兰州大学生命科学学院生态学专业（硕士）
18. 胡晓斌&杨轶男	胡晓斌，1995—2000年，兰州大学医学院预防医学专业（本科）；2004—2007年，兰州大学公共卫生学院流行病与卫生统计学专业（硕士） 杨轶男，2000—2005年，兰州大学医学院临床医学专业（本科）；2011—2014年，兰州大学第二临床医学院儿科学专业（硕士）
19. 温福昇&杨燕霞	温福昇，1999—2003年，兰州大学物理科学与技术学院物理学专业（本科）；2003—2008年，兰州大学物理科学与技术学院凝聚态物理专业（硕士、博士） 杨燕霞，2005—2008年，兰州大学历史文化学院中国少数民族史专业（硕士）
20. 彭战果&杜丽丽	彭战果，1999—2003年，兰州大学法学院法学专业（本科）；2003—2006年，兰州大学哲学与社会学院中国哲学专业（硕士） 杜丽丽，2002—2005年，兰州大学外国语学院英语专业（硕士）

21. 马一清&唐雪萍	马一清，2000—2004年，兰州大学草地农业科技学院草业科学专业（本科） 唐雪萍，2000—2004年，兰州大学草地农业科技学院草业科学专业（本科）
22. 李宪越&赵晨霞	李宪越，1999—2003年，兰州大学数学系数学基础理论班（本科）；2003—2009年，兰州大学数学与统计学院基础数学专业（硕博连读） 赵晨霞，1999—2003年，兰州大学数学系数学基础理论班（本科）；2003—2006年，兰州大学数学与统计学院计算数学专业（硕士）
23. 邵　军&马海霞	邵　军，2006—2009年，兰州大学法学院法律硕士（硕士） 马海霞，2006—2009年，兰州大学基础医学院免疫学专业（硕士）
24. 李建锋&蒲玲玲	李建锋，2004—2007年，兰州大学生命科学学院植物学专业（硕士） 蒲玲玲，2003—2006年，兰州大学生命科学学院植物学专业（硕士）
25. 宋伟国&连芙蓉	宋伟国，2001—2005年，兰州大学管理学院信息管理与信息系统专业（本科）；2007—2010年，兰州大学信息学院计算机软件与理论专业（硕士） 连芙蓉，2001—2005年，兰州大学历史文化学院民族学专业（本科）；2005—2008年，兰州大学西北少数民族研究中心少数民族史专业（硕士）
26. 张国旭&张丽平	张国旭，2000—2004年，兰州大学资源环境学院环境科学专业（本科）；2009—2012年，兰州大学资源环境学院构造地质学专业（硕士） 张丽平，2002—2006年，兰州大学外国语学院英语语言文学专业（本科）；2015—2018年，兰州大学外国语学院英语语言文学专业（硕士）
27. 王　震&唐爱民	王　震，2002—2006年，兰州大学化学化工学院化学专业（本科） 唐爱民，2002—2006年，兰州大学文学院汉语言文学专业（本科）
28. 司文选&姚兰兰	司文选，2005—2008年，兰州大学法学院资源环境法学专业（硕士） 姚兰兰，2008—2011年，兰州大学法学院刑法学专业（硕士）
29. 张龙龙&王丽萍	张龙龙，2006—2011年，兰州大学第二临床医学院临床医学专业（本科） 王丽萍，2006—2011年，兰州大学第二临床医学院临床医学专业（本科）
30. 周　鹏&任丽娇	周　鹏，2007—2011年，兰州大学文学院戏剧影视文学专业（本科） 任丽娇，2007—2011年，兰州大学文学院戏剧影视文学专业（本科）
31. 张　潇&耿　瑶	张　潇，2008—2013年，兰州大学口腔医学院口腔医学专业（本科）；2013—2016年，兰州大学口腔医学院口腔临床医学专业（硕士） 耿　瑶，2008—2013年，兰州大学口腔医学院口腔医学专业（本科）
32. 王　焱&彭　颖	王　焱，2007—2011年，兰州大学管理学院行政管理专业（本科）；2011—2014年，兰州大学管理学院行政管理专业（硕士）；2017年至今，兰州大学管理学院公共管理专业（博士在读） 彭　颖，2016—2018年，兰州大学管理学院会计专业（硕士）

33. 吴蒙蒙&王梦姣	吴蒙蒙，2010—2014年，兰州大学法学院法学专业（本科） 王梦姣，2010—2014年，兰州大学法学院法学专业（本科）
34. 邓云丹&杜文静	邓云丹，2008—2013年，兰州大学第一临床医学院临床医学专业（本科） 杜文静，2008—2013年，兰州大学第一临床医学院临床医学专业（本科）；2013—2016年，兰州大学第一临床医学院妇产科学专业（硕士）
35. 何予原&杨 娟	何予原，2006—2010年，兰州大学经济学院国际经济与贸易专业（本科） 杨 娟，2006—2010年，兰州大学外国语学院英语语言文学专业（本科）
36. 高 龙&黎金葵	高 龙，2008—2013年，兰州大学第一临床医学院医学影像学专业（本科） 黎金葵，2008—2013年，兰州大学第一临床医学院医学影像学专业（本科）；2014—2016年，兰州大学第一临床医学院影像医学与核医学专业（硕士）
37. 王 朋&赵瑞瑞	王 朋，2008—2013年，兰州大学第二临床医学院麻醉学专业（本科） 赵瑞瑞，2012—2015年，兰州大学资源环境学院自然地理学专业（硕士）
38. 黄海亮&徐 迪	黄海亮，2009—2013年，兰州大学大气科学学院大气科学专业（本科） 徐 迪，2009—2013年，兰州大学大气科学学院大气科学专业（本科）
39. 郑延才&李 洁	郑延才，2007—2011年，兰州大学大气科学学院大气科学专业（本科） 李 洁，2007—2011年，兰州大学新闻与传播学院新闻学专业（本科）
40. 吴小波&梁 静	吴小波，2009—2013年，兰州大学信息科学与工程学院电子信息科学与技术专业（本科） 梁 静，2009—2013年，兰州大学信息科学与工程学院电子信息科学与技术专业（本科）
41. 史 毅&张 丽	史 毅，2007—2011年，兰州大学哲学社会学院社会学专业（本科） 张 丽，2007—2014年，兰州大学哲学社会学院社会学专业（本科、硕士）；2015年至今，兰州大学历史文化学院民族社会学专业（博士在读）
42. 何 拴&姜晓彤	何 拴，2012—2015年，兰州大学信息科学与工程学院计算机系统结构专业（硕士） 姜晓彤，2013—2016年，兰州大学第一临床医学院内科学专业（硕士）
43. 刘 润&任晓蕾	刘 润，2012—2015年，兰州大学资源环境学院人文地理学专业（博士） 任晓蕾，2009—2013年，兰州大学资源环境学院地理科学专业（本科）；2013—2016年，兰州大学资源环境学院城市与区域规划专业（硕士）
44. 高国庆&陈思思	高国庆，2009—2013年，兰州大学信息科学与工程学院通信工程专业（本科） 陈思思，2009—2013年，兰州大学信息科学与工程学院通信工程专业（本科）

45. 何江山&高芦瑶	何江山，2008—2012年，兰州大学艺术学院环境艺术设计专业（本科） 高芦瑶，2008—2012年，兰州大学教育学院教育学（本科）；2013—2016年，兰州大学教育学院教育经济与管理专业（硕士）
46. 胡鹏涛&王丽军	胡鹏涛，2010—2013年，兰州大学信息科学与工程学院通信工程专业（本科）；2014年至今，兰州大学信息科学与工程学院电子与通信工程专业（硕士在读） 王丽军，2009—2013年，兰州大学资源环境学院环境科学专业（硕士）
47. 闫瑞峰&岳子琪	闫瑞峰，2013—2016年，兰州大学第一临床医学院影像医学与核医学专业（硕士） 岳子琪，2012—2015年，兰州大学口腔医学院口腔医学专业（硕士）
48. 韩庆鑫&令晓玲	韩庆鑫，2008—2012年，兰州大学化学化工学院化学专业（本科）；2012—2017年，兰州大学化学化工学院无机化学专业硕博连读（博士） 令晓玲，2013—2017年，兰州大学化学化工学院有机化学专业（硕士）
49. 胡文滕&蔡谦谦	胡文滕，2008—2013年，兰州大学医学院临床医学专业（本科）；2013—2016年，兰州大学第一临床医学院胸心外科专业（硕士） 蔡谦谦，2013—2016年，兰州大学第一临床医学院胸心外科专业（硕士）
50. 郝　强&黄红娟	郝　强，2005—2012年，兰州大学哲学社会学院社会学专业（本科、硕士） 黄红娟，2009—2013年，兰州大学新闻与传播学院新闻学专业（本科）
51. 倪进峰&庞　娟	倪进峰，2007—2011年，兰州大学经济学院经济学专业（本科）；2011—2013年，兰州大学经济学院金融学专业（硕士）；2013—2018年，兰州大学经济学院区域经济学专业（博士） 庞　娟，2013—2016年，兰州大学经济学院数量经济学专业（硕士）
52. 杨　涛&关珊丽	杨　涛，2005—2009年，兰州大学生命科学学院生物科学专业（本科）；2009—2015年，兰州大学生命科学学院细胞生物学专业（硕士、博士） 关珊丽，2014—2017年，兰州大学生命科学学院细胞生物学专业（硕士）；2017年至今，兰州大学生命科学学院细胞生物学专业（博士在读）
53. 王俊润&李　婷	王俊润，2008—2012年，兰州大学核科学与技术学院核技术专业（本科）；2012—2015年，兰州大学核科学与技术学院核能与核技术工程专业（硕士） 李　婷，2006—2010年，兰州大学历史文化学院历史学基地班（本科）；2010—2013年，兰州大学历史文化学院民族学专业（硕士）
54. 杨　帅&王　娜	杨　帅，2009—2013年，兰州大学资源环境学院环境工程专业（本科） 王　娜，2009—2013年，兰州大学资源环境学院资源环境与城乡规划管理专业（本科）；2013—2016年，兰州大学资源环境学院人文地理学专业（硕士）
55. 马立斌&梁　莉	马立斌，2012—2015年，兰州大学第一临床医学院外科学专业（硕士） 梁　莉，2009—2014年，兰州大学第一临床医学院影像医学与核医学专业（本科）；2014—2017年，兰州大学第一临床医学院影像医学与核医学专业（硕士）
56. 王文斌&杨　媛	王文斌，2008—2012年，兰州大学管理学院会计专业（本科）；2012—2014年，兰州大学管理学院MPACC专业（硕士） 杨　媛，2012—2014年，兰州大学管理学院MPACC专业（硕士）

57. 何建博&甘侠芳	何建博，2009—2013年，兰州大学哲学社会学院哲学专业（本科） 甘侠芳，2009—2013年，兰州大学哲学社会学院哲学专业（本科）；2013—2016年，兰州大学哲学社会学院科学技术哲学专业（硕士）
58. 王　凯&邵婉婉	王　凯，2009—2013年，兰州大学资源环境学院地图学与地理信息系统（本科）；2013—2016年，兰州大学资源环境学院地球系统科学（硕士） 邵婉婉，2009—2013年，兰州大学资源环境学院地理科学基地班（本科）；2013—2016年，兰州大学资源环境学院地图学与地理信息系统专业（硕士）；2016至今，兰州大学资源环境学院地图学与地理信息系统专业（博士在读）
59. 侠　光&王　丹	侠　光，2012—2015，兰州大学物理科学与技术学院材料工程专业（硕士） 王　丹，2009—2014年，兰州大学第一临床医学院临床医学专业（本科）；2014—2017年，兰州大学第一临床医学院内科学专业（硕士）
60. 王　斌&高艳艳	王　斌，2008—2012年，兰州大学管理学院信息管理与信息系统专业（本科）；2012—2015年，兰州大学管理学院企业管理专业（硕士）；2017年至今，兰州大学管理学院公共管理学专业（博士在读） 高艳艳，2008—2012年，兰州大学管理学院会计学专业（本科）；2012—2014年，兰州大学管理学院会计专业（硕士）
61.陈争光&赵莹莹	陈争光，2008—2012年，草地农业科技学院农林经济管理专业（本科） 赵莹莹，2008—2012年，草地农业科技学院农林经济管理专业（本科）
62. 任桂平&李笑含	任桂平，2010—2014年，兰州大学地质科学与矿产资源学院地质学专业（本科） 李笑含，2010—2014年，兰州大学经济学院经济学基地班（本科）；2014—2017年，兰州大学经济学院区域经济学专业（硕士）
63. 林炳鹏&钟　梅	林炳鹏，2008—2013年，兰州大学口腔医学院口腔医学专业（本科）；2013—2016年，兰州大学口腔医学院口腔医学专业（硕士） 钟　梅，2008—2013年，兰州大学口腔医学院口腔医学专业（本科）；2013—2016年，兰州大学口腔医学院口腔医学专业（硕士）
64. 杨　俊&贾英英	杨　俊，2013—2016年，兰州大学医学院外科学专业（硕士） 贾英英，2008—2013年，兰州大学医学院医学影像学专业（本科）；2013—2016年，兰州大学医学院影像医学与核医学专业（硕士）
65. 徐青霖&苏　冉	徐青霖，2011—2015年，兰州大学核科学与技术学院核化工与核燃料工程专业（本科） 苏　冉，2011—2015年，兰州大学核科学与技术学院核化工与核燃料工程专业（本科）
66. 赵　磊&郑　涵	赵　磊，2004—2008年，兰州大学信息科学与工程学院电子信息科学与技术专业（本科）；2009—2011年，兰州大学信息科学与工程学院信号与信息处理专业（硕士） 郑　涵，2008—2013年，兰州大学第一临床医学院临床医学专业（本科）；2015—2018年，兰州大学第二临床医学院儿科学专业（硕士）
67. 陈　伟&魏　蒙	陈　伟，2012—2015年，兰州大学第一临床医学院临床医学外科学专业（硕士） 魏　蒙，2013—2016年，兰州大学第一临床医学院临床医学妇产科学专业（硕士）

68. 吕宗豪&周文珍	吕宗豪，2010—2015年，兰州大学第一临床医学院麻醉学专业（本科） 周文珍，2010—2015年，兰州大学第一临床医学院麻醉学专业（本科）
69. 马　恩&赵瑞芳	马　恩，2013—2016年，兰州大学第一临床医学院老年医学专业（硕士） 赵瑞芳，2008—2013年，兰州大学第一临床医学院临床医学专业（本科）；2013—2016年，兰州大学第一临床医学院老年医学专业（硕士）
70. 周云龙&张　玉	周云龙，2012—2015年，兰州大学信息科学与工程学院计算机技术专业（硕士） 张　玉，2009—2013年，兰州大学信息科学与工程学院计算机科学与技术专业（本科）；2013—2016年，兰州大学信息科学与工程学院计算机应用技术专业（硕士）
71. 赵兵坤&李　晶	赵兵坤，2013—2016年，兰州大学经济学院政治经济学专业（硕士） 李　晶，2013—2015年，兰州大学经济学院金融专业（硕士）
72. 白启捷&陈俊君	白启捷，2008—2012年，兰州大学土木工程与力学学院土木工程专业（本科） 陈俊君，2010—2014年，兰州大学土木工程与力学学院土木工程专业（本科）
73. 罗辉龙&许华杰	罗辉龙，2008—2012年，兰州大学管理学院信息管理与信息系统专业（本科） 许华杰，2008—2013年，兰州大学第二临床医学院麻醉专业（本科）
74. 宋付祥&康　蕾	宋付祥，2009—2014年，兰州大学医学院口腔医学专业（本科）；2014—2017年，兰州大学口腔医学院口腔临床专业（硕士） 康　蕾，2009—2014年，兰州大学口腔医学院口腔医学专业（本科）
75. 王　宇&车远倩	王　宇，2013—2016年，兰州大学口腔医学院正畸专业（硕士） 车远倩，2014—2017年，兰州大学口腔医学院正畸专业（硕士）
76. 黄　海&王　琼	黄　海，2011—2015年，兰州大学地质科学与矿产资源学院地球化学专业（本科） 王　琼，2009—2013年，兰州大学文学院戏剧影视文学专业（本科）
77. 唐世杰&刘　文	唐世杰，2008—2012年，兰州大学草地农业科技学院农林经济管理专业（本科） 刘　文，2008—2012年，兰州大学文学院戏剧影视文学专业（本科）；2012—2015年，兰州大学文学院现当代文学专业（硕士）
78. 曹　建&高正波	曹　建，2008—2012年，兰州大学地质科学与矿产资源学院地球化学专业（本科）；2012—2015年，兰州大学化学化工学院化学工程专业（硕士）；2015—2018年，兰州大学化学化工学院有机化学专业（博士） 高正波，2007—2011年，兰州大学政治与行政学院国际政治专业（本科）；2011—2014年，兰州大学管理学院国际政治专业（硕士）；2015—2018年，兰州大学马克思主义学院马克思主义国际关系理论与中国对外关系专业（博士）
79. 徐　彬&栾凤焕	徐　彬，2011—2015年，兰州大学土木工程与力学学院理论与应用力学专业（本科）；2015年至今，兰州大学土木工程与力学学院工程力学专业（硕士在读） 栾凤焕，2011—2015年，兰州大学原教育学院教育学专业（本科）

80. 丁大攀&孙　静	丁大攀，2004—2008年，兰州大学草地农业科技学院农林经济管理专业（本科） 孙　静，2004—2008年，兰州大学草地农业科技学院农林经济管理专业（本科）
81. 邵　炀&邵　敏	邵　炀，2010—2014年，兰州大学管理学院行政管理专业（本科） 邵　敏，2011—2015年，兰州大学管理学院信息管理与信息系统专业（本科）
82. 王　宁&关秀娟	王　宁，2007—2011年，兰州大学化学化工学院化学专业（本科）；2011—2014年，兰州大学化学化工学院有机化学专业（硕士） 关秀娟，2010—2014年，兰州大学化学化工学院化学专业（本科）；2014—2017年，兰州大学化学化工学院分析化学专业（硕士）
83. 刘　浩&赵　琦	刘　浩，2012—2015年，兰州大学法学院法律硕士专业（非法学）（硕士） 赵　琦，2012—2015年，兰州大学法学院法律硕士专业（非法学）（硕士）
84. 张安澎&胡光蕾	张安澎，2008—2013年，兰州大学医学院临床医学专业（本科） 胡光蕾，2008—2013年，兰州大学医学院临床医学专业（本科）
85. 强进前&张静丽	强进前，2009—2012年，兰州大学历史文化学院专门史专业（硕士） 张静丽，2007—2011年，兰州大学经济学院经济学专业（本科）；2011—2014年，兰州大学经济学院区域经济学专业（硕士）
86. 白　华&孙　月	白　华，2013—2016年，兰州大学信息科学与工程学院计算机技术专业（硕士） 孙　月，2013—2016年，兰州大学第二临床医学院肿瘤学专业（硕士）
87. 孙佳明&赵梦含	孙佳明，2008—2012年，兰州大学艺术学院环境艺术设计专业（本科） 赵梦含，2009—2013年，兰州大学艺术学院舞蹈学专业（本科）
88. 刘　聪&陈　燕	刘　聪，2008—2012年，兰州大学土木工程与力学学院理论与应用力学基地班（本科）；2012—2017年，兰州大学土木工程与力学学院固体力学专业（硕博连读） 陈　燕，2008—2012年，兰州大学外国语学院英语专业（本科）；2015—2017年，兰州大学外国语学院英语笔译专业（硕士）
89. 杨　野&王丽蓉	杨　野，2009—2014年，兰州大学第一临床医学院临床医学专业（本科） 王丽蓉，2009—2014年，兰州大学第一临床医学院临床医学专业（本科）；2014—2017年，兰州大学第一临床医学院妇产科辅助生殖专业（硕士）
90. 李海元&陈雪萍	李海元，2013—2016年，兰州大学第二临床医学院外科学专业（硕士） 陈雪萍，2013—2016年，兰州大学第二临床医学院内科学专业（硕士）

91. 杨少斌&邵婷玑	杨少斌，2010—2013年，兰州大学生命科学学院生物化学与分子生物学专业（硕士） 邵婷玑，2010—2013年，兰州大学药学院药剂学专业（硕士）
92. 杨文亮&王熙蓓	杨文亮，2009—2013年，兰州大学公共卫生学院卫生事业管理专业（本科）；2013—2016年，兰州大学公共卫生学院儿少卫生与妇幼保健学专业（硕士） 王熙蓓，2013—2016年，兰州大学公共卫生学院营养与食品卫生学专业（硕士）
93. 陈　毅&于明汇	陈　毅，2008—2012年，兰州大学土木工程与力学学院地质工程系（本科）；2012至今，兰州大学博士在读 于明汇，2008—2012年，兰州大学物理科学与技术学院材料物理与化学专业（本科）；2012—2015年，兰州大学物理科学与技术学院材料物理与化学专业（硕士）
94. 秦积涛&周谟华	秦积涛，2009—2013年，兰州大学信息科学与工程学院通信工程专业（本科）；2013—2016年，兰州大学信息科学与工程学院通信与信息系统专业（硕士） 周谟华，2009—2013年，兰州大学生命科学学院生态学专业（本科）；2013—2016年，兰州大学生命科学学院生态学专业（硕士）
95. 徐显朝&黄　妍	徐显朝，2008—2012年，兰州大学历史文化学院历史学专业（本科）；2012—2015年，兰州大学历史文化学院考古学专业（硕士） 黄　妍，2008—2012年，兰州大学生命科学学院生命科学与技术基地班（本科）；2012—2015年，兰州大学生命科学学院细胞生物学专业（硕士）
96. 鄢国然&王　阳	鄢国然，2009—2013年，兰州大学资源环境学院水文与水资源工程专业（本科） 王　阳，2009—2013年，兰州大学资源环境学院水文与水资源工程专业（本科）
97. 汪鹏飞&李合香	汪鹏飞，2006—2010年，兰州大学核科学与技术学院应用物理学专业（本科） 李合香，2005—2009年，兰州大学政治与行政学院思想政治教育专业（本科）；2009—2012年，兰州大学政治与行政学院马克思主义中国化研究专业（硕士）
98. 蔡龙彪&曹雄晶	蔡龙彪，2009—2013年，兰州大学公共卫生学院公共事业管理专业（本科） 曹雄晶，2009—2013年，兰州大学公共卫生学院公共事业管理专业（本科）
99. 窦旭强&麻爱娣	窦旭强，2014至今，兰州大学土木工程与力学学院工程力学专业（在读博士） 麻爱娣，2010—2018年，兰州大学第二临床医学院临床医学专业（本科、硕士）
100. 张　鹏&徐本花	张　鹏，2013—2018年，兰州大学物理科学与技术学院材料物理与化学专业（博硕连读） 徐本花，2013—2018年，兰州大学化学与化工学院无机化学专业（博硕连读）
101. 莫欣岳&李　欢	莫欣岳，2009—2013年，兰州大学大气科学学院大气科学专业（本科）；2014年至今，兰州大学大气科学学院大气物理学与大气环境专业（博士在读） 李　欢，2009—2013年，兰州大学信息科学与工程学院计算机科学与技术专业（本科）；2014—2017年，兰州大学信息科学与工程学院计算机系统结构专业（硕士）；2017年至今，兰州大学信息科学与工程学院计算机应用技术专业（博士在读）

102. 石孝能&张　婷	石孝能，2009—2013年，兰州大学法学院（本科）；2014—2017年，兰州大学法学院民商法专业（硕士） 张　婷，2009—2013年，兰州大学法学院（本科）；2013—2016年，兰州大学法学院国际法专业（硕士）
103. 佘　峰&王　倩	佘　峰，2012—2015年，兰州大学法学院法律硕士专业（硕士） 王　倩，2012—2015年，兰州大学法学院法律硕士专业（硕士）
104. 陈　磊&王　孟	陈　磊，2008—2012年，兰州大学物理科学与技术学院微电子专业（本科） 王　孟，2008—2012年，兰州大学新闻与传播学院新闻学专业（本科）
105. 顿洪超&王　璐	顿洪超，2008—2012年，兰州大学土木工程与力学学院理论与应用力学专业（本科）；2012年至今，兰州大学土木工程与力学学院工程力学专业（硕博连读） 王　璐，2006—2011年，兰州大学第一临床医学院临床医学专业（本科）；2012—2015年，兰州大学医学院临床医学专业（硕士）
106. 王晓磊&蒋忆文	王晓磊，2009—2013年，兰州大学资源环境学院地理信息系统专业（本科）；2013—2016年，兰州大学资源环境学院水文与水资源工程（硕士） 蒋忆文，2009—2013年，兰州大学资源环境学院水文与水资源工程专业（本科）；2013—2016年，兰大资源环境学院水文与水资源工程专业（硕士）
107. 黄锦乾&吴亚明	黄锦乾，2011—2015年，兰州大学信息科学与工程学院电子信息科学与技术专业（本科） 吴亚明，2010—2014年，兰州大学哲学社会学院哲学专业（本科）
108. 牛小伟&张晶晶	牛小伟，2008—2012年，兰州大学第一临床医学院临床医学专业（本科）；2012—2015年，兰州大学第一临床医学院心血管内科专业（硕士）；2016至今，兰州大学第一临床医学院心血管内科专业（博士在读） 张晶晶，2010—2015年，兰州大学第一临床医学院临床医学专业（本科）